Wolfgang Mahlke / Norbert Schwarte

Wohnen als Lebenshilfe

Ein Arbeitsbuch zur Wohnfeldgestaltung
in der Behindertenhilfe

Beltz Verlag · Weinheim und Basel 1985

CIP-Kurztitelaufnahme der Deutschen Bibliothek

Mahlke, Wolfgang:
Wohnen als Lebenshilfe : e. Arbeitsbuch zur Wohnfeldgestaltung in d. Behindertenhilfe / Wolfgang Mahlke ; Norbert Schwarte. – Weinheim ; Basel : Beltz, 1985.
(Beltz-Praxis)
ISBN 3-407-62087-X

NE: Schwarte, Norbert:

Das Umschlagbild zeigt einen Ausschnitt des Gemeinschaftsraumes des umgestalteten Wohngruppenbereiches im Krockenbergerhaus, Gaisbühl, der Gustav-Werner-Stiftung in Reutlingen. Links ein Teil des Eßplatzes auf einem Podest, rechts das von den Gruppenbetreuern selbst geplante und gestaltete »Dienstzimmer«.

Gesamtherstellung: Beltz Offsetdruck, 6944 Hemsbach über Weinheim
Umschlaggestaltung: Atelier Warminski, 6470 Büdingen 8
Zeichnungen: Wolfgang Mahlke
Fotos: Joachim Koch, Margetshöchheim; Michael Pommer, Höchberg; Rainer Wentzlaff, Reutlingen
Printed in Germany

ISBN 3 407 62087 X

Georg O., 41 Jahre, mehrfachbehindert, anfallskrank, lebt seit über 20 Jahren in Heimen und Anstalten. Annerose H., 29, arbeitet als Diplompsychologin seit 4 Jahren in einer Anstalt. Gemeinsam bauen sie Georgs Bett. Er hantiert zum ersten Mal in seinem Leben mit Hammer und Säge und entwickelt dabei Fähigkeiten, die in keinem Diagnosebogen aufgeführt sind. Annerose H. entdeckte Georg O. in der gemeinsamen Arbeit jenseits von Therapie und Diagnostik neu.

Inhalt

Vorwort

Mit diesem Arbeitsbuch soll ein Beitrag zur Verbesserung der Lebenssituation der Menschen geleistet werden, die aufgrund von Behinderungen und Entwicklungsstörungen auf ein Leben im beschützten Raum angewiesen sind und vorübergehend oder auf Dauer in Heimen oder Anstalten leben. Es sind dies viele; genaue Zahlen liegen hierzulande nicht vor. Kritiker der stationären Behindertenhilfe meinen, es seien zu viele. Allein der Ruf, die Anstalt zu zerschlagen, hilft nicht viel, schafft keine tragfähigen Alternativen. Ihre konkreten Lebensumstände, in der Anstalt oder außerhalb, verdienen unsere liebevolle Aufmerksamkeit und produktive Phantasie. Dazu gehört, Wohnen nicht als bloße Bewahrungsfrage zu betrachten, sondern als Aufgabe, an der sich alltagsbezogene Förderung bewährt. Die bewußt gehandhabte und gezielte Gestaltung des Wohnfeldes bietet hierzu Hintergrund und Rahmen, nicht mehr, aber auch nicht weniger.

Erinnerungen an Anstaltsbesuche: Die alte Schrift an der Wand schlägt durch: „Station 7 – Wachsaal". „Gruppe Adler" ist darübergepinselt worden. Der unendlich lange Flur ist geblieben, auch der Geruch ... und die Bänke, auf denen die, die nach wie vor „Patienten" genannt werden, zwischen Werkstattbesuch und Einzelförderstunde, Schule und Therapie sitzen und warten. Von „Zwischenzeiten" spricht Bruno Bettelheim in diesem Zusammenhang. Und die sind lang, länger als an jedem anderen Ort, wo Menschen wohnen. Sitzen und warten, warten, daß irgendetwas geschieht, sich etwas bewegt, sie etwas bewegt. Dagegen, daß diese alltägliche Situation einfach hingenommen wird, richtet sich dieses Arbeitsbuch. Kritisch und konstruktiv, wie wir hoffen; sicher ausschnitthaft. Nicht auf Therapie und Rehabilitation im engeren Sinn bezogen, sondern auf den Alltag, genauer auf das Wohnen darin. Wohnen scheint uns als Lebenshilfe möglich und geboten. Dazu unterbreiten wir Vorschläge, von verschiedenen Zugängen her, theoretisch begründet und praktisch erprobt. Das eine scheint uns ohne das andere gerade dort nicht möglich, wo Alltagsstrukturen verändert und weiterentwickelt werden sollen. Es kann nicht nur darum gehen, Neues anzustiften. Notwendig sind auch schlüssige Kriterien zur Bestandsbewertung und Entwicklung von konzeptionellen Perspektiven.

Das *Normalisierungsprinzip* und das *therapeutische Milieu* sind für uns konzeptionelle Leitlinien, die derartige Kriterien zur Situationsdiagnose und Perspektiventwicklung liefern. Sie werden einleitend und grundlegend dargestellt. Die daran anschließenden Überlegungen zu alten und neuen Heimen beschreiben den Aktionsrahmen für Projekte der Wohnfeldgestaltung.

Bewußt detailliert werden sodann *Wechselwirkungen zwischen Mensch und Raum* und häufig vorkommende *Ausgangssituationen* sowie konkrete *Ziele der Veränderung* durch Projekte der Wohnfeldgestaltung beschrieben. Dieser Teil des Arbeitsbuches stellt gewissermaßen eine *„Grammatik der Wohnfeldgestaltung"* dar. Sie gilt, um im Bilde zu bleiben, wie jede Grammatik nicht nur für den speziellen Anwendungsfall. Was über den Tisch, den Fußboden, die Wände, über Formen, Farben und Materialien, über Mittel der Integration und Differenzierung gesagt wird, gilt nach unserem Verständnis allgemein, nicht nur für das Wohnen behinderter Menschen im beschützten Raum. Es kann auch nicht anders sein, wenn uns nicht der Vorwurf treffen soll, mit unseren Vorstellungen absondernden Lebens- und Wohnformen für behinderte Menschen Vorschub zu leisten. Das Gegenteil ist beabsichtigt. Wir beziehen uns auf die Wohnfeldgestaltung in Behinderteneinrichtungen, weil uns die Situation dort oft besonders desolat zu sein scheint und besonders liebevolle Zuwendung herausfordert. Von denselben Ausgangspunkten haben wir zuvor und nebenher Entwürfe für Privathäuser, Kindergärten und Einrichtungen der Jugendhilfe vorgelegt und realisiert. Auch unsere eigenen Wohnungen sind analog gestaltet.

Ausgehend von dieser „Grammatik der Wohnfeldgestaltung" richten wir den Blick dann auf *Geschichte und Gegenwart des Bauens für behinderte Menschen.* Wir kommen dabei zu dem Ergebnis, daß bestimmte Fehlentwicklungen der Gegenwart nur aus einer weithin unbefragten Vergangenheit heraus verständlich werden. Das Diktum, Geschichte müsse leidvoll wiederholen, wer nicht bereit sei, sie aufzuarbeiten, trifft, wie wir meinen, auch für den vorliegenden Zusammenhang zu.

Die letztgenannten Abschnitte des Arbeitsbuches möchten wir auch als „kleine Schule des Sehens" verstanden wissen. Dieser Aspekt scheint uns in der Ausbildung von Pädagogen ganz allgemein vernachlässigt zu werden. Nur höchst beiläufig hat sich die Pädagogik bisher um die Orte gekümmert, an denen sie stattfindet. Der Irrglaube, sie könne sich an jedem beliebigen Ort ereignen, hat die Pädagogen gegenüber denen, die vorgaben, es besser zu wissen und sich für die Gestaltung von Lernorten zuständig erklärten – Architekten, Planer, Verwaltungsfachleute – in eine weithin sprachlose Abhängigkeit gebracht. Eine eigene, aus pädagogischer Sicht entwickelte Sprache macht indes erst Mitsprache und Einspruch gegenüber Planungen glaubwürdig, die sich auf Orte beziehen, an denen pädagogische Arbeit sich vollzieht.

Breiten Raum in diesem Arbeitsbuch nimmt schließlich der Teil ein, der der Beschreibung von *Projekten der Wohnfeldgestaltung* gewidmet ist. Die Auswahl versucht möglichst verschiedenartige Ziele und Problemstellungen zu berücksichtigen. Die hier vorgeschlagenen Lösungen lassen sich nicht rezepthaft übertragen; sie erfüllen ihren Zweck, wenn sie im Blick auf Anwendemöglichkeiten im eigenen Arbeitsbereich produktive Phantasie freisetzen.

Dem Arbeitsbuch wünschen wir eine möglichst heterogene Leserschaft, weil wir die Wohnfeldgestaltung als Aufgabe aller betrachten, die in Einrichtungen der Behindertenhilfe tätig sind: Erzieher, Sozialpädagogen, Heil- und Sonderpädagogen, Pflegekräfte, Psychologen, Sozialarbeiter, Architekten, Planer und Verwaltungskräfte. Mitarbeiter in Einrichtungen der Behindertenhilfe dafür aufzuschließen, betrachten wir als Aufgabe der einrichtungsinternen oder -übergreifenden *Fortbildung.* Deshalb sind hierzu einige Handreichungen im Zusammenhang mit technologischen Hinweisen zusammengestellt.

Die Autoren haben sich den Gegenstandsbereich entsprechend ihrer Profession von unterschiedlichen Zugängen her erschlossen. Sie haben dies in der Zusammenarbeit als äußerst fruchtbar und bereichernd erlebt. Sie hoffen, daß sich auch das dem Leser mitteilt. Am Zustandekommen dieses Buches waren viele Menschen beteiligt, denen wir uns dankbar verbunden fühlen. Stellvertretend nennen möchten wir Gerhard Siebel, Sigbert Gronemeyer, Annerose Hoyler-Herrmann, Arthur Klöpfer, Markus Nitsche, Georg Frey, Martha Schubert, Marti Faber, Joachim Koch, Peter Reinhart, Norbert Böll, Gertrud Fiala, Rainer Wentzlaff, Herbert Wohlhüter, Gabriela Elsässer-Hrach und Martha Schillinger, die aus zahllosen handschriftlichen Vorlagen einen druckreifen Text erstellte.

Sozialpädagogik, Rehabilitation und Architektur

„... vielleicht kann wirklicher Wohnraum überhaupt nicht industriell erstellt werden, sondern nur handwerklich in gemeinsamer Aktivität ..." Ivan Illich

In langjähriger pädagogischer und gestalterischer Tätigkeit und Planungsarbeit an Jugendhilfe- und Behinderteneinrichtungen haben sich für uns einige Aspekte als besonders bedrückend herausgestellt.

Erheblich reduzierte Lebensqualität ist für behinderte Menschen kennzeichnend und leider besonders in den großen Einrichtungen zur Selbstverständlichkeit geworden. Was Lebensqualität hier eigentlich bedeuten sollte – tun zu können, was hilft –, wird auf ein paar Stunden therapeutischen Angebotes beschränkt, das als Feigenblatt oft erbärmliches Dasein dekorieren muß. Durch innere und äußere Mobilität ist es dem Nichtbehinderten selbstverständlich, ein breites Spektrum an Angeboten für seine Sinne und Wahrnehmungen aufzugreifen und zu seinem Besitz zu machen. Anders der Behinderte, dessen dürftige Umwelt keine Stimuli enthält, sondern der sie, wenn überhaupt, nur durch die Vermittlung sensibler Betreuer erfährt. Mangelhafte Ausbildung der Betreuer aber auf dem gesamten Sektor des Gestaltens – bei anerzogener Unempfindsamkeit von kleinauf – verbaut in den meisten Fällen auch diese Möglichkeit für Behinderte, über ihre Betreuer als Medien zu differenziertem Erleben und so zur Kommunikation mit der Welt um sie herum zu gelangen.

Deshalb streben wir an, die Voraussetzungen zu größtmöglicher intensiver Sinneswahrnehmung für die Bewohner zu schaffen. Auf ihnen basiert auch die Art der zwischenmenschlichen Beziehungen der Behinderten untereinander. Wir sind der Meinung, daß das durch Konsumhaltung geprägte, allgemein zur Passivität verurteilende Menschenbild auf Behinderte mit ihrem ohnehin eingeschränkten Aktionsraum nicht zutreffen kann, und daß wir bemüht sein müssen, ihnen das Leben in ihren Häusern so anregend als irgend denkbar zu gestalten.

Den meisten bestehenden Häusern, in denen behinderte Menschen zusammenleben, liegt ein Menschenbild zugrunde, das wir nicht mehr vertreten können bzw. durch das Bestreben zu größtmöglicher Selbstverantwortung für die Behinderten ergänzen müssen. Dazu sind andere Räume notwendig als solche, die sich zu wenn auch noch so gut gemeinter Versorgung eignen. Hinzu kommt, daß sich die Behinderten weitgehend in einem Arbeitsprozeß befinden oder in ihn eingegliedert werden, der sie mit der technisierten Industrieproduktion in enge Beziehung bringt, also mit einer Welt, die sie nicht durchschauen.

Unser Anliegen für sie ist deshalb, einen Ausgleich zu schaffen, der sie zu befrieden vermag und der ihnen eine überschaubare und differenzierte Wohnwelt bietet.

Verwirklichen läßt sich das über das *Fühlen* mit dem Körper, besonders mit den Händen. Deshalb sind haptische Erlebnisse am Holz, an textilen Stoffen (Heimtextilien), Fellen, Polstern usw. von Bedeutung. Unterschiede wie hart/weich, glatt/rauh, kalt/warm bilden Denkansätze.

Weitere Förderung soll über das *Sehen* als Wahrnehmung erreicht werden, wobei die Gegenstände der Umgebung, unterschiedlich große Räume mit Podesten, Alkoven usw., die Einfachheit der Formen, die Farbe, das Material und die Struktur bis hin zur Bewegung – von Wasser, Tieren, dem Perpendikel einer Uhr – von Bedeutung sind.

Die Farbe ist in diesem Kanon von Sichtbarem durchaus ein anwendbares Mittel. Ihre Wirkung ist bedeutend. Das *Licht* trägt mit seiner Skala von Hell bis Dunkel ebenfalls beträchtlich zur Differenzierung der Umwelt bei und läßt durch Streiflicht und über Schatten Gegenstände plastisch erscheinen und macht sie deutlicher wahrnehmbar. Deshalb ist der Beleuchtung (Tageslicht, Wand-, Steh- und Tischlampe) besondere Aufmerksamkeit zu schenken.

Der *Geruch* ist eng mit dem Leben verbunden. Küche, Seife, Blumen und Kräuter können duften. Geruchserlebnisse müssen also stärker eingesetzt werden.

Bruno Bettelheim spricht in seinem Buch „Der Weg aus dem Labyrinth“ davon, daß Häuser und Räume den Geruch von Krankheit haben können. Häuser, in denen Ordnung und Sauberkeit am wichtigsten sind, riechen nach Putzmitteln. Anzustreben aber ist ein Geruch, der Optimismus und private Atmosphäre signalisiert.

Das *Gehör* steht mit dem Vermögen, Laute oder Gesang zu erzeugen, in engster Beziehung. Klänge können das, was gefühlt oder gesehen wird, ergänzen und erklären. Nicht nur Musikinstrumente erzeugen Klänge, sondern auch Vögel, Wasser, das Feuer oder eine große Uhr.

Über das Angebot und die Empfänglichkeit für Eindrücke führt der Weg zum *Akzeptieren von Betätigung* und zu durch Tätigkeit geprägtem, zu soweit als möglich erfülltem Leben.

TÄTIGKEIT OHNE SENSIBILITÄT IST —
BESONDERS FÜR BEHINDERTE MENSCHEN
S K L A V E R E I
SENSIBILITÄT OHNE DIE MÖGLICHKEIT
ZUR BETÄTIGUNG IST Q U A L

Darum sollen die Häuser und Räume zur Sensibilität stimulieren und zur Tätigkeit anregen. Verkehrszonen sollten nicht betont werden, sondern in Eingangsbereichen Innehalten, Beobachten, Wohlbefinden hervorrufen, vielleicht durch mehrere Vogelpaare in großer Voliere und Möglichkeiten zum Sitzen und Schauen. Damit kann innere Mobilität angeregt werden.

Gänge sollten primär Verbindung schaffen und nicht nur dem funktionalen Gebrauch dienen. Sie sollten von wohnlicher Atmosphäre geprägt sein, nicht aber Wohnraum ersetzen, sondern im Sinne fließender Übergänge die Gemeinschaftsräume mit den Individualbereichen verbinden.

Nach unserer Erfahrung ist auch die Fluktuation der Mitarbeiter weitaus geringer, wenn ihre Arbeit in solchen differenzierten, Harmonie und Befriedung ausdrückenden Räumen stattfindet.

Mit diesem Arbeitsbuch versuchen wir, das Konzept für solche Einbauten einem größeren engagierten Interessentenkreis zu offerieren und hoffen, daß in diesen Kreis besonders diejenigen treten, die auch das Bedürfnis und den Willen haben, die Lebens- und Wohnbedingungen behinderter Heimbewohner aufzuwerten.

Mit den Stichworten „Normalisierungsprinzip“ und „therapeutisches Milieu“ werden konzeptionelle Leitlinien der Wohnfeldgestaltung in einen Zusammenhang gebracht, der auf den ersten Blick widersinnig erscheinen mag. In extremer Ausformulierung ist das therapeutische Milieu alles andere als normalisiert, umgekehrt ist das Normalisierungskonzept in rigider Handhabung nur sehr bedingt förderlich. Der Zusammenhang beider Gestaltungsprinzipien ergibt sich für uns aus der Erfahrung, daß das Normalisierungskonzept zur Strukturierung des Wohnfelds Behinderter notwendig, aber nicht hinreichend ist. Es bedarf der Ergänzung durch Gesichtspunkte, die den spezifischen Besonderheiten der Lebenssituation behinderter Menschen angemessen und förderlich Rechnung tragen. Pointiert lassen sich die beiden Leitlinien vielleicht so beschreiben: Während das Normalisierungskonzept dahin tendiert, dem Behinderten eine Lebenswelt zu gestalten, die den kulturell üblichen Normen und Standards der Umwelt weitestgehend entspricht, tendiert das Konzept des therapeutischen Milieus dahin, die Gesamtheit der Lebenswelt unter besonderer Berücksichtigung des raumdinglichen Ambiente so zu strukturieren, daß sie in den therapeutischen Prozeß systematisch einbezogen werden kann. Weniger abstrakt: Ein konsequenter Verfechter des Normalisierungskonzepts würde beispielsweise dem Gedanken der zirkulären Selbstversorgung mittels Pflanzgarten und Kleintierhaltung in einem ansonsten städtisch geprägten Lebensraum skeptisch, wenn nicht gar ablehnend gegenüberstehen; im Kontext einer Wohnsituation für Behinderte, die sich das Konzept des therapeutischen Milieus zu eigen gemacht hat, würden Pflanzgarten und Kleintierhaltung einen hohen Stellenwert haben. Während das Normalisierungskonzept z.B. auch im Haushalt Behinderter die „vorbehaltlose Nutzung der fortgeschrittensten technischen Möglichkeiten“ (Wolfensberger, 1972) nahelegt, kann das therapeutische Milieu durchaus absichtsvoll dahinter zurückbleiben, etwa um sinnliche oder soziale Erfahrungen gezielt und dosiert zu vermitteln, die der fortgeschrittenste haushaltstechnologische Entwicklungsstand in aller Regel marginalisiert oder ausschließt. Wenn nun im folgenden Normalisierungsprinzip und therapeutisches Milieu unter dem Gesichtspunkt der Wohnfeldgestaltung angesprochen werden, dann vor allem in der Hoffnung, daß sie sich dem Leser als produktive Begriffe mitteilen, die zur Vermittlung der widersprüchlichen Grundsätze, auf denen jede Arbeit mit Behinderten basiert – dem Besonderungsgrundsatz einerseits und dem Normalisierungsgrundsatz andererseits – anstiften.

Das Normalisierungsprinzip

Das Normalisierungsprinzip besagt, so wie es von B. Nirje und N. E. Bank-Mikkelsen (1969, 1975) entwickelt worden ist, daß sämtliche Lebensbedingungen des Behinderten so normal, d. h. so durchschnittlich und unauffällig wie möglich sein sollten. Im einzelnen ergeben sich daraus folgende Forderungen:

1. Normaler Tagesrhythmus im Blick auf Aufstehzeiten, Wechsel und Zeitpunkt der Tätigkeiten und Verrichtungen, Schlafengehen;
2. normaler Ortswechsel für die Tätigkeitsbereiche Wohnen/Arbeit/Freizeit, damit verbunden Wechsel der jeweiligen Bezugspersonen und Betreuer;
3. normaler Jahresrhythmus, einschließlich Urlaub, Reisen, kulturüblicher Feiertagsgestaltung;
4. normaler Lebenslauf in kulturell üblichen Sozialstrukturen, d. h. u. a. deutlicher Altersbezug des Milieus, Kindheit in Familie oder familienanaloger Gruppe, in der Jugendphase Trennung von Schulort und Wohnort (also möglichst keine Heimsonderschule) und Freizeitkontakte an Orten, an denen sich Jugendliche normalerweise aufhalten, intensive Vorbereitung auf das Erwachsenenalter, Ablösung von der Familie, im Erwachsenenalter deutliche Milieuveränderung gegenüber der Kindheit usw.;
5. weitestgehende Berücksichtigung von Wunsch-, Willens- und Gefühlsäußerungen des Behinderten und weitestgehende Beteiligung an sämtlichen Entscheidungen, die seine Lebensumstände betreffen;
6. normales Leben mit dem anderen Geschlecht, alle Einrichtungen sollen für beide Geschlechter offen oder zumindest zugänglich sein;
7. normaler ökonomischer Standard mit finanzieller Grundsicherung in Rentenform und zusätzlicher leistungsgerechter Bezahlung der Arbeitsleistung;
8. Normalisierung sämtlicher Dienste und Einrichtungen für Behinderte; sie müssen nach Größe, Lage und Gestalt so sein, daß sie sich in die umgebende Nachbarschaft und Gemeindeöffentlichkeit integrieren können.

Überall da, wo der Versuch unternommen worden ist, hat sich herausgestellt, daß das Normalisierungsprinzip, obwohl ursprünglich für die Behandlung geistig Behinderter konzipiert, mit Erfolg auf andere Handlungsfelder sozialer Arbeit, insbesondere die Jugendhilfe, die Altenhilfe, das Gesundheitswesen, die Psychiatrie und die Obdachlosenarbeit, übertragen werden kann. Generalisiert erweist es sich als konzeptionelle Leitlinie für alle Bemühungen einer systematischen Aufwertung abgewerteter oder von Abwertung bedrohter Menschen als Voraussetzung einer gesellschaftlichen Integration sogenannter Randgruppen.

Wolf Wolfensberger hat sich in verschiedenen Studien (1972, 1980) insbesondere mit den Konsequenzen des Normalisierungsprinzips für die Gestaltung des Wohnfeldes Behinderter befaßt. Er ist dabei auch den Ursachen dafür nachgegangen, daß dieses auf den ersten Blick so simple Konzept in seinen subtileren Konsequenzen selten bedacht, noch seltener verwirklicht wird. Folgende Aspekte erweisen sich in diesem Zusammenhang als besonders wichtig:

1. Von größer Bedeutung für die Möglichkeit, normalisierte Lebensbedingungen zu schaffen, sind *Lage, Erreichbarkeit* und *Größe* einer Einrichtung. Die Bedeutung dieser Gesichtspunkte hat sich als Folge der Verstädterung unserer Kultur eher verschärft. Das historische Muster, Einrichtungen für Behinderte ländlich abgelegen anzusiedeln, ist, wie noch näher auszuführen sein wird, als Ausdruck übergreifender Ausgliederungsmechanismen einzu-

schätzen. Wird der Gesichtspunkt sozialer Integration wirklich ernstgenommen, sind auch die neuerdings üblichen Einrichtungen in Stadtrandlage problematisch, weil sie – anders als bei Normalbürgern –, den Zugang Behinderter zu ambulanten Diensten und innenstadtzentrierten sozialen und kulturellen Angeboten, eben weil sie in aller Regel weniger mobil sind, erschweren. Mit der Größe von Einrichtungen wächst die Binnenorientierung und – Folge einer unbewußten Tendenz zur geschlossenen Gestalt? – die Versuchung, umfassende Versorgungsangebote im Sinne sozialkultureller Autarkie zu etablieren. Damit ist das Ghetto da, auch wenn es schön eingerichtet ist. Erstrebenswert ist dagegen das unvollständige Versorgungsangebot, das die Nutzung fremder ambulanter Dienste und öffentlicher soziokultureller und infrastruktureller Angebote geradezu erzwingt. Das gilt für die ärztliche Versorgung ebenso wie für die Nutzung öffentlicher Verkehrsmittel. Im Sinne der Integration und Normalisierung ist der Druck auf die kommunalen Verkehrsbetriebe, mit öffentlichen Bussen regelmäßig Behinderteneinrichtungen im Rahmen der normalen Linienführung anzusteuern, besser als die Unterhaltung eines Fuhrparks oder Fahrdienstes durch eine Behinderteneinrichtung.

Abhängig von der Einrichtungsgröße ist auch die Chance der Integration in die Nachbarschaft. Im Widerstand der Anwohner gegen die Ansiedlung größerer Behinderteneinrichtungen in normalen Wohngebieten – und dazu rechnen Wohnheime mit 20 Plätzen und mehr durchaus – liegt trotz aller Schiefheit und Vorurteilshaftigkeit auch Berechtigtes.

2. Ein Aspekt, der auch bei Neubauten häufig vernachlässigt wird, betrifft die *Stimmigkeit*. Er bezieht sich zum einen auf die Übereinstimmung des Erscheinungsbildes mit der Funktion der Einrichtung, zum anderen auf die Anpassung der Gebäudegröße und Gestalt an die Bebauungsstruktur der Umgebung. Die Vernachlässigung dieser Kriterien architektonischer Normalisierung wirkt stigmatisierend: sie fördert die Vorstellung, daß die Bewohner der Einrichtung besonderer Behandlung und Unterbringung bedürfen. Für die Entwicklung des Vorstellungsbildes, das sich mit einer Einrichtung verknüpft, ist auch die Namensgebung bedeutsam. „SOS-Kinderdorf", „Sonnenhof", „Friedenshort", „Samariterstift", „Martin-Luther-Haus", „Wichernheim" usw. mögen programmatische oder Traditionsbedürfnisse befriedigen, zur Normalisierung trägt die Namensgebung von Häusern, die heute kulturell längst nicht mehr üblich ist, nicht bei.

3. *Ausstattung und Komfort* sollten den Standards entsprechen, die kulturell vorherrschend sind und mit der Funktion übereinstimmen. Die in Einrichtungen häufig anzutreffende Überdimensionierung des Sanitärbereichs, die übermäßige Verwendung besonders pflegeleichter Materialien (z. B. Kunststoffbezüge auf Sesseln, abwaschbare Innenanstriche usw.), signalisiert und fördert ebenso wie die Bevorzugung besonders robuster Möbel stigmatisierende Vorstellungen über Behinderung.

Von zentraler Bedeutung ist in diesem Zusammenhang das stets gut gemeinte Bemühen um Risikoreduktion: vergitterte Fenster und Balkone, Türen mit Lichtschrankenautomatik, auf dem Verordnungswege unzugänglich gehaltene Küchen, Desinfektionsanlagen im Sanitärbereich, heimspezifische und übertriebene feuerpolizeiliche Sicherheitsbestimmungen, Doppelhandläufe, gebrochene Kanten, unverschließbare Türen, der Dreikantpassepartout für das Personal ..., die Liste ließe sich erschöpfend verlängern – signalisieren alles andere als normalisierte Wohnbedingungen. Sie unterstreichen die Notwendigkeit der Sonderbehandlung, stehen überdies in eklatantem Widerspruch zu dem in der sozialen Arbeit weitverbreiteten verbalen Förderoptimismus. Körperbehinderte, die in besonders behindertengerecht ausgestatteten, modellhaften Rehabilitationseinrichtungen auf Zeit gelebt haben, beklagen sich im nachhinein darüber, daß sie es nicht gelernt haben, mit den alltäglichen Widrigkeiten der „Normalwelt" umzugehen.

Zäune, Schranken, Pförtnerlogen signalisieren Ausgrenzung. Bedrückend ist die Umlastung von Kontroll- und Überwachungsvorgängen auf Apparate in Situationen, in denen intensive Aufmerksamkeit *und* Zuwendung gefordert ist. Mithöranlagen, Monitore und vergleichbare Monstrositäten der Krankenhaustechnologie angesichts eines Heeres beschäftigungsloser Hilfswilliger sind absurd. Das vielerorts verwirklichte Prinzip „maximaler Kontrolle bei minimaler Teilhabe" gälte es im Sinne des Normalisierungskonzepts umzukehren. Risiko hat, wie Wolf Wolfensberger (1972) zutreffend pointiert, auch Würde. Dies gilt, wie wir meinen, für Betreuer und Betreute gleichermaßen.

4. *Individualisierung.* Es ist zweifellos überaus schwierig, worauf Anna Günzburg in Vorträgen und Veröffentlichungen immer wieder hingewiesen hat, Sozialeinrichtungen anders als auf unterstellte behinderungsspezifische Gruppenbedürfnisse hin zu entwerfen. Gleichwohl, die Behinderung als Ausgangspunkt planerischer Überlegungen führt zu anderen, weniger normalen Wohnsituationen als die Besinnung auf das, was an Wohnbedürfnissen trotz Behinderung Planer und „Beplante" teilen. Das Wohnhaus, das nur um spezifische Bedürfnisse seiner zukünftigen Bewohner ergänzt und modifiziert ist, führt als vorstellungsmäßiger Ausgangspunkt für Einrichtungsplanungen zu gänzlich anderen Ergebnissen als das Behindertenheim, in das, sozusagen im zweiten Planungsschritt, Elemente des normalen Wohnungsbaus hineinoperiert werden. Das ist, wie uns scheint, auch der Grund dafür, warum in aller Regel maßvoll umgerüstete Wohnhäuser, die in Wohnstätten für Behinderte umgewidmet werden, überzeugender sind als Wohnheimneubauten.
   Auch hier ist die bewußte Beschränkung auf das unvollständige Ambiente anzuraten. Der schlüsselfertige Bau steht quer zur individuellen Aneignung durch die Bewohner. Der Einzug in ein halbfertiges Wohnhaus mit Behinderten, in dem Lampen, Sitzmöbel, Vorhänge, Schränke etc. erst noch angeschafft werden müssen, mag den Glanz der Eröffnungszeremonie trüben; das bis zur Auswahl der „Kunst im Bau" und Hydrokulturen vorgegebene Interieur negiert die Individualisierung des Wohnfelds und dessen Aneignung gleichermaßen. Nur so aber kann angebahnt werden, was in vielen Einweihungszeremonien beschworen wird: „Beheimatung".
5. *Statusangleichung.* Den Räumlichkeiten für Behinderte sollten keine anderen Gestaltungskriterien zugrunde gelegt werden als den Räumen, die für Betreuer vorgesehen sind. „Dienstzimmer" im Kontext residentieller sozialer Einrichtungen sind in jeder Hinsicht fragwürdig. Mitarbeiterkantinen, -parkplätze, -toiletten, -ruheräume usw., wie sie teils vorgeschrieben, teils von Mitarbeitervertretungen in wohlgemeinter, aber unangemessener Übertragung industrieller oder bürokratischer Arbeitsstrukturen gefordert werden, verstärken die soziale Distanzierung der Betreuer von den Betreuten. Konvivialität, gemeinsames Leben kann vom bewußten Verzicht auf eigene ausgegrenzte Räumlichkeiten der Mitarbeiter ausgehen (vgl. das Beispiel 2, Haus K. in R.). Darüber hinausgehend wäre es vordringlich, die Entwicklung von Einrichtungen für Menschen, die eines beschützten Lebensraums bedürfen, zum „Nachtwächterstaat", in dem schlußendlich nur noch der Hausmeister und der Einrichtungsleiter wohnen, rückgängig zu machen. Neben die verstärkte Einbindung von Mitarbeiterwohnungen in das bauliche Ensemble insbesondere von größeren Behinderteneinrichtungen müßten Bemühungen treten, „Normalbürger" ebenda anzusiedeln. Das kann durch die Umwidmung von Altbauten, die nicht mehr der Zweckbindung unterliegen, ebenso in Gang gebracht werden, wie durch das Angebot preiswerten Baugrunds. Auch der mietenmäßig eher nachteilige Tausch von Wohnungen im Anstaltsgelände gegen „freie" Wohnungen im innerstädtischen Bereich kann hier angezeigt sein.
6. *Normüberschreitung.* Es sei damit in aller Vorläufigkeit ein Gesichtspunkt gefaßt, der uns für die Ausfüllung des Normalisierungsgedankens außerordentlich bedeutsam zu sein scheint. Er tangiert zugleich die Grenzen dieses Konzepts und lenkt die Aufmerksamkeit auf Aspekte des Alltagslebens und des Wohnens, die unter dem Stichwort „therapeutisches Milieu" ergänzend und in gewisser Weise auch gegenläufig mit zu bedenken sind. Ausgangspunkt ist die Überlegung, daß Normalisierungsbemühungen, die sich generell auf die „Aufwertung der Abgewerteten" beziehen, nicht den statistischen Durchschnitt sozialkultureller Standards als Richtschnur nehmen können, sondern diesen Durchschnitt positiv überschreiten sollten.
   Zunächst ist von dem empirisch gesicherten Tatbestand auszugehen, daß von Stigmatisierung bedrohte oder betroffene Gruppen rigiderer Kontrolle ausgesetzt sind als „Normalbürger". Angesehene Bürger können sich partielle Abweichungen von der Norm durchaus leisten, solange davon nicht zentrale Statusmerkmale betroffen sind. Von einem beliebten Fernsehentertainer kann offensichtlich in der Presse immer wieder berichtet werden, daß er erhebliche Probleme mit dem Alkohol hat. Der Wertschätzung bei seinem Publikum tut das

keinen Abbruch, sein Alkoholmißbrauch wird marginalisiert, à conto liebenswerter menschlicher Schwächen verbucht. Ein Sozialhilfeempfänger oder jugendlicher Arbeitsloser kann sich dasselbe Verhalten in der Öffentlichkeit nicht leisten, ohne sich fortschreitender Stigmatisierung, die seine gesellschaftliche Randlage verschärft, auszusetzen.

Häuser in Friedhofsnähe gehören in vielen Städten zu den bevorzugten Wohnlagen. Die Adresse „Friedhofstraße" o.ä. stigmatisiert in aller Regel nicht. Anders verhält es sich dagegen bei Altenheimbewohnern: für sie trägt die räumliche Nähe zur Verfestigung „abschreibender" Altersstereotype bei. Im Innern sind viele Altenheime durchaus so strukturiert, wie es von einem Architekten in einem 1971 erschienenen „Altenheim-Handbuch" unter dem Stichwort „Einrichtung des Hauses und der Zimmer" empfohlen wird: „Die Betten sollten leicht demontierbar und desinfizierbar sein, die Zimmer mit waschfester Binderfarbe gestrichen, nicht tapeziert werden ... Das ist hygienisch und läßt sich schnell renovieren." Konzipiert sind hier Räume ganz offensichtlich als „Endstationen", mit denen schamlos auf raschen Bewohnerwechsel spekuliert wird.

Anrainer eines Mülltonnensammelplatzes der städtischen Reinigungsbetriebe zu sein, ist sicher für niemanden erfreulich, für Jugendliche eines Erziehungsheims (so gesehen in Schweinfurt im Jahre 1979), denen Verwahrlosung zugeschrieben wird, ist es katastrophal. Dasselbe gilt für die wohnraummäßige Ballung von häufig dann so genannten „Problemgruppen", wie Behinderten, Alten, Fürsorgezöglingen und ledigen jungen Müttern, die außer der Tatsache, daß sie in sehr verschiedener Weise auf Hilfe angewiesen sind, wenig mehr gemeinsam haben als ihre Affinität zu Stigmatisierungsprozessen, die sich in dieser Zusammenballung verschärft (z.B. Berlin-Heiligensee). Alle Bemühungen um soziale Integration werden so nicht mit, sondern gegen das bauliche Konzept in Gang gebracht.

Privatfriedhöfe waren einmal Kennzeichen der herausgehobenen gesellschaftlichen Stellung des Adels oder der bewußten, freiwilligen Absonderung von der Welt, wie beim Klerus. Wenn wir sie heute fast nur noch im Bereich sogenannter Heil- und Pflegeanstalten finden, setzen sie dort die umfassende gesellschaftliche Ausgrenzung sinnfällig über den Tod hinaus fort.

Im Blick auf Ausstattung, Bauweise und Lage von Behinderteneinrichtungen, seien es Schulen, Tagesstätten oder Wohnheime, ist nicht nur auf die Vermeidung subtiler oder offenkundiger Abwertungsmechanismen, sondern im Sinne systematischer Aufwertung auf eine bevorzugte Plazierung und besonders sorgfältige, liebevolle Ausstattung zu achten. Wenn die Einrichtungen so beschaffen sind, daß sich die Träger, Planer, Architekten und Sozialpolitiker, die die Maßnahmen befürworten, dort ein dauerhaftes Leben für sich und ihre Angehörigen vorstellen können, dürften sie in aller Regel dem normüberschreitenden Aspekt des Normalisierungskonzepts Rechnung tragen.

Soziale Integration bedarf größerer materieller und ideeller Anstrengungen als die Ausrichtung der Hilfen am statistischen Durchschnitt oder unabweisbaren Mindestbedarf unter Vorrang ambulanter Hilfen und im Rückgriff auf familiale Ressourcen, worauf etwa das „Haushaltsbegleitgesetz 1984" zielt. Soziale Integration verlangt gezielt die positive Normüberschreitung unter dem Gesichtspunkt systematischer Aufwertung und Förderung. Ist das nicht oder nicht mehr gewollt, bliebe ehrlicherweise nur die Preisgabe der bislang geltenden, längst noch nicht erfüllten sozialpolitischen Leitlinien der Rehabilitation Behinderter und der Verzicht auf die fiskalpolitische Tarnung der dann zu Recht so zu bezeichnenden sozialen Wende.

Unbestritten war das Normalisierungsprinzip zu keiner Zeit. Auch dort, wo es sich zuerst und weitestgehend durchgesetzt hat, in Dänemark und Schweden, traf es, wie Bank-Mikkelsen berichtet, auf erhebliche Widerstände. In der Kritik lassen sich verschiedene Argumentationsstränge ausmachen. Einige beruhen auf Mißverständnissen oder schlichter Unkenntnis. Andere, gewichtigere, beziehen sich auf die anthropologischen und soziologischen Grundannahmen und das gesellschaftspolitische Modell, das hinter dem Normalisierungskonzept steht. Folgende Einwände gegen das Normalisierungskonzept, die entweder guten Gründen oder auch nur starken Interessen folgen, scheinen uns in der Diskussion besonders bedeutsam:

1. Vielfach wird behauptet, es gehe bei diesem Konzept darum, Behinderte auf ein unauffällig konventionelles Verhalten hin zu normalisieren, was aber, wie die Erfahrung zeige, eben wegen der Behinderung nicht möglich sei. Wo diese Normalisierung angeblich gelungen sei, läge eigentlich keine, oder doch nur eine höchst geringfügige Behinderung vor. Die Mehrzahl der Menschen, die in Dänemark etwa als geistig behindert bezeichnet werde, gälte hierzulande aufgrund anderer Klassifizierungsverfahren allenfalls als lernbehindert. Vor diesem Hintergrund erweise sich das Normalisierungskonzept als Utopie. Gegen dieses Argumentationsmuster ist vor allem geltend zu machen, daß sich das Konzept in erster Linie nicht auf eine Normalisierung des Behinderten, sondern auf die Normalisierung seiner Lebensbedingungen richtet. Daß sich aus der Veränderung der Lebensbedingungen auch nachhaltige Veränderungen des Verhaltens ergeben können, bestätigt die Erfahrung, steht aber ursprünglich nicht im Mittelpunkt der Normalisierungsbemühungen. Ganz zentral geht es, wie die früheren Veröffentlichungen belegen, um die rechtliche Gleichstellung Behinderter, ihren Zugang zur Welt der Nichtbehinderten und die Überwindung protektionistischer Fürsorgestrukturen, in denen Förderung stets nur im Zusammenhang mit bevormundender Schutzgebärde gedacht wird, wo nach wie vor in überwältigender Sprachgebärde von „Pflegebefohlenen" die Rede ist.
   Ähnlich im Ansatz, aber anders in der Begründung ist die Kritik, die das Normalisierungskonzept seitens einiger Selbsthilfegruppen Behinderter, die sich der „Krüppelbewegung" zurechnen, erfährt. Im Mittelpunkt des Normalisierungskonzepts, so argumentieren sie, stehe der angepaßt unauffällige Behinderte, der nur als solcher in der Gesellschaft akzeptiert werde und auch nur so die Chance der Gleichbehandlung habe. In der Tat hat es Tendenzen gegeben, die Unauffälligkeit in den Mittelpunkt des Konzepts zu stellen. Das kommt etwa in dem verschiedentlich berichteten Bemühen zum Ausdruck, die äußeren Erscheinungsmerkmale des Down-Syndroms auf dem Wege kosmetischer Chirurgie zu beseitigen. Wir sehen darin mit W. Thimm (1984) eher randständige Mißverständnisse des Konzepts, nicht aber zentral angelegte Fehlentwicklungen. Sie sind nicht Ausdruck normalisierter Lebensbedingungen, sondern Ausdruck einer Überkompensation, die Nichtakzeptanz von Devianz voraussetzt. Berechtigung erfährt diese Kritik immer dann, wenn Normalisierungsbemühungen nicht als „Doppelstrategie" angelegt sind, in der es stets auch um eine Normalisierung der gesellschaftlichen Einstellungen und Verhaltensweisen gegenüber Devianz geht. Versteht man Faschismus auch als die extreme Unfähigkeit, mit Minderheiten und Normabweichungen anders als gewaltsam umzugehen, erhellt sich an dieser Stelle der gesellschaftspolitische Impuls und der historische Kontext des Normalisierungskonzepts.
2. „Behinderte sind anders; sie haben vor allem andere Bedürfnisse als Nichtbehinderte", lautet ein durchaus gängiges Argumentationsmuster zur Deutung abweichenden Verhaltens und zur Begründung besonderer, nichtnormalisierter Behandlungsformen. Nach allem, was wir über die Bedürfnisstrukturen Behinderter wissen – und das ist wenig, weil sie in dieser Hinsicht eher zu viele als zu wenige Fürsprecher haben –, sind die Übereinstimmungen mit den Bedürfnissen Nichtbehinderter größer als die Unterschiede, aber selten respektiert. Das gilt insbesondere für das Wohnen. „Seine Bedeutung für das Leben geistig behinderter Erwachsener" wurde von der „Bundesvereinigung Lebenshilfe" im Jahre 1981 im Rahmen eines Kongresses in aller Breite von Experten diskutiert und auf über 270 Druckseiten dokumentiert; ganze zwei Druckseiten geben Auskunft über eine einstündige Gesprächsrunde *mit* geistig Behinderten, die ihren Wohnbedürfnissen gewidmet war. Dies mag durchaus beispielhaft beleuchten, wie wenig die Expertenschaft der Betroffenen selbst im Zusammenhang einer so verdienstvollen Selbsthilfeorganisation praktisch gilt, trotz wiederholter Beteuerung eines formal ubiquitären Mitspracherechts.
3. Einspruch richtet sich in jüngster Zeit auch gegen das gesellschaftliche Leitbild, das dem Normalisierungsprinzip zugrunde liegt. Das Konzept hat sich wohl nicht zufällig zuerst in den nordischen Ländern entfaltet. Als industrielle Wachstumsgesellschaften sind diese Länder, Dänemark und Schweden zumal, gekennzeichnet durch relativ geringe soziale Gegensätze und ökonomische Konfliktpotentiale, eine vergleichsweise stark ausgeprägte Konvergenz von Staat und Gesellschaft, ein umfassendes, von allen maßgeblichen Parteien getragenes

Engagement des Staates in der Wahrnehmung sozialer Aufgaben, schwach ausgeprägte sozialpolitische Aktivitäten der Kirchen und einen breiten gesellschaftlichen Wertkonsens, in dem Liberalität, rechtliche Egalität und die Herstellung von Chancengleichheit dominieren. Angesichts dieser Sachverhalte ist in der Diskussion des Normalisierungsprinzips häufiger die Vermutung artikuliert worden, es handele sich bei dieser Konzeption um ein ökonomisches wie sozialpolitisches Schönwettermodell, das überdies die unkritische Akzeptanz der problematischen sozialkulturellen Folgen der Industriegesellschaft übernehme: Trennung von Arbeits- und Wohnort, Ausrichtung der Arbeitsangebote für Behinderte an industriellen Produktionsinhalten und -formen, Entmischung der Altersgruppen in der Gesellschaft, usw. In diesem Zusammenhang gewinnen dann neben der Kritik Ziel- und Fluchtpunkte der Alternativbewegung – „Nischenproduktion“, „Selbstversorgung“, „Einfaches Leben auf dem Lande“ – zumindest diskussionsweise als Gegenmodelle des Normalisierungskonzepts Attraktivität. Der ihnen zugrundeliegende partielle Verzicht auf gesellschaftliche Integration ist fraglos akzeptabel, solange er frei gewählt ist. In der Möglichkeit der freien Wahl liegen zugleich aber auch die Grenzen seiner Wünschbarkeit. Die Sehnsucht nach der ländlichen Idylle kommt, frei nach B. Brecht, von der Unbewohnbarkeit der Städte, ihre Verwirklichung setzt Privilegierung in vielfältiger Hinsicht voraus. Diese aber ist für Behinderte nicht gegeben, und als Objekt von Randgruppenstrategieträumen wären sie mißbraucht. Als verbindliche konzeptionelle Leitlinie schlägt der Rückzug in Residualbereiche gesellschaftlichen Lebens in eine fragwürdige Wiederbelebung altbekannter Absonderungsstrukturen um, so idyllisch sie auch anmuten mögen.

Wohnen im therapeutischen Milieu

Das Konzept des „therapeutischen Milieus“ geht wie das der verwandten „therapeutischen Gemeinschaft“ auf sozialpsychiatrische Reformen der unmittelbaren Nachkriegszeit in England und den Vereinigten Staaten zurück. Es umschreibt „living learning“-Situationen im Rahmen realitätsorientierter und reflektierter Sozialstrukturen in Einrichtungen der Sozialpädagogik und der Psychiatrie. Einige seiner prominenten Vertreter sind, wie F. Redl und B. Bettelheim, Psychoanalytiker und knüpfen vor allem an die Erfahrungen August Aichhorns an, andere, wie M. Jones, T. Main oder A. Trieshman und J. Whittaker, lassen sich in ihrer Arbeit kaum auf eine bestimmte therapeutische Schule festlegen. Grundlage der Konzeption ist zum einen das Zusammenleben: „Die sicherste Art, etwas über Kinder herauszubekommen, an die schwer heranzukommen ist, besteht darin, mit ihnen zusammenzuleben“ (F. Redl, 1971); zum anderen der Versuch, alltägliche Situationen wie Essen, Aufstehen, Arbeiten, Spielen, Schlafengehen usw. als Lernort zu begreifen und zum Ausgangspunkt von Förderung und Therapie zu machen, ohne diese Alltagshandlungen in therapeutischen Szenarien zu verfremden. Im alltäglichen Zusammenleben ereignet sich Lernen am Modell, nicht in der Umwandlung von Gesprächen in Kommunikationstrainings, gemeinsamen Musizierens in Musiktherapie, gemeinsamer Arbeit in Arbeits- oder Beschäftigungstherapie. Die Chance zur Entwicklung und Entfaltung liegt im Aufspüren und Nutzbarmachen der anregenden, fördernden und heilenden Momente, die in jeder Tätigkeit, so alltäglich sie auch sein mag, liegen können, wenn sie bedürfnisadäquat strukturiert und auf die jeweils nächste Zone der Entwicklung bezogen wird. Nicht gemeint ist mit diesem Konzept die therapeutische Überformung des Alltags und die Vielzahl aus dem Alltag ausgelagerter „therapeutischer Angebote“ als Ersatz für reales Leben.

Bruno Bettelheim hat insbesondere die Konsequenzen des therapeutischen Milieus für die Wohnfeldgestaltung in „Liebe allein genügt nicht“ (1971) und ausführlicher noch in „Der Weg aus dem Labyrinth“ (1975) beschrieben. Der Beschreibung liegen die Erfahrungen Bettelheims als Leiter der „Sonia Shankman Orthogenic School“ zugrunde. Die „Sonia Shankman School“ ist eine koedukative stationäre therapeutische Einrichtung mit Schule und Wohnheim zur Rehabilitation normalbegabter emotional gestörter Kinder und Jugendlicher. Schule und Heim gehören zu den Versuchseinrichtungen der Universität Chicago und bieten den Lehrenden und Studenten der Universität Studien- und Feldforschungsmöglichkeiten. Die Einrichtung verfügt über ca.

fünfzig Plätze. Die Kinder und Jugendlichen leben in kleinen Gruppen zu je 6 bis 7 Kindern zusammen. Der Personalschlüssel liegt in etwa bei 1:1; die „Pflegesätze" sind entsprechend hoch, die Verweildauer liegt bei durchschnittlich 2 bis 3 Jahren, dadurch ist ein Teil der hohen Pflegekosten kompensiert.

Das Konzept der Einrichtung verbindet Elemente der „progressive education" (J. Dewey) mit Einsichten der Psychoanalyse im Kontext eines therapeutischen Milieus. Von diesem Ansatz her wird versucht, befriedigende, im Sinne verläßlicher und dauerhafter emotionaler Erfahrungen und Lernerfahrungen auf der Grundlage enger personaler Beziehungen zu vermitteln. Ausgehend von der Annahme, daß die emotionalen Probleme der Kinder in der sozial vermittelten Unfähigkeit liegen, innere Bedürfnisse und Strebungen mit den Anforderungen der Umwelt in Einklang zu bringen, werden die Alltagserfahrungen und -forderungen auf das reduziert, was die Kinder erfolgreich und für sich befriedigend bewältigen können und dann schrittweise aufgrund sorgfältiger Auswahl und Abstufung erweitert. Die Auswahl und Reflexion so strukturierter Erfahrungen beschreibt den Kern der pädagogischen und therapeutischen Tätigkeit. Ausgangspunkt hierfür ist die Analyse sogenannter *Tagesthemen:* „Vom Traum zum Wachen", „Aufstehen", „Mahlzeiten", „Zwischenzeiten" (= Übergänge zwischen Aktivitäten, z.B. die Zeit zwischen Schulschluß und Essensbeginn), „Einschlafen", auf handlungsstrukturierende Elemente und grundlegende Bedürfnisse. Aus dieser Analyse werden Anforderungen an die personale Interaktion und das raumdingliche Ambiente mit dem Ziel abgeleitet, pädagogische Konzeption und räumliche Konzeption in Übereinstimmung zu bringen. Dies stellt sich etwa für das Tagesthema „Vom Traum zum Wachen" so dar:

Handlungsstruktur und Bedürfnisse

a) *Aufwachen:* Das Kind braucht Zeit für einen fließenden Übergang zwischen Schlaf und Wachzustand. Ein abrupter Übergang würde seine Fähigkeit und Bereitschaft, sich der Realität anzunähern, überfordern. „Unsere Kinder", schreibt Bettelheim, „haben zu oft den kürzeren gezogen, um dem neuen Tag mit Zuversicht zu begegnen. Es fehlt ihnen die emotionale Kraft, die notwendig wäre, um ihre Schläfrigkeit und den Wunsch zu überwinden, sich die Geborgenheit und Behaglichkeit eines angenehmen, warmen Bettes zu erhalten" (Bettelheim 1971, S. 88). Es braucht daher besondere Anreize, um sich der Realität einigermaßen vertrauensvoll zuwenden zu können.
b) *Rückzug unter die Bettdecke:* Das Kind fürchtet die Realität oder steht ihr zumindest mit ambivalenten Gefühlen gegenüber. Der Rückzug unter die Bettdecke, in Dunkelheit, Dämmern, Halbschlaf und Traum bringt das zum Ausdruck. Auflösen lassen sich Furcht und Ambivalenz, wenn erfahrbar wird, daß die Realität des Tages auch Angenehmes bereithält.
c) *Träume erzählen:* Der Wunsch vieler Kinder, gleich nach dem Aufwachen, wenn der Kontakt zur Realität noch äußerst gering ist, ihre Träume zu erzählen, mobilisiert vielfach Ängste im Blick auf die vor ihm liegende Realität des Tages, wie auch im erinnernden Rückblick auf die Traumwelt der Nacht. Hier ist vor allem eine intensive personale Begleitung erforderlich, gleichviel, ob es angezeigt ist, die Träume anzuhören oder die Kinder nicht zu ermutigen, ihre angstbesetzten irrationalen Phantasien noch weiter auszudehnen.
d) *Essen im Bett:* Das Essen, insbesondere von Knabberzeug und Süßigkeiten, steht für die angenehmeren Seiten der Realität. Es kann die volle Hinwendung zum Tag erleichtern, in dem es die Befriedigung eines fundamentalen Bedürfnisses sichert: „Tom mit Keksen oder Süßigkeiten zu füttern ... gab ihm wieder ein klein wenig Vertrauen zum Leben und dies wiederum gab ihm die Kraft, die Sicherheit des Bettes aufzugeben" (Bettelheim 1971, 91).
e) *Im Bett spielen:* Wie das Essen repräsentiert auch das Spielzeug einen angenehmen Teil der Realität. Das Spiel erleichtert in je individueller Ausprägung den Übergang zur Realität und zur „Herrschaft des Ich über asoziale Triebtendenzen": Eines der Kinder, ein 12 Jahre alter Junge, „mußte, wenn er die Augen aufmachte, zunächst mit seinem Lieblingsspielzeug umgeben werden; dann mußte die Betreuerin verschiedene Kleidungsstücke an sein Bett bringen, und zwar eines nach dem anderen. Er pflegte ruhig dazuliegen und zu beobachten,

wie die Gegenstände sich häuften, die die Realität darstellen, mit denen er es zu tun haben würde. Zuerst mußte es die angenehme Realität des Spielzeugs sein, und erst wenn er es zur Hand hatte, konnte er die schwierigere Realität des Sich-Anziehen-Müssens akzeptieren". Das Beispiel macht deutlich, was unter der von Bettelheim befürworteten Komplexitätsreduktion der Realitätserfahrungen zu verstehen ist: „Wir hatten versucht, diese Dinge (Kleider und Spielzeug) schon in seinem Bett zu versammeln, während er schlief, so daß er sie beim Aufwachen vorfand, aber das funktionierte nicht. Wenn er sie am Morgen alle um sich her versammelt sah, zog er sich wieder zurück. Genau wie er der Realität nicht auf einmal begegnen konnte, so mußten auch seine Besitztümer eines nach dem anderen wieder erscheinen. Erst nachdem er jeweils einen Gegenstand geprüft hatte und wieder mit ihm vertraut geworden war, konnte der nächste hinzugefügt werden" (Bettelheim 1971, 103). Die zunächst arrangierte Handlungsstruktur setzte bei dem Jungen offensichtlich zu viel Ichstärke und emotionale Stabilität voraus.

Personale Interaktionen

a–e: Der dynamische Prozeß vom „Traum zum Wachen" bedarf einer nach Intensitätsgraden individuell abgestimmten Begleitung durch Betreuer. Erwartet wird von ihnen Präsenz im umfassenden Sinne, um mit reflexiver Wachheit, Intuition und Empathie Entscheidungen für Handlungsstruktur und Interaktionsverlauf treffen zu können: „Es ist auf jeden Fall nicht einfach zu entscheiden, ob ein Kind stark genug ist, den Bodensatz seines Unbewußten zu handhaben, wie er sich in seinen Träumen offenbart (und dabei ermutigt werden sollte, darüber zu sprechen); es ist ebenso schwierig zu wissen, ob ein anderes Kind zu unsicher ist, sich an die Aufgaben des Lebens zu machen, nachdem es am hellichten Tage gerade dem ausgesetzt ist, was in seinem Unbewußten begraben war. Derartige Entscheidungen können niemals generell getroffen werden (...). Anzeichen der augenblicklichen Schwäche oder Stärke des Kindes sind, wenn es um Entscheidungen geht, wie man die Manifestationen des kindlichen Unbewußten handhaben soll, viel wichtiger als irgendwelche auf Theorie gegründeten vorgefaßten Meinungen" (a. a. O., S. 89).

Raumdingliches Ambiente/Wohnfeldgestaltung

a) *Aufwachen:* Kontrolle über die unmittelbare Umwelt und angenehme Sinneseindrücke erleichtern den Zugang zur Realität; Lichtschalter und Radio sollten in Bettreichweite sein, die Betreuer in Rufweite.

b) *Rückzug unter die Bettdecke, c) Träume erzählen:* Der Bettbereich liegt abgeschirmt, ist für Fremde nicht auf den ersten Blick einsehbar, bietet aber genügend Platz, um einen Betreuer in diese Zone einbeziehen zu können (Sitzplatz oder -bank am Bett). Außerdem weist der Bettbereich einen geringeren Helligkeitswert auf als der übrige Raum. Das Licht kann vom Bett aus reguliert werden. Er lädt atmosphärisch zu längerem Verweilen des Zuhörers ein. Die Abschirmung vom übrigen Wohnbereich bzw. den Schlafbereichen der anderen Mitbewohner ist individuell regulierbar (textile Raumteiler u. a.).

c) *Essen im Bett:* In unmittelbarer Reichweite des Bettes befinden sich, offen und verschließbar, Aufbewahrungsorte für Süßigkeiten etc. Der Bettbereich ist so abgeschirmt, daß auch „heimliches Naschen" möglich wird.

d) *Im Bett spielen:* Abstellflächen für Spielzeug befinden sich nahe am Bett. Bett- und Spielbereich fließen ineinander. Tisch oder Spielbank erleichtern den Übergang vom Schlaf- zum Spiel-Gruppen-Bereich. Das Bett und sein Ambiente sind sicherer und bergender „Stützpunkt", von dem aus „Exkursionen" in die Realität des Tages unternommen werden können. Sicherheit und Geborgenheit setzen die Unverwechselbarkeit dieses „Stützpunkts" voraus.

Aus dem hier aus der Fülle der sogenannten Tagesthemen herausgegriffenen Beispiel „Vom Traum zum Wachen" erschließen sich folgende Aspekte der konzeptionellen Leitlinie „therapeutisches Milieu":

1. Die solchermaßen konzeptualisierte pädagogische und therapeutische Hilfe überschreitet die hierzulande üblichen Versorgungsstandards bei weitem. Das gilt für die Sorgfalt, mit der Handlungsstrukturen bedacht und gestaltet werden, ebenso wie für das Reflexionsniveau, von dem aus Interaktionen ermöglicht oder Räume gestaltet und ausgestattet werden. Die Ausrichtung residentieller sozialer Dienste am Normalisierungskonzept allein bietet nicht die Gewähr optimaler Förderung. Das Normalisierungskonzept ist als konzeptionelle Leitlinie notwendig, aber nicht hinreichend, es bedarf der Ergänzung. Das Konzept des therapeutischen Milieus bietet sich hierzu an.
2. Der Rekurs auf generelle Bedürfnisstrukturen bietet erste Anhaltspunkte für die Wohnfeldgestaltung. Konkret aufgegeben ist nicht nur die Vermittlung der zum Teil widersprüchlichen Grundbedürfnisse, die das Wohnen bestimmen, wie Sicherheit, Schutz, Geborgenheit, Kontakt, Kommunikation, Selbstdarstellung, sondern ihre individuelle Spezifizierung.
3. Handlungsstruktur, Interaktion und raumdingliches Ambiente sind als Einheit zu verstehen, in die die therapeutische oder pädagogische Intervention eingebunden ist. In dem Maße, in dem diese Einbindung gelingt, ist vom Alltag abgehobene Therapie überflüssig oder doch zumindest auf präzisere Indikationen einzugrenzen als sie gegenwärtig in der „Verordnung" von Gesprächstherapie, Spiel-, Musik-, Beschäftigungs- und Reittherapie usw. vorfindbar sind.
4. Anlage und Ausstattung des Wohnfeldes werden nicht nur auf ihre reale Bedeutung hin bedacht, sondern ebenso auf die „Botschaften", die sie auf der Symbolebene vermitteln. Dem Problem der Inkongruenz von verbalen und nonverbalen, über Räume, Dinge und Handlungsmuster vermittelten Botschaften ist Bettelheim höchst subtil in „Der Weg aus dem Labyrinth" nachgegangen. Krankt die Pädagogik – Erbe ihrer Herkunft aus Philosophie und praktischer Theologie – ohnehin an einer wohl durchgängigen Überschätzung der Wirksamkeit verbaler Erziehungsmittel, so scheint sie gegenüber den nonverbalen Botschaften ihrer verdinglichten Erziehungsmittel nahezu blind. Sie hat bislang zur Entschlüsselung nonverbaler Botschaften nicht einmal eine adäquate Terminologie, die etwa der Dynamik zwischen Mensch und Raum Rechnung trägt, entwickelt. Aus der Vielzahl konkreter Beispiele für die Inkongruenz verbaler und nonverbaler Botschaften, die Bettelheim aufführt, sei eines der sinnfälligsten herausgegriffen: Was nützt die Versicherung der Betreuer, daß Vertrauen die Basis ihrer Beziehung zu den Betreuten sei, solange das unzerbrechliche Geschirr unausgesprochen grobe Unachtsamkeit oder Zerstörungswut unterstellt? Wir haben ähnliche Tatbestände aus anderen Bereichen sozialer Arbeit in diesem Buch verschiedentlich dokumentiert, ohne dabei indes, so wie Bettelheim, zur Interpretation symbolischer Botschaften eine psychoanalytische Begrifflichkeit zu bemühen. In aller Regel sprechen die Phänomene, wie uns scheint, für sich.
5. Überhaupt scheint uns der psychoanalytische Bezugsrahmen zur Entwicklung eines therapeutischen Milieus nicht zwingend. Eine konsequente, auf den Alltag als Lernort setzende Gestaltung des Wohnfeldes ist ebenso von einem anderen theoretischen Hintergrund her zu denken. Die zweifellos vorhandene Suggestivkraft des Modells der Sonia-Shankman-School beruht auf der Stringenz des Konzepts und wohl auch darauf, daß ebenso gehaltvolle Dokumentationen vergleichbarer Bemühungen auf anderem theoretischen Hintergrund bisher nicht vorliegen.
6. Das Modell der Sonia-Shankman-School ist auf andere soziale Dienste übertragbar. So wie es für die Behandlung emotional gestörter Kinder ausgeformt wurde, eignet ihm eine besondere Prägnanz, aber keine auf bestimmte Devianzformen bezogene Ausschließlichkeit.
7. Bettelheim hat das von ihm entwickelte Modell verschiedentlich als „totales" therapeutisches Milieu bezeichnet, um sich damit bewußt einer Institutionskritik auf den Spuren E. Goffmans zu stellen. Ohne Berücksichtigung der jeweiligen Zielstellung bleibt die Kritik der totalen Institution indes abstrakt, im schlechten Sinne akademisch. Wenn die „totale Institution" auf

Förderung, Therapie und Rehabilitation ausgerichtet ist und nicht auf zeitlich unabsehbare Absonderung, Einschließung und Verwahrung, stellt sich die Totalitätsfrage in einem anderen Licht dar. Sie ist auch Konsequenz der beabsichtigten Effektivität der Hilfe. Dabei dürfte anhand der einfühlenden Behutsamkeit, mit der im therapeutischen Milieu Tagesthemen wie das Aufwachen in verschiedenen Dimensionen und auf unterschiedlichen Ebenen bedacht werden, deutlich geworden sein, daß hier der therapeutische Zweck nicht alle Mittel heiligt, wenn jedem Element der dinglichen und personalen Umwelt eine reflektierte therapeutische Funktion zugewiesen wird. Die konsequente Funktionalisierung der personellen und dinglichen Ressourcen dient dabei im Unterschied zu anderen totalen Institutionen – auch im Erziehungsfeld – nicht der Distanzierung der Betreuer von den Betreuten, sondern der Entwicklung einer therapeutischen Gemeinschaft. Durchaus folgerichtig resümiert Bettelheim nach mehr als 25jähriger Erfahrung in der Orthogenic School, daß die erfolgreichsten Betreuer diejenigen waren, „die von Anfang an spürten, daß ihnen die Arbeit eine einzigartige Gelegenheit bot, einige ihrer eigenen Problemen zu lösen. Diese wußten, daß sie gezwungen sein würden, etwas in sich selbst durchzuarbeiten, um für ihre Patienten von größerem Nutzen zu sein“ (Bettelheim 1975, 275).

Ebenso, wie ein Kleid, ein Anzug auf das Selbstbewußtsein seines Trägers hebend oder hemmend wirken kann, wirkt der Raum auf den Menschen: ein harmonischer, den Bedürfnissen des Menschen entsprechender Raum wird ihn aktivieren, ein mißgestalteter, nicht auf ihn eingehender Raum wird ihn bedrücken und zu Passivität veranlassen, oder ihn aggressiv machen.

Nicht nur der Mensch prägt seine Umwelt, sondern die Umwelt prägt auch den Menschen.

Umweltgestaltung – so verstanden – ist zutiefst kein ästhetisches, sondern ein menschliches Problem.

Ganz sicher war es unser bisheriger Fehler, unser Augenmerk in falschem Selbstbewußtsein auf das Prägen, nicht aber auf das Geprägtwerden zu richten.

Richard Neutra bemerkt dazu, daß die gebaute Umwelt auf den menschlichen Organismus, auf den sie ständig wirkt und reagiert, ebenso freundlichen wie auch feindlichen Einfluß ausüben kann – oft genug feindlichen. Über seine Kindheitserfahrungen äußert er: Sie „erteilten mir unausgesprochene Lehren in Bewertung von Raum, Textur, Licht und Schatten, über den Geruch von Teppichen, die Wärme von Holz und die Kühle von Fliesen vor unserem Küchenherd“ (Neutra 1956, 51).

Solche Erfahrungen sollten in der Kindheit gemacht werden können. Aber es ist wohl nie zu spät dazu, sie zu machen bzw. anzubieten. Nur auf ihnen läßt sich eine tragfähige Beziehung zur Umwelt und zu anderen Menschen aufbauen.

Absolut Gleiches in wiederholbaren Situationen gibt es nicht. Man kann nie kopieren, sondern muß immer übertragen.

Alte Heime als Aufgabe

Bei den Einbauten, die die Lebensqualität im geschützten Wohnbereich erhöhen sollen, geht es häufiger darum, in Altbauten Verbesserungen durchzuführen als neue Häuser zu bauen. Es wird in Zukunft unsere Hauptaufgabe sein, vorhandene Einrichtungen für Behinderte, die sich als mangelhaft oder unbrauchbar erwiesen haben – oder mit der Zeit erweisen werden –, in einen menschenwürdigen Zustand zu bringen.

Viele behinderte Menschen werden weiterhin in großen Einrichtungen ausgesondert sein. Sie wurden während des Dritten Reiches durch Mord ausgesondert. Wir meinen, dieses dunkelste Kapitel der Fürsorgegeschichte weit hinter uns gelassen zu haben. Zu Recht? Die Formen der Aussonderung schließen heute die bewußte oder billigend in Kauf genommene existentielle Vernichtung nicht mehr ein. Aber unterhalb dieser Schwelle ist vieles möglich. Die Aussonderung besteht fort. Nicht nur in subtilen Formen. Behinderte bleiben ausgesondert, solange Sondereinrichtungen bestehen, die für „Normalbürger“ kein Ort sind, wo sie leben möchten. Solche Orte aber sind nach wie vor selten: Einrichtungen der Anthroposophen, hier und da ein

Wohnheim, das aus dem konventionellen Rahmen fällt, verschwindend wenige kleine Einrichtungen mit geringer Gruppen- und Bewohnerzahl; sonst riesige, hauptsächlich konfessionelle Anstalten, Heime und Werkstätten; Häuser, die funktional zergliedert sind in Bereiche für Arbeit, Freizeit, Schlafen, Essen, Toiletten, Wasch-, Dusch- und Badewannenräume. Aber wo findet das Wohnen statt? Was ist überhaupt Wohnen für Behinderte? Im Sessel sitzen, fernsehen? In abgelegten Versandhauskatalogen und Zeitschriften blättern, die man nicht lesen kann? Warten, aber worauf? Wohnen heißt doch, daß alles, was dazu gehört, in einem kultivierten Rahmen, der Wohnung, stattfinden kann, daß die Bedürfnisse, die wir von morgens bis abends und von abends bis morgens haben, in ihr erfüllt werden können. Der Wohnbereich ist die Ausgangssituation für den Tagesablauf. Die Abende, die Wochenenden, die Feiertage, oft die Ferien bzw. der Urlaub, die meiste freie Zeit wird dort verbracht.

Wir gehen davon aus, daß auch im Wohnbereich behinderte und nichtbehinderte Menschen die meisten Bedürfnisse im Grunde teilen. Deshalb ist über ihre Wohnbedürfnisse wenig zu lesen, denn man kann Wohnbedürfnisse von Behinderten nicht separatistisch behandeln; und nur über solche Phänomene ist viel zu lesen, die man ausklammern zu können meint.

Dennoch ist vieles anders. Vieles, was das Wohnen für uns selbstverständlich beinhaltet, kann für sie kaum je Gewohnheit werden. Das Gespräch fällt für viele weg, auch das Lesen, Musizieren, schließlich Besuche und der damit zusammenhängende Komplex des Gesellschaftlichen. Nicht die Bedürfnisse sind andere, wohl aber das Vermögen, sie zu erfüllen. Das Wohnen ist nicht Kompensation und auch nicht als Vorbereitungs- und Nachbereitungsstätte für Unternehmungen außer Haus – Reisen, Sport, technische Hobbies – relevant. Die Wohnung ist auch nicht Bewegungsraum. Was bleibt? Was soll sie für Behinderte leisten? Sie kann sich nur durch ein erhöhtes Betätigungsangebot auszeichnen. Damit rückt sie in die Nähe der handwerklich-bäuerlichen Welt. Nicht aus Gründen der Nostalgie, sondern weil dort auch im Hause der Betätigung eine entscheidende Stellung im Leben der Menschen zukam. Das Wohnen von Behinderten könnte in der Werkstatt der Handwerker und im bäuerlichen Lebensraum früherer Zeiten Verwandtes finden; auch in der Kultur des Biedermeier, soweit für Frauen und Kinder nach Gestaltungsmöglichkeiten im Wohnraum gesucht wird. Das Biedermeier hat das Nähtischchen gebracht, das Spielzeug kultiviert (Fröbels Spielgaben), es hat das Kirschbaumholz für Möbel entdeckt und damit den Hintergrund einer Pädagogik geschaffen, die nicht nur die Bedürfnisse des „homo faber“ abdeckt: einen warmen, zurückhaltenden Hintergrund; ein Nährboden für introvertierte Menschen. So ist zum Beispiel zu fragen, ob Autisten nicht zuerst die Wärme des englischroten Kirchbaumholzes oder einer Kiefernwand erleben sollten und die Geborgenheit, die der verhaltene Farbton vermittelt, bevor in verhaltenstherapeutischer Weise, ohne Hintergrund, mit ihnen verfahren wird.

Ein Haus mit vielen Sehnsüchten

Zeichnung eines 16jährigen autistischen Mädchens

Hütten, die sich geistig behinderte Jugendliche gebaut haben

Orientierungshilfe für die Gestaltung von Wohnbereichen für Behinderte bietet die Natur. Jedes Nest ist weich, rund, also nicht hart und eckig, es ist dunkel, nicht hell, es ist warm und nicht kalt, freundlich und nicht unfreundlich. Der Wohnbereich ist der Bereich im Hause und der in seiner unmittelbaren Nähe. Draußen kann uns Kälte im Winter, Hitze im Sommer begegnen, blendende Helligkeit des Lichtes und stockfinstere Nacht. Die Wärme und das Licht drinnen aber ist gemäßigt, spielt vom Hellen bis zum Dunklen.

In sich differenziert sollten Wohnbereiche sein. Durch ihre Differenziertheit sollten sie mehrschichtige oder vielseitige Benutzbarkeit signalisieren. Der Wartesaal auf dem Bahnhof, das Restaurant, der Schulraum gängiger Prägung, das Krankenzimmer – sie alle sind keine Wohnräume, sondern Durchgangsstationen, die nicht als Orientierung dienen können, wenn es darum geht, im beschützenden Lebensbereich Wohnlösungen zu suchen. Allerdings ist die Wirklichkeit solchen unpersönlichen Räumen meist weit näher als unseren Anforderungen an die Wohnqualität für Menschen, die des Schutzes und der Förderung bedürfen.

Welch eine Unmenge von Literatur befaßt sich mit der Beschulung, der Therapie, der ärztlich-psychiatrischen Behandlung, und wie schmal wird sie, wenn es sich um das Leben im Alltag handelt. Wo sind konkrete Vorschläge für die Gestaltung von Wohnungen in sozialen Einrichtungen? Schon bei dem Wort „Wohnung" für sie gerät man in Verlegenheit. Was ist das? Wieweit ist es ihre, wieweit wird sie als öffentlich verstanden? Wieweit ist sie von Betreuern oder Fachtouristen, gleich welcher Prägung, einsehbar und kontrollierbar? Wo begegnet man hier der Zärtlichkeit, erotisierender, vorbehaltlos freundlicher Atmosphäre? Die Art der Gestaltung des Wohn- und Schlafbereichs der Behinderten muß weitgehend solchem Verlangen nach Zärtlichkeit entsprechen, die nicht von Menschen kommt: für Männer von Frauen, für Frauen von Männern, beiden von Betreuern, die zwar therapieren, nicht aber eine zärtliche Zuwendung dem Behinderten entgegenbringen können. Sexualität hat immer auch eine kulturelle Komponente. Sie kann ermöglicht werden durch die optisch-haptische Wärme der Räume, durch Differenziertheit, so daß nicht von allen Seiten jeder Ort einzusehen ist, durch Rückzugsgelegenheiten. Es ist den Menschen im Heim eine weiche, wärmende, schützende Umgebung auch zu schaffen, weil sie oft keine ihnen nahestehenden Menschen haben. Kann man überhaupt von Wohnen sprechen, wenn in Wohnungen nur Frauen *oder* Männer leben?

Erwachsene Behinderte wohnen sehr oft in den Altbauten von sozialen Einrichtungen. Optimal wird das nur sein können, wenn es nicht nur im Hinblick auf die jeweilige Einrichtungsmode geschieht, sondern vom Geist der Bewohner *und* vom genius loci geprägt wird, wenn also von den Bewohnern empfindsam auf die durch die Zeiten geprägte Raumgestalt in den alten Häusern eingegangen wird.

Oft ist das kulturelle Gefälle von der Verwaltung und den Repräsentationsräumen (Gästehäusern, Reitställen, Gottesdienstsälen, Empfangs- und Speiseräumen, Sportanlagen, Schwimmbädern, Treppenhäusern, Parkanlagen) zu den Räumen bzw. Häusern, in denen die Behinderten leben, so groß, daß es schwerfällt, sich auf den Zweck der Einrichtungen zu besinnen. Werden jedoch Anschaffungen für den Behindertengruppenbereich gemacht, handelt es sich meist um technische Geräte, die die Wohnqualität der Behinderten in aller Regel kaum fördern: zum Beispiel Kassettenrecorder, Fernsehapparate in jedem Zimmer, Schuhputzautomaten, Spülmaschinen.

Es ist aber das Haptisch-Visuelle, das für sie besonders ins Auge gefaßt werden sollte, alles, was sensibilisiert, indem es den Sinnen möglichst differenzierte Nahrung gibt. Das ist nicht immer mit dem zu vereinbaren, was Bequemlichkeit im Alltagsleben verspricht.

Die Schwierigkeit, neue Häuser wohnlich zu machen

Neue Häuser bewohnbar zu machen ist schwer. Entweder erlebt der Architekt das, wenn er einen Einfamilienbau nach der Fertigstellung den Bewohnern übergibt und mit Bangen erwartet, womit die neuen Herren einziehen und wie sie sich einrichten; oder aber den Architekten interessiert nicht, was nach seinem Scheiden vom Bau geschieht. Das ist eine traurige Voraussetzung für das Leben, das sich darin abspielen wird.

In Heimen ist das von besonderer Brisanz, weil es nicht das Zuhause derjenigen ist, die die Einrichtung bestimmen, also gewöhnlich auch nicht das gleiche Engagement zu erwarten ist. Die Liebe zur Einrichtung, zu den Farben, zur Beleuchtung entwickelt sich bei den Betreuern oft nicht, was sich so auswirkt, daß viele Dinge unvermittelt im Raum stehen, ohne Beziehung zum nächsten Gegenstand. Ausschließlich von ihrer Funktion und einem vagen ästhetischen Gefühl geleitet, stellt sie der Betreuer auf; das heißt, sie bleiben Gegenstände, werden nicht zum Teil eines Ganzen, zu Bestandteilen einer übergeordneten Einheit. Jeder ist für sich isoliert. Das betrifft die Sitzgruppen untereinander, das Verhältnis von Stuhl und Tisch, das der Lampe zum Tisch, des Tisches zur Raumecke, der Raumecke zur Wand usw. Auf dem Reißbrett vorweg bestimmbar sind solche Konstellationen nicht. Sie fügen sich nicht den Gedanken, die jemand auf einem Grundriß eingetragen hat. Ihre Bezugsgröße ist nicht die Linie, der Punkt, auch nicht die Fläche, sondern der Körper, der auf der Grundrißfläche nicht zu fassen ist; auch nicht im

Modell, dessen Kleinheit und geschickte oder unbeholfene Machart über Zusammenhänge in der Wirklichkeit täuscht.

Sowohl da, wo alles vom Architekten geplant ist und wo nach Jahren die Tische noch so stehen, wie sie zur Einweihung standen, als auch da, wo eine Möblierung der anderen folgt, ist keine optimal integrierte Wohnsituation zu erwarten und damit auch keine Harmonie oder Harmonisierung unter den Bewohnern. So wichtig ständiges Verändern für das Leben der Gruppe ist, so wenig ist es möglich, durch ständig neue Tapeten oder Anstriche Schwierigkeiten innerhalb der Gruppe wahrhaftig zu bewältigen. Sicher sind viele Schwierigkeiten rein personaler Art in zu unterschiedlichen oder zu gleichen Auffassungen begründet, aber auch am Grundriß gibt es von der Architektur her viele Konfliktstoffe, die auch nach einem neuen Anstrich weiterhin bestehen bleiben. Notwendig wäre hier, mehr zu investieren als nur die Ausgaben für die Tünche oder die Wandverkleidung.

„Zuerst war immer nur von zwei Blocks die Rede gewesen. Aber wir hätten es uns ja denken können. Als wir einzogen, damals, im Mai vor einem Jahr, war schon die letzte Wohnung vermietet. Gegen zweihundert Leute, allein hier, im Block Costa 1. Im Zweier drüben kamen sie zwei Monate später an, und schon ging's los mit den Gerüsten für den Dreier, den Vierer. Eine Zeitlang haben wir uns darüber nicht viel Gedanken gemacht. Großüberbauung Costa. Bald war auch die Straßenbeleuchtung montiert, die Bushaltestelle wurde angelegt, die beiden Parkplätze im Hof reichten aus, und eine Zeitlang war auch noch so etwas wie ein Pioniergefühl in der Luft, und wir konnten immerhin den Eindruck haben, daß wir in Costa 1 und 2 eine besondere, eine bevorzugte Wohnlage hatten, weg vom Getümmel und nicht weit zum Wald. Aber die bauen ja wie die Irren weiter. Schon soll auf der Baustelle von Costa 9 das Aufrichtefest vorbei sein. Acht fertig bewohnte Blocks, und im Sommer werden es zehn sein. Zehn Blocks zu rund zweihundert Leuten, acht Parkplätze sind nun ausgeteert, die zweite Fernheizung ist eingerichtet, das zweite Einkaufscenter macht nächsten Monat auf. An die zweitausend Menschen, Kinder, Großväter, Frauen, natürlich auch schon massenhaft Flicker. Auch Spanier. Alle in den gleichen 4,30×3,50-Wohnzimmern, alle abends auf denselben Balkonen. Alle mit ihren Würsten in den eingebauten Kühlschränken und mit denselben Fernsehprogrammen. Ab und zu ist das ja ganz lustig. Man trifft sich im Aufzug oder auf dem Park- oder Spielplatz. Man tauscht Ansichten über Strompreise, PS, über Wetter und Hausmeister aus, oder spricht von Gesundheit und Todesfällen, wie's eben so kommt. Aber an gewissen Abenden, auch nachmittags, ist es so, daß niemand mehr spricht. Wir alle in unsern Wohn-, Schlaf- oder Kinderzimmern, im dritten, im siebenten, im elften Stock, das spielt keine Rolle, wir alle bisweilen und plötzlich mit diesem Gefühl, daß wir hier gar nicht so richtig zu Hause sind. Unter und über uns und nebenan Leute. Wir kennen sie. Natürlich. Aber dennoch, zu Hunderten, fremde Leute, Hunderte von Mietern, oben, unten, nebenan, alle in denselben Räumen oder in diesen Räumen, die sich gleichen, – das Wohnmaschinengefühl, das Alleinseingefühl in einer solchen Leere von tausend von zweitausend Menschen Bevölkerung, sind allein, stehen herum. Horchen. Stehen mit dem Ohr an der Wand. Nur ja nicht anders sein. Nur ja nicht zeigen oder ihnen sagen, daß wir uns manchmal, das Ohr an der Wand, plötzlich hassen, alle diese Türschildernamen, diese Vorlegeteppiche in den Fluren, die Mietergesichter, oben, unten, und die Geiferstimmen nebenan, die Musik und die Kranken.

Haß auf einmal und die Angst oder die durch überhaupt nichts begründete Hoffnung, jetzt, endlich jetzt, jetzt spätestens werde etwas Irres, Unerwartetes, irgendeine Katastrophe geschehen, ein Erhängter oder Schreie bis zum Wahnsinn, und Fäuste, die dreinschlagen, immer drein, in alle diese freundlichen Gesichter, Obszönes, Aufruhr, Inzest, Totschläger, Mord und Rauschgift und geschändete, blutige Leinentücher statt der hundert hübschen Vorhangpaare, die Sirenen des Gerichts. Dastehn. In dieser Wut und dem Gefühl von Macht. Und wieder wissen, allmählich wieder und deutlich dann, wir sind Mieter. Fernbeheizte Wohnung mit allem Komfort. Jeder in Costa trägt durch Freundlichkeit, Ruhe und Sauberkeit zum Wohle der Gemeinschaft bei."

F. Walter: Die ersten Unruhen. rororo 4452. Reinbek 1979, S. 46f.

Exkurs: Zum Wohnen von Betreuern

An dieser Stelle ist es möglich und notwendig, einige Überlegungen den Wohnungen und Wohnvorstellungen zu widmen, von denen die Mitarbeiter und Gestalter des Milieus für behinderte Menschen ausgehen.

Aus welchen Häusern kommen sie? Die Tendenz geht schon seit Kriegsende zu den Extremen: Hochhäuser für die Minderbegüterten, Einfamilienhäuser im Heimstättenwerk – Einheitsstil für die Zahlungskräftigeren: weißgetüncht, mit Blautanne, Rasen rundherum, mit eingezogenen

Balkonen, überdimensionierten Fensterflächen. Danach richtet man sich, wenn in Kleinstädten und Dörfern modernisiert wird, aber auch bei Neubauten für behinderte Menschen. Das kann unserer Orientierung nicht helfen. Wenige sind es, die alte städtische oder dörfliche Wohnstätten, anknüpfend an die Tradition, in ihrer Würde erhalten wollen. Auch ihre Maxime resultiert fast durchweg aus dem Kaufhaus- und Kataloggeschmack. Das nennt sich altdeutscher Stil und hat von beidem nichts.

Aus dieser Klientel beziehen die Einrichtungen ihren Nachwuchs, zum Beispiel die Heilerziehungspflegeschulen ihre Schüler. (Übrigens tun die Schulen selbst mit ihrer Gestalt und Einrichtung auch nichts zur Verbesserung dieses Zustandes!) Was sie aus ihren Wohnungen und Lehrstätten kennen, möchten sie dann als Betreuer den Behinderten auch gewähren, und sie machen, wenn sie der räumliche Zustand der Einrichtungen überhaupt anficht, unter dem Stichwort „Normalisierung" daraus ein Programm falscher Analogien. Welche Erfahrungen bringen die Betreuer aus ihrem Ambiente mit, die jüngeren zumal, deren Zahl in den Einrichtungen überwiegt? Die Stille, aus der Besonnenheit, Geduld und innere Ruhe resultieren, haben sie nicht kennengelernt. Gerade diese Haltungen sind aber zum Leben im schützenden und fördernden Milieu erforderlich. Artifiziell ist ihr Leben. Nicht das Rauschen des Windes in Bäumen oder das Singen der Vögel, sondern die Klänge, die aus Kassettenrecordern tönen, sind ihr Maßstab für Akustik. Außer dem Mangel an Stille ist es der zweifelhafte Rausch der Schnelligkeit, der aus den Wohnquartieren, so festgefroren sie sonst sind, kommt. Wenn der Blick auf das Maximum an Geschwindigkeit gerichtet ist, kann nicht gleichzeitig von den unterschiedlichen Kapazitäten einzelner in puncto Mobilität her gedacht werden – und schließlich besteht der behinderte Mensch in seiner Unbeholfenheit nur noch aus Fehlern.

Unsere Umwelt, auch innerhalb der Wohnung, ist weitgehend fremdbestimmt, sie war es wohl in gewissem Sinne immer, früher zum Beispiel durch die Natur. Aber die war weiter weg, draußen, während jetzt alles nahgerückt ist: das Fluten der Bilder des Fernsehens dringt ein, die starken Töne und Rhythmen der Radiosendungen sind nicht mehr auszuschließen, wir werden selbst in den Wohnungen überbeansprucht durch intensive Lautstärke, Schnelligkeit und den Lärm des Straßenverkehrs. Das aber ist keinesfalls die geeignete Ausgangsposition, behinderten und gestörten Menschen zu helfen.

Auffallend ist, daß überall dort, wo wir über das Wohnen im geschützten Raum sprechen oder mit Betreuern dafür arbeiten, die Teilnehmer für ihre eigenen Bedürfnisse und die ihrer Kinder mit Holzeinbauten beginnen. Ein Zeichen dafür, daß viele Betreuer mit Industrieangeboten und dem Modischen nicht zufrieden sind, daß ein Bedürfnis besteht, den Wohnbereich nach eigenen Vorstellungen und aus eigener Kraft zu verändern.

Grammatik der Wohnfeldgestaltung

Raumerfassung als Voraussetzung

Es darf hier keine philosophisch gestimmte oder architektonische Phänomenologie des Raumes erwartet werden. Architektur verstehen wir in unserem Zusammenhang vornehmlich als das Umbauen von Räumen, nicht als das Herstellen von Baukörpern.

Raum ist mehr als Fußboden und Wände und Decke. Schon das Gewand, das jemand trägt, ist der erste Schritt zum Raum. Es ist die engste Höhle, die Hülle, in der man steckt, in der es einem wohl und warm ist, oder auch nicht.

Raum ist auch das, was mit den Armen umschlossen wird, wenn man arbeitet; das Stück, an dem man schafft, die Werkzeuge, mit denen man es tut, Kopf, Brust und der Tisch oder die Werkbank, an der es sich vollzieht – das alles bildet Raum.

Raum ist auch beim Essen spürbar – durch die Bewegung mit der Tasse, dem Löffel, dem Stück Brot zum Munde, wird Raum umschlos-

Erster Versuch eines geistig behinderten Jugendlichen, Raum zu erfassen.

sen. Mit jeder Bewegung verengt oder erweitert sich dabei der Raum.

Raum ist keine starre, vom individuellen Erleben unabhängige Größe. Raum wird gebildet – durch die Eigenart des Menschen, der so gesehen mit seinem Körper ein Teil von ihm ist, indem er ihn mit seinen Armen umschließt. Raum bildet sich zum Gesprächspartner hin, der gegenübersitzt, zum Möbel, das hinter ihm steht.

So erweitert sich der Raum bis hin zu den Wänden. Wenn Le Corbusier fordert, daß die Decke nur so hoch sein darf, daß sie mit ausgestrecktem Arm erreichbar ist, definiert auch er den Raum vom Menschen her.

Die Höhe des Raumes ist ein Phänomen, das aus dem Bewußtsein geraten ist. Nur als Größe (an Körpern) ist es den meisten Menschen gegenwärtig. Die dritte Dimension ist aber nicht nur als Tiefe oder Weite, sondern auch als Raumhöhe zu definieren.

„Der Mensch wappnet sich mit Apathie, und schließlich finden wir in ihm jenen gleichgültigen, für visuelle Eindrücke unempfindlichen Bürger, der aufgehört hat, sich seiner armseligen Umgebung auch nur bewußt zu sein ... Nur durch einen langsamen Erziehungsprozeß, der von frühester Kindheit an visuelles Erlebnis vermittelt, kann dem abgeholfen werden. Wohnen muß gelernt werden.“

(Walter Gropius: Architektur. Wege zu einer optischen Kultur, 1956)

Daß Länge und Breite eine Fläche ergeben, ist uns im Geometrieunterricht deutlich geworden, aber die Höhe wurde dabei immer nur als eine Linie an der Tafel gesehen: körper- und raumlos.

Möbel – besonders aber Einbauten – können Übergänge von der Gestalt des Menschen zu den raumumschließenden Wänden schaffen. Ein leerer Raum vermittelt im allgemeinen den geringsten Raumeindruck. Auch ein nur in der Grundrißebene mit Tischen und Stühlen möblierter Raum oder Wände, die jede für sich gestaltet sind, vermitteln keinen räumlichen Eindruck, sondern einen flächigen.

Raum hat jeder Mensch in sich, dessen er sich bewußt werden kann, wenn es still in ihm ist. Das ist nicht nur ein Raum, in dem seine Gedanken und Empfindungen sind, sondern auch ein wirklicher, den er beim Atmen spürt.

Wohnung ist der Raum, in dem man sich einrichtet. Gekaufte Möbel sollten die Fortsetzung des eigenen Bauens sein. Kann die Verwirklichung der eigenen Vorstellungen nicht selbst vollzogen werden, so sollte sie individuell durchdacht und artikuliert werden. Leider ist es üblich geworden, die Wohnungseinrichtung nicht dann zu ändern, wenn es die eigenen Bedürfnisse gebieten, sondern wenn es die Mode verlangt.

Erst dann, wenn der Betreuer imstande ist, solche Zusammenhänge zu durchschauen, und wenn er seine Vorstellungen in seinem eigenen Umkreis verwirklichen kann, wird es ihm möglich sein, die Ansprüche von Menschen, die eines schützenden und fördernden Lebensraumes bedürfen, in eine optimale Wohnwelt umzusetzen und dieses Anliegen Vorgesetzten und der Verwaltung gegenüber zu vertreten.

Zur Gestalt des Raumes

Der zum Wohnen geeignetste Raum ist derjenige, der wesentlich auch Betätigung ermöglicht, zu spontanen Einfällen und Kreativität auffordert: nicht der reizüberflutete, sondern der stimulierende; sicher nicht der kahle, reizarme, sondern der, welcher in den plastischen, flächigen und linearen Formen, den Farben und Strukturen stimmig ist – nicht perfektioniert, nicht in seiner Stimmigkeit gebunden, sondern offen. Solche Offenheit kann sich vom Raum auf die Bewohner übertragen und ihr Leben erleichtern, es können Räume andererseits aber auch die Stimulation erschweren oder verhindern:

MAN KANN EINEN MENSCHEN MIT EINEM RAUM ERSCHLAGEN WIE MIT EINER AXT.
HEINRICH ZILLE

Wenn zum Beispiel innerhalb eines Raumgrundrisses die Mitte oder der Rand – also nicht die Fläche, sondern die Begrenzung des Formates betont wird, ist man mit der weiteren Gestaltung gebunden.

Die meisten Räume sind schematisch gegliedert, wobei die *Begrenzung,* z.B. durch eine schwarze Scheuerleiste, die *Mitte,* z.B. durch die Position der Lampe in der Mitte des Raumes oder den Tisch darunter, und die *Symmetrieachse,* z.B. durch mittig einander gegenüberliegende Tür und Fenster, betont ist. Aus dem Schema, das Räume solcher Prägung

BEISPIELE FÜR DIE BETONUNG DES ZENTRUMS UND/ODER DER QUADRATISCHEN BEGRENZUNG EINES GRUNDRISSES
—VEREINFACHTE SCHEMATA—

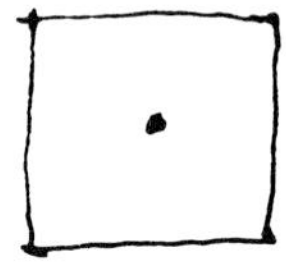

LAMPE IN DER MITTE EINES RAUMES

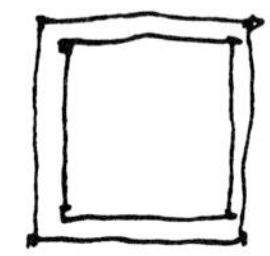

FARBIG ABGESETZTES KERAMIKBAND UMLAUFEND

bestimmt, gestalterisch herauszugelangen, ist schwierig, wenn nicht unmöglich. Das Ausbrechen wird als Fehler in der Konzeption verstanden und als disharmonischer Eindruck registriert.

Hier soll nun der Anfang einer theoretischen Raumgliederung mit einfachstem Schema – quadratischen Teilen – vorgestellt werden, um eine mögliche gedankliche Ausgangsposition anzudeuten.

Der Raum mit quadratischem Grundriß eignet sich als Ausgangsbasis zum Denken über das Gestalten von Räumen am besten. Dabei ist es möglich, sich die Grundrißebene mit vielen gleichberechtigten Fußpunkten von Höhen vorzustellen, die sich in malerischer, nicht geometrisch-formaler Ordnung zueinander befinden.

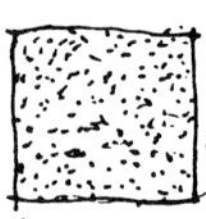

JEDER PUNKT KANN FUSSPUNKT FÜR DIE ECKE EINES GEGENSTANDES – TISCHBEINES ODER PFOSTENS – SEIN

Die Wirkung der Decke ist der des Fußbodens ähnlich. Wenn sich der Stuck auf die Mitte konzentriert, kann man die Lampe nicht zur Seite hängen. Die Hohlkehle zwischen Decke und Wänden hingegen wird primär als verschleifendes, Decke und Wände zur Einheit gestaltendes Element verstanden werden, besonders wenn sie farbig nicht abgesetzt und in ihrer Profilierung zurückhaltend ist. Sie fällt nicht in gleichem Maße ins Gewicht. Trotzdem sind die Wände von solcherart „gebundenen“ Lösungen intensiv abhängig. Von einem in der Mitte des Raumes unter einem Kronleuchter stehenden Tisch gestalterisch auszugehen, kann nur gelingen, wenn das Essen oder ein anderer Zweck zentral im Mittelpunkt des Lebens in einem solchen Raum steht und sich dem alles unterordnet.

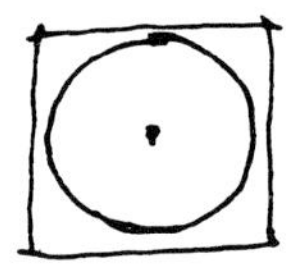

STUCKIERTER KREIS AN DER DECKE, BLUMENVASE IN DER MITTE EINES DARUNTER STEHENDEN TISCHES

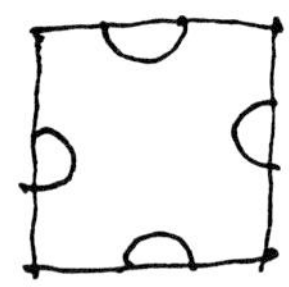

MÖBEL IN DER MITTE DER WÄNDE

BEISPIELE FÜR SYMMETRISCHE GRUNDRISSE:

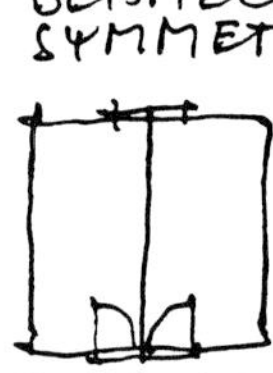

FENSTER UND TÜR EINANDER GEGENÜBER

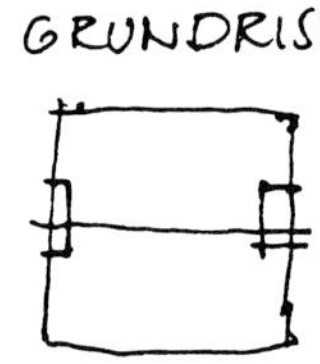

ZWEI MÖBEL (VERTIKO UND SCHRANK) EINANDER GEGENÜBER

BEISPIELE FÜR GRUNDRISSE MIT ZENTRALER + SYMMETRISCHER GLIEDERUNG

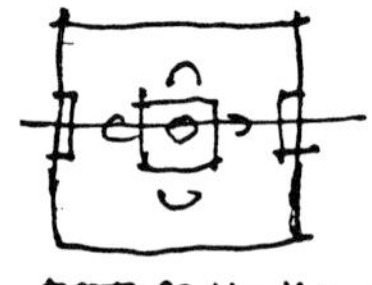

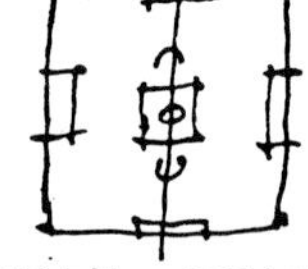

ESSTISCH IN DER MITTE, FENSTER BZW. MÖBEL UND FENSTER AN DEN WÄNDEN

Während der Raum, dessen Grundriß nicht auf Mittelpunkt, Begrenzung oder Symmetrie festgelegt ist, frei gestaltet werden kann, fixieren die anderen Grundrisse Möblierung oder Einbauten und lassen nur durch geschickt ausgleichende Gestaltung zu, daß etwa hinzukommende Gegenstände die starre Ordnung durchbrechen.

Dieselben Schwierigkeiten, die die Unterordnung unter solche Grundrißschemata bringt, bieten auch die Wände, wie die folgenden Zeichnungen zeigen:

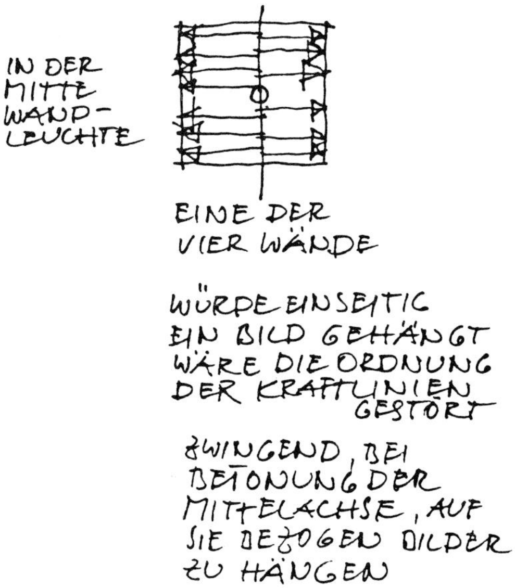

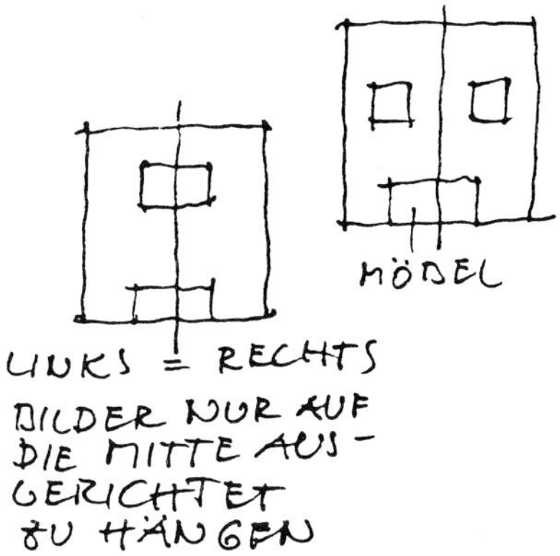

Am Beispiel REGAL soll hier gezeigt werden, auf welche Weise man von einem Element ausgehend von der Fläche zum Raum gelangen kann. Daraus ist allerdings keine Garantie für eine objektiv stimmige Welt abzuleiten.

REGAL
IN BEZIEHUNG ZU ZWEI
WÄNDEN EINES RAUMES

ISOLATION DES REGALS DURCH
EINMALIGKEIT

EIN REGAL, VERLOREN
AN EINER WAND. DIE WAND
WIRKT DURCH KLEINES REGAL
GROSS

①

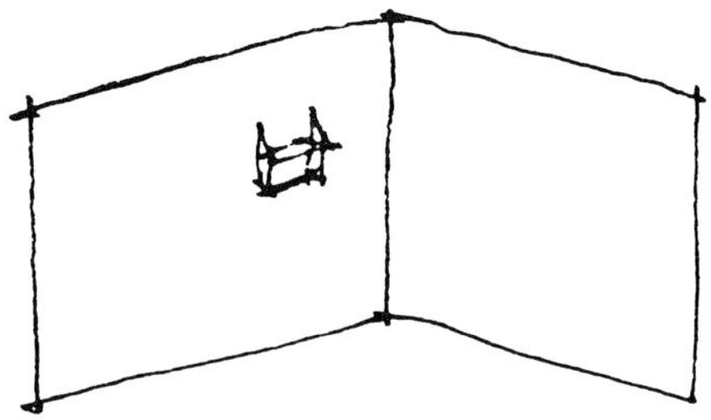

REGALFORM WIEDERHOLT DIE
PROPORTIONEN DER WAND

AUSGEDEHNT IN GLEICHER
HÖHE ÜBER DIE WANDBREITE
WIRD DAS REGAL TEIL
DER ARCHITEKTUR

②

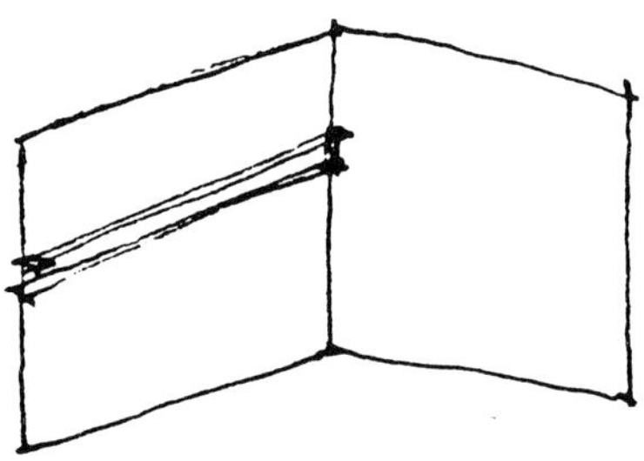

DIE LÄNGSSTRECKUNG
DER WAND ERFÄHRT
AUSGLEICH
DURCH DIE SENKRECHTE
DES REGALS

WENN DAS REGAL DIE HÖHE
DES RAUMES EINNIMMT,
WIRD ES AUCH TEIL DER
ARCHITEKTUR

③

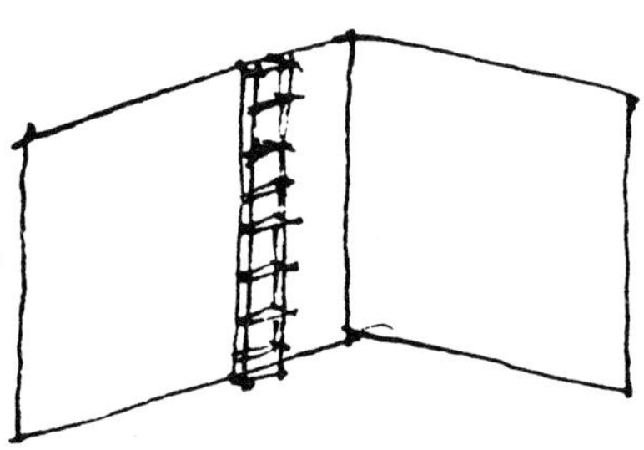

ANBINDUNG DES REGALS
AN DIE OBERE WAND-
GRENZE. ÜBERLEITUNG
ZUR DECKE

④

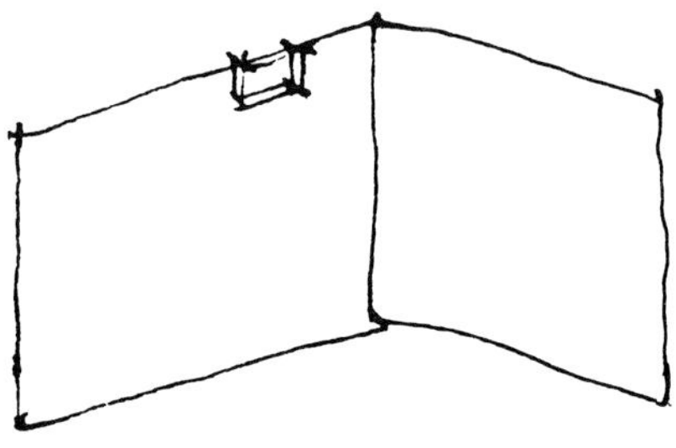

BETONUNG DER LÄNGS-
STRECKUNG
RAUMES

REGAL SCHLIESST AN
EINER RAUMECKE AN
SEINE ISOLATION WIRD
AUCH HIER WIE IM SCHEMA Y
AUFGEHOBEN
WÄNDE WIRKEN JEDOCH
WEITERHIN FLÄCHIG
STATT RÄUMLICH

5

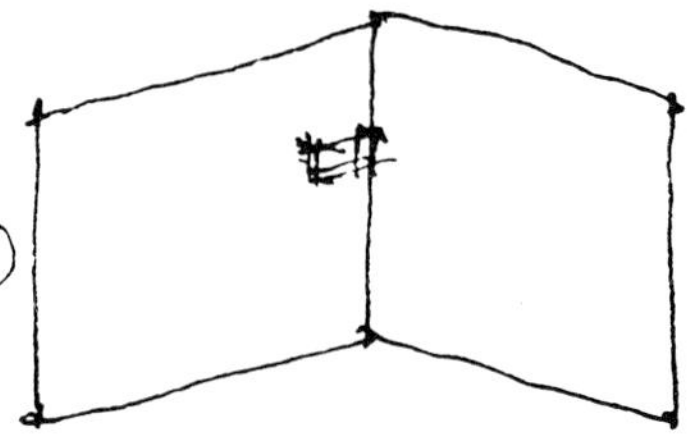

DIE WÄNDE WERDEN
DURCH DIE REGALE
WIE MIT EINER KLAMMER
VERBUNDEN
DIE PLASTIZITÄT DER WÄNDE
ERHÖHT SICH

6

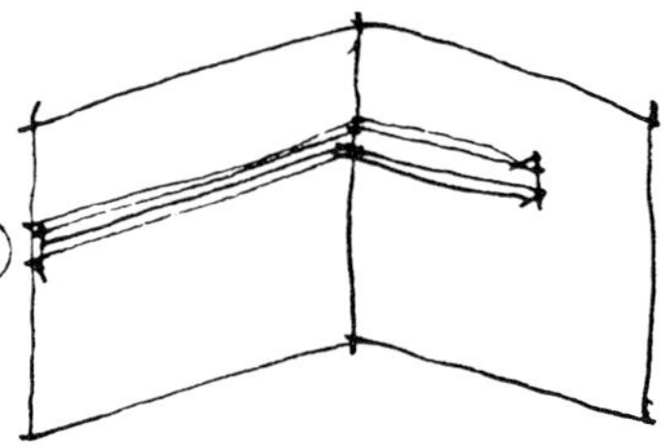

BEISPIEL FÜR ADDITION

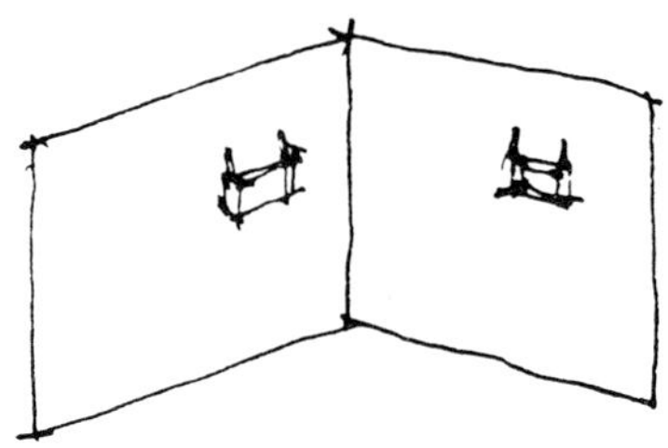

REGALE OHNE BEZIEHUNG
ZU EINANDER UND ZU
WÄNDEN/RAUM

(SOLL NICHT DER NACH-
AHMUNG DIENEN)

BEISPIEL FÜR INTEGRATION

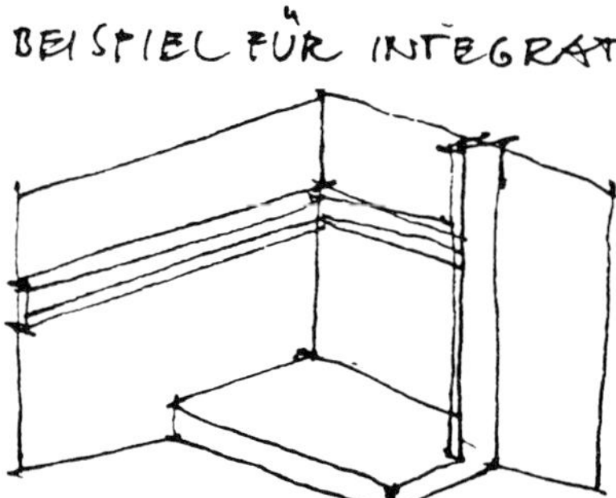

ES ENTWICKELT SICH
EINE RÄUMLICHE
SITUATION
WÄNDE UND ELEMENTE
- REGAL
- PODEST
- WANGE
INTEGRIERT

EINBEZIEHUNG
DER REGALE DURCH
SENKRECHT GESTELLTE DIELE
ALS „WANGE"
WEITERE EINBINDUNG
DURCH PODEST, AUF DEM EINE
WERKBANK STEHEN KANN.

Häufige Ausgangssituationen und Ziele der Veränderung

Die Wohnsituationen, die in den häufigsten Fällen in Einrichtungen vorzufinden sind, ergeben ein allgemeines Unbehagen, aus dem Unzufriedenheit und der Wunsch nach Veränderung resultieren. Gestalterisches Kennzeichen ist eine additive, undifferenzierte Funktionalität. Nach vordergründig zweckbestimmten Erwägungen werden Möbel in Räumen addiert: bei soundsoviel Bewohnern sind soundsoviele Stühle, Tische, Betten, Nachtkästen, Spinde, Waschbecken, Toiletten nötig. Dafür gibt es entsprechende Vorschriften. Ebenso gibt es Richtlinien für die Kubikmeter, die jedem Bewohner zustehen, für die Quadratmeter Grundfläche und die Raumhöhe – richtig und gutgemeint, soweit es sich um die bloße Lebenserhaltung handelt, bedenklich aber, wenn solche Berechnungen zum reinen Selbstzweck werden und die Heimbewohner sich in ein System von Quantitäten einzuordnen haben: „Wir liefern ihnen Endprodukte, undurchsichtig wie der Elektroherd oder die Waschmaschine, der Allesschneider oder der Rasierapparat. Wir wünschen ihnen ein perfekt gestaltetes Zimmer und eine perfekte Einrichtung – perfekt nach unserem Geschmack – und vergessen, daß sie den Bewohner zum reinen Requisit verkümmern lassen" (H. U. Bitsch in Löbach 1976, S. 98).

Wie der Tag im Leben der Heimbewohner zerfällt in das Aufstehen, Frühstücken, den Weg zur Arbeit, die Arbeit selbst, den Heimweg, das Waschen, das Abendessen, die Freizeit – unter Umständen auch mit gegliedertem Angebot –, das Rüsten zur Nacht und die Nachtruhe, so zerfallen auch die Räume, in denen das alles stattfindet, in voneinander unabhängige Elemente, die nur am reibungslosen Ablauf orientiert sind: der Eßtisch ist achtzig Zentimeter hoch, damit man in richtiger Höhe an ihm sitzen und essen kann. Er hat eine beschichtete Platte, damit er leicht und schnell zu reinigen ist. Die Beine der Stühle sind meist schräg, die der Tische gerade. Vom Tisch zum Stuhl oder zur Wand besteht haptisch, vom Greifen her, und optisch-ästhetisch keine Verbindung.

Raumelemente im Wohnfeld

Der Tisch

Der Tisch ist ein wesentlicher Gegenstand im Raum. Wenn man ihn von seiner Entwicklung her betrachtet, steht am Anfang eine gerade Fläche, ein Brett. Erst allmählich ist dieses Brett vom Boden hochgesetzt worden, hat Beine bekommen in unterschiedlicher Höhe, je nach dem Zweck, dem es diente. Also ist die Höhe relativ. Das gewahrt man dann besonders, wenn man ihn selbst entwirft und herstellt: den Werktisch, den Eßtisch, den Altar, den Teetisch, das Nähtischchen ...

Der Tisch, an dem gegessen wird, und derjenige, an dem Betätigung stattfindet, sind unterschiedlicher Art. Normalerweise werden Tische heute furniert oder mit einer Kunststoffbeschichtung versehen, die gewöhnlich weiß, grau oder – für Kinder – rot ist, wenn sie nicht die Holzstruktur von Eiche oder Kiefer imitiert. Derartige Beschichtungen gelten zwar als pflegeleicht, aber eben die Abgeschlossenheit des Materials macht solche Tische für behinderte Menschen, auch für Kinder, nicht annehmbar. Sie sind kalt, und die Arme und die Hände kleben daran, wenn sie längere Zeit auf der Platte ruhen. Oft sind sie so glatt, daß sie spiegeln und irritieren. Man möchte nichts auf ihnen tun, sie nur putzen. Sie sind hart, und das haptische Empfinden registriert sie nicht als stimulierend. Sie sind abweisend. Gegenstände, die man auf sie stellt, haben keine Haftung, sondern rutschen. Das ist besonders für unbeholfene, unsichere Menschen eine Schwierigkeit. Für Spastiker sind sie völlig ungeeignet. Auch ihr Klang ist hart. Das Kunststoffmaterial verstärkt jedes Geräusch, das auf dem Tisch entsteht: das Aufstellen eines Tellers, das Hinlegen des Besteckes, einer Schere usw., so daß bei der Betätigung oder auch beim Essen nicht von der Stille ausgegangen werden kann, die dafür notwendig ist. Die Kanten und die Ecken sind scharf und hart, verletzen Menschen leicht und werden selbst rasch angeschlagen, was solche Tische schnell unansehnlich macht. Wegen der Kunststoffbeschichtung sind sie dann schwer zu reparieren.

Wesentlich besser sind Holztische mit Massivplatten und stabilen senkrechten Beinen. Massivplatten von etwa 3 bis 4 cm Stärke können aus aneinandergeleimten Bohlen bestehen, die 10 bis 15 cm breit sein sollten, damit sie sich nicht werfen. Sie können gebohnert werden oder aber leicht eingelassen mit wasser-, feuer- und alkoholbeständigem Lack. Am sympathischsten wäre es allerdings, sie könnten unbehandelt bleiben, wie es früher die Ahorntischplatten in den Gasthäusern waren.

Sollte es nicht möglich sein, Tischdecken oder Platzdeckchen während der Mahlzeiten aufzulegen, so stellt die Maserung des Holzes haptisch, visuell und akustisch eine wesentlich bessere Ausgangssituation für das Einnehmen der Mahlzeiten dar als die Kunststoffplatte.

Spuren auf den Holzplatten, die sich im Laufe des Gebrauches nicht verhindern lassen, auch nicht verhindert werden sollten, weil der Tisch dadurch erst zum Eigentum der Benutzer wird, können hin und wieder durch Schmirgeln leicht ausgeglichen werden. Ebenso können die Ecken und Kanten, falls für Anfallskranke Gefahr besteht, durch Schleifen gerundet werden.

Wenn Hausmeister von Einrichtungen mit einschlägiger Berufsausbildung solche Tische noch selbst anfertigen, fällt es ihnen allerdings gewöhnlich schwer zu akzeptieren, daß diese mit Handwerkerstolz gefertigten Tische im Laufe der Zeit wirklich Gebrauchsspuren tragen. Sie wollen sie so vollkommen erhalten wissen, wie sie gebaut wurden, ohne Spuren, die jedoch für alle an ihnen Tätigen eben gerade die Bestätigung ihrer Existenz bedeuten.

Zwei Beispiele dazu: Ein Schreinermeister baute für seine kleine Tochter, die noch nicht schreiben konnte, einen Damenschreibtisch, und es war ihm wichtig, daß das Kind nicht spielte oder malte, wenn es nicht äußerst vorsichtig dabei war und den Schreibtisch schonte. Daß das Kind in seiner Entwicklung so eher gehindert als gefördert wurde, war dem Vater kaum bewußt, hatte er doch sein Bestes gewollt und gegeben. Dafür verlangte er nun Achtung. Nicht mehr, nicht weniger und leider auch nichts anderes.

Ein Schreiner, der für einen Kindergarten aus Kieferndielen mit ausgeprägter Maserung stabile Tische gebaut hatte, war sehr darum besorgt, daß seine Arbeit nicht dadurch mißachtet wurde, daß etwa die Tische beschädigt wurden oder Malspuren von den Kindern darauf zu sehen waren. Lange Zeit wurden sie mit Wachstuchdecken zugedeckt und erst allmählich so großzügig benutzt wie sie gedacht waren.

Tische, die zum Essen und Arbeiten dienen, sind jedoch ohne Wert, wenn sie nicht unbesorgt gebraucht werden dürfen. Sie werden mehr geliebt und geachtet, sie werden auch mehr benutzt, wenn sie vertraute Spuren tragen. Denken wir nur an die Schultische unserer Kindheit, auf denen wir noch nach Jahren unsere Zeichen fanden.

Der Fußboden

Durchgehend sind PVC-Böden in Einrichtungen üblich. Allein, der PVC-Boden findet weder farblich, noch formal mit seiner Plattengröße von 40 × 40 cm, noch von der Griffigkeit her eine Entsprechung zu anderen Elementen im Raum, ebensowenig wie die schwarze PVC-Kehrleiste, die den Boden einfaßt. Was den Boden aber auszeichnen sollte – das Einladende, die Griffigkeit der Oberfläche – vermag dieses Material nicht herzugeben. Läufer oder Teppiche, die den Boden teilweise bedecken, überzeugen nicht. Sie haben weder mit dem Boden noch mit der Leiste optisch einen Zusammenhang, sondern werden zu dekorativen Zwecken aufgelegt. Ihre Form, Farbe, Struktur, Textur bleibt im Raum einmalig und damit isoliert. Vielfach fallen in Heimwohnräumen auch rote, gelbe, schwarze und blaue Platten in den graumelierten PVC-Flächen optisch heraus. Sie so bunt zu verteilen, war in den fünfziger Jahren allgemein Mode, als die wiedererwachende Lebensfreude nach dem Krieg solche bunten Ostereier bescherte, die Differenziertheit vortäuschen sollten. Richtet man sich mit der Raumeinrichtung nach solchen Dekokrationsfloskeln, wird der ganze Raum durch Buntheit zerrissen. Möbelstücke aus den letzten Jahrzehnten, formal meist sehr unterschiedlich, verstärken dann noch den Eindruck von Ungereimtheit. Lampen, Vorhangdekor, Regale – häufig im String-Stil der sechziger Jahre – sind oft vom Material her billige, aber formal aufwendige Einzelstücke, die sich ebenfalls nicht zu einer Einheit fügen lassen.

Es hat sich herausgestellt, daß vornehmlich alte, körperbehinderte, psychisch kranke und verhaltensgestörte Menschen Schwierigkeiten und Unsicherheitsgefühle haben, wenn sie über blanken, womöglich hellgrauen oder -blauen PVC-Boden gehen müssen, der wie eine Wasseroberfläche wirkt.

Für den Wohnbereich, der Betätigungsangebote einschließt, der zu vielfältigem Tun stimulieren soll, sind unterschiedliche Bodenbeläge zu empfehlen, die durch ihre Oberflächenbeschaffenheit verschiedenartige haptische Erlebnisse auf dieser elementarsten Berührungsebene, die der Mensch mit der Welt hat, herstellen. Das ist für den Bewohner im geschützten Bereich, dessen Leben auf den Innenraum weit mehr fixiert ist, bedeutsamer als für denjenigen, der seinen Aufenthaltsort freier und beweglicher bestimmen kann.

Wenn es nicht möglich ist, einen wohnlicheren Boden im Heim zu schaffen, indem Parkett – am preiswertesten ist Industrieparkett – gelegt oder mit Stirnholz gepflastert wird, kann man das PVC-Material mit einem Teppichboden überziehen oder aber auch auf Lagerhölzern einen Bretterboden, auf Nut und Feder gearbeitet, aus Fichten-, Kiefern- oder Lärchendielen aufbringen. Das PVC-Material darunter bleibt unverletzt. Zur Schalldämmung kann Sand oder Glaswolle zwischen die Lagerhölzer gegeben werden. Unter den Lagerhölzern tun alte Teppichstreifen zur Schalldämmung ebenfalls gute Dienste. Als Isolation reicht dünne ungesandelte Dachpappe.

Wände und Decken

Neben der Rinde ist die Maserung des Holzes als Struktur mit ihren Streifen, geschwungenen Linien und den Aststellen das markanteste Zeichen dieses Materials. Besonders Kiefern-, Lärchen-, Tannen- oder Fichtenwände wirken durch diese Eigenart, wobei die vielfältigen, sich nie wiederholenden Formen großzügig bei Lärche und Kiefer, kleinfigurig bei Fichte und Tanne sind. Die Farbfläche ist ockerig bis englischrot bei Kiefer und Lärche, gelb bis braun bei Fichte und Tanne.

Wenn eine Holzfläche nur durch diese Merkmale betont wird, ist der Blick ausschließlich mit dem freien Spiel der Linien und Flecken, also mit der Struktur beschäftigt. Je weniger sich die Begrenzung der Bretter bemerkbar macht, desto ungetrübter ist die Freude am Schauen. Bilden sich Fugen, wie das bei der Bearbeitung von Hölzern ohne lange Lagerung nicht zu umgehen ist, treten die Fugen als Ornament, als senkrechte oder waagerechte Streifen hinzu und beeinträchtigen die Struktur der Maserung, d. h. sie konkurrieren mit ihr zum Nachteil der Struktur, weil sich das Auge, das der Bequemlichkeit zuneigt, schnell mit der ornamentalen Wirkung der parallelen Linie begnügt, anstatt sich durch die Vielfalt der natürlichen Formen und Farben der Struktur stimulieren zu lassen. Die permanente Sensibilisierung ist aber gerade in der Behindertenarbeit ein unabdingbares Mittel zur Gemütsbildung und zur geistigen Stimulation.

Für Wände oder Decken, die frei stehen oder hängen, bedient man sich auf Nut und Feder gearbeiteter Bretter, sogenannter Riemen.

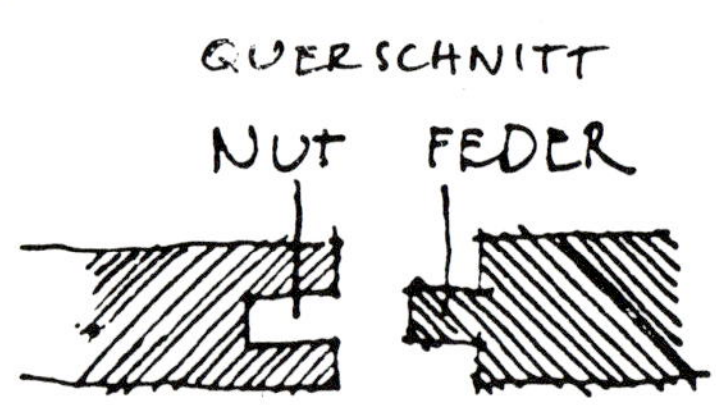

Da das Holz arbeitet, können sich nebeneinander genagelte einfache Bretter verziehen, vor- und zurückwölben, so daß die verbretterte Fläche uneben erscheint. Deshalb werden Riemen mit Nut und Feder gearbeitet, die sich ineinanderfügen und auf diese Weise Flächigkeit gewährleisten.

Üblicherweise werden zum Verkleiden von Wänden und Decken mit Holz solche auf Nut und Feder gearbeitete Bretter mit Schattenfugen verwendet. Sie fügen sich wohl ineinander, ergeben aber ein Streifenrelief, wobei die Nahtstelle zwischen je zwei Riemen zurücktritt und die Kanten der Vertiefungen abgeschrägt sind. Leider werden solche Riemen, die für Wand- und Deckenverkleidungen in Frage kommen, profiliert geliefert, wenn man nicht ausdrücklich einfaches Material – ungefaßt und ohne Schattenfuge – verlangt.

Durch Schattenfugen, also eine aufwendige Profilierung der Kanten, wird erreicht, daß die optische Wirkung komplizierter ist als die unauffällige Linie, die beim Aneinanderfügen unprofilierter Bretter entsteht. Profilierte Bretter erscheinen veredelt, fast nicht mehr als Bretter, sondern als kostbarer Wandschmuck, als Relief. Das Relief mit plastischem Anspruch tritt in Konkurrenz zur gehobelten Fläche mit ihrer Holzstruktur. Der Betrachter weiß nicht, welchem der beiden Phänomene er seine Aufmerksamkeit widmen soll: der komplizierten Profilierung oder dem Holz als gemasertem Material, wie es sich in der Fläche, Brett an Brett, bietet.

Es gibt bei Riemen a-, b- und c-Qualität (Riemen von 9 cm Breite und 1,2 und 1,8 cm Stärke). Die a-Qualität ist trotz Schattenfugenverarbeitung geeignet zu flächiger Verbretterung, wenn man die Rückseite als Sichtseite verarbeitet. Der Schattenfugenkniff der Holzfachleute hat zweierlei Gründe: diese Art des Zusammenfügens bietet die Gewähr, daß das Schrumpfen der Riemen nicht sichtbar wird. Es geht gleichsam „unter der Decke" vor sich, kaschiert durch formalen Aufwand und optischen Anspruch. Die Feder kann sich in der Nut ausdehnen oder zusammenziehen, die Oberfläche zeigt keinerlei Veränderungen. Es wird vorgetäuscht, daß das Holz abgelagert ist, denn es arbeitet nicht erkennbar.

Außerdem erhält man solche Riemen im Handel in einer Stärke von nur 1,2 cm gegenüber den einfachen Riemen mit Nut und Feder ohne Profilierung, die 1,8 cm stark oder stärker sind. Das bedeutet, daß ihr Preis wesentlich niedriger ist und bei gleicher Breite jedenfalls eine geringere Masse transportiert, gelagert und weniger Gewicht verarbeitet werden muß. Wenn aber bereits eine Wand mit Schattenfugen vorhanden ist, wird man sie selbstverständlich nicht entfernen, sondern versuchen, mit Anschlüssen zurechtzukommen. Wenn an profilierte Bretter angeschlossen werden soll, ergeben sich gewöhnlich Schwierigkeiten: es entstehen gleichmäßige Schattenfiguren, die durch ihre komplizierte Form in der Wiederholung eine aufdringliche Wirkung haben und den Blick auf sich ziehen, dadurch aber von der Struktur des Holzes ablenken.

Ein weiterer Nachteil von profilierten Riemen besteht darin, daß zwischen Relief und Fläche Schatten entstehen, welche Ornamentwirkung haben.

Es wird im Handel abgefaßtes Material angeboten, das gleichfalls die Kanten der Bretter durch Schattenbildung betont und deshalb nicht für die Raumgliederung empfohlen wird.

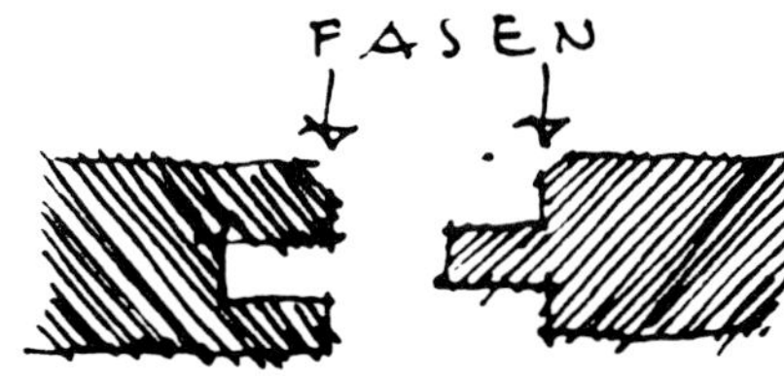

Die gemeinsame Kante von Wand und Decke

Wände und Decken sollten, wenn sie verbrettert werden, stumpf aufeinander treffen. Ohne Schattenfuge liegt die Decke, die zuerst, vor der Verbretterung der Wände, angebracht wird, auf der Vertikalen. Der Blick zieht Wände und Decke zusammen, läßt sie zu einer Einheit werden, besonders wenn die Bretterkanten fortlaufend gesetzt werden, was bei gleich breitem Material durchaus zu ermöglichen ist. Hier ist die Wirkung eine abrundende, weiche, vor allem bei verhaltenem Licht an der Decke. Decke und Wand verbinden sich miteinander, werden zu einer Einheit. Das Verbindende wurde früher durch eine Hohlkehle mit Profil verstärkt. Es soll durch das Anstoßen der Verbretterung der Wand an der Decke nichts vorgetäuscht werden, nicht so getan werden, als ob die Wand die Decke trägt. Es soll nur die vertikale auf die horizontale Fläche treffen, damit die optische Wirkung von den Flächen her bestimmt wird und nicht von der die Flächen trennenden Schattenkante, denn dann wird das Zusammenziehen von anderen Teilen im Raum unglaubwürdig. Der Blick stößt sich an solcher beherrschenden, den Richtungswechsel betonenden Stelle und abstrahiert von ihr, zumal diese Stelle gewöhnlich frei von Überschneidungen und damit auch frei von der Ablenkung des Blickes bleibt.

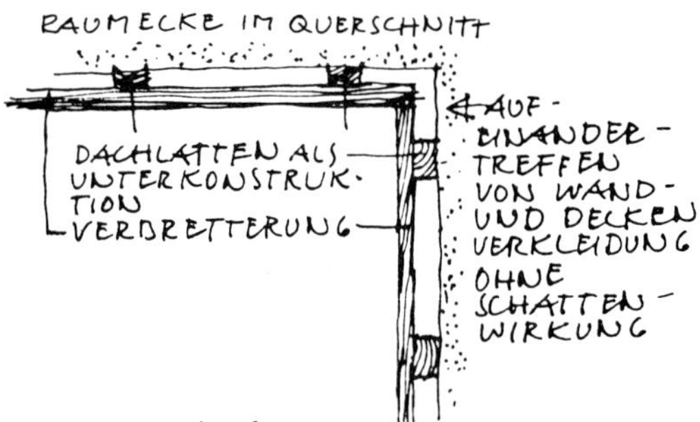

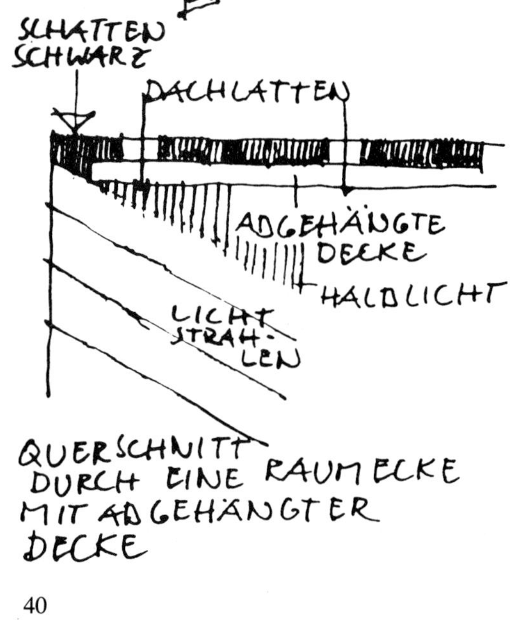

Die Wirkung der Schattenfuge zwischen Wand und abgehängter Decke aus Brettern, furnierten Platten oder Gipsschallmaterial soll im folgenden angesprochen werden.

Man findet die Schattenfuge üblicherweise an abgehängten Decken: in Privathäusern, in Gaststätten und in Räumen sozialer Einrichtungen.

Wohl entsteht durch die Abhängung der Decke oft eine angenehmere Proportionierung der Räume, was besonders bei kleinen, engen Räumen ins Gewicht fällt. Allgemein jedoch ist die Wirkung der Fuge, die an den Grenzen der Decke entsteht, eine trennende, die Decke isolierende. Der Schatten rund um die abgehängte Decke wirkt als dunkle Linie, die einen deutlichen Absatz bildet. Sie kann den Raum nicht schließen, sondern unterscheidet klar die Vertikale von der Horizontalen. Eine solche Wirkung aber kann im geschützten Lebensbereich nicht gut akzeptiert werden, denn die Betonung der Raumhöhe, die damit verbunden ist, läßt vor allem kleinere Räume, die mehr als 2,50 m Höhe haben, beunruhigend hoch erscheinen.

Die Schattenfuge um die abgehängte Decke erklärt sich aus der Rationalisierung des Arbeitsprozesses.

Die Bretter werden im ungefähren Maß geschnitten und mit der elektrischen Bandsäge an einer Anschlagleiste überall im gleichen Abstand von der Wand gerade abgesägt. Das unter den Brettern an der Decke angebrachte dunkle Friespapier kommt zum Vorschein und erhöht die Wirkung des Schattens.

Erwähnt werden darf bei dieser Gelegenheit, daß die Verbretterung der Decke für Menschen nicht von so gravierender Bedeutung ist wie die Verbretterung der Wände; an ihnen können sie Wärme spüren, die Oberfläche des Holzes fühlen, ihre Bilder leicht anheften, sie an einen Haken oder Nagel hängen. Die Decke ist dagegen weit entfernt. Der Decke im dekorativen Sinne Bedeutung zu verleihen heißt oft, Menschen nicht ernstzunehmen, was besonders spürbar wird, wenn an anderen Stellen ihren Bedürfnissen gleichfalls nicht Rechnung getragen wird. Anders verhält es sich, wenn es um die Gestaltung der Decke in Räumen geht, in denen sich vorwiegend Menschen aufhalten, die aufgrund von Krankheit oder Behinderung genötigt sind, häufig zu liegen: Eine Aufgabenstellung, über die im 10. Projektbeispiel berichtet wird.

Fensterbänke – Fensterbretter

In sozialen Bauten sind die Fensterbänke fast immer aus Kunststein, schwarzem Eternit oder Juramarmor. Selten nur sind es noch Fenster*bretter;* nie mehr als 2 cm stark, d. h. im Vergleich zum Fenster und zu seinen Details dünn, und durch das Material, aus dem sie bestehen und das sonst nirgends erscheint, isoliert. Sie sind auf das Fenster bezogen, verbinden also nicht Fenster mit Fenster oder Fenster und Wand, sondern sie isolieren selbst auch die Fenster und betonen die Sonderstellung des Fensters im Raum, das durch das Licht als hellster Ausschnitt ohnehin Vorrang genießt. Das Material der Fensterbänke, das besonders seiner Pflegeleichtigkeit wegen gewählt wird, ist allenfalls zum Aufstellen von Blumentöpfen am Licht besonders geeignet, weil sich die Spuren des Wasserrandes der Untersetzer mühelos beseitigen lassen – zu sonst nichts. Ihr Überstand ist gewöhnlich gering, weshalb ihnen etwas Dürftiges anhaftet, ähnlich den Dächern, die keinen Überstand haben.

Um Fenstern wieder zum Fensterbrett zu verhelfen, das sich zu mehr als nur zum Abstellen einer Blumentopfreihe eignet, also auch zum Sitzen am Fenster, zum Arbeiten, Lesen, Hinausschauen, können Tischlerplatten, Span- oder Sperrholzplatten verwendet werden, die genau eingepaßt unter die Fensterschenkel geschoben werden und sich unter Umständen von Wand zu Wand spannen und so auch zwei oder mehrere Fenster miteinander verbinden. Durch eine Zwischenwand, offene Regale oder Schreibtischunterteile können solche breiten Fensterbänke gehalten werden. An den Wandseiten dienen in die Wände gedübelte Leisten als Auflager. Eine dunkelgrüne, -blaue oder schwarze Linoleumbeschichtung, die im Gegensatz zu Kunststoffbeschichtungen weich ist und an der warmen Haut nicht klebt, ist angenehmer im Gebrauch und hat sich sehr bewährt, weil die Helligkeit am Fenster nicht noch mehr gesteigert wird. Dunkle Farben der Tischfläche dämpfen das Licht und geben selbst weißen Papieren, auf denen gearbeitet wird, einen verhaltenen Ton. Die Augen ermüden so nicht so rasch.

Ein durchgehendes Brett oberhalb des Fensters mit eingefrästen oder aufgesetzten Gardinenschienen (anstelle der üblichen Gardinenstangen), welches breit genug ist, um Bücher oder kleinere Gegenstände aufzunehmen, und an welchem Vorhänge oder Raffrollos angebracht werden können, ist eine weitere Möglichkeit, das Fenster in den Raum zu integrieren.

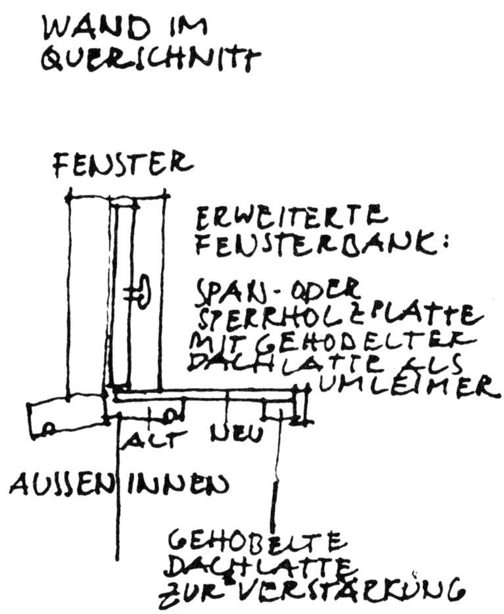

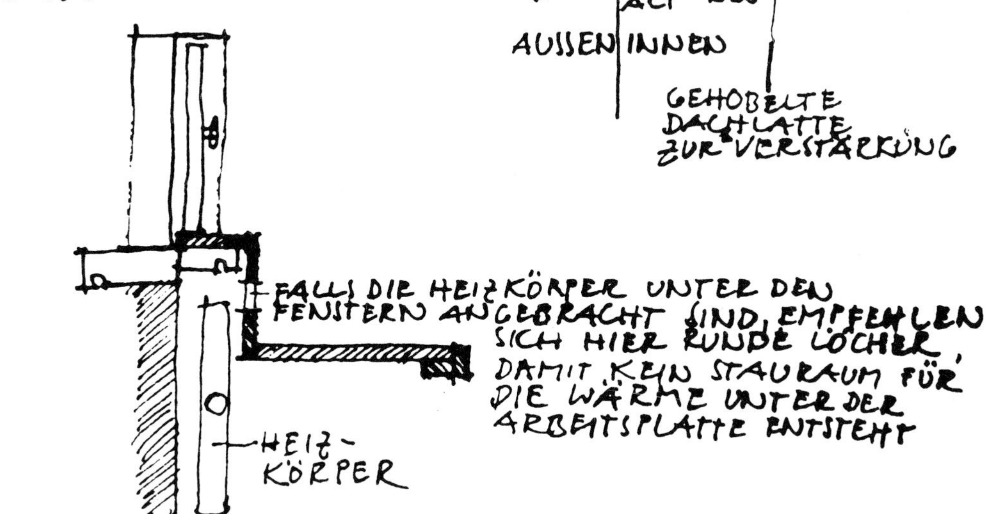

Die Fußbodenleiste

Es gibt Elemente im Raum, die, ohne als bedeutsam registriert zu werden, eine verbindende, integrierende oder auch eine trennende Wirkung haben. Zu ihnen gehört die Fußbodenleiste. Sie kann sich dem Fußbodenmaterial anpassen, z. B. als Streifen den Teppichbodenbelag an der Wand fortsetzen oder als Holzleiste das Industrieparkett. Sie kann aber auch als profilierte Holzleiste die Hohlkehle einer stuckierten Decke aufnehmen. Auf jeden Fall sollte sie verbindend wirken in Form und Material, nicht aber die Wand vom Boden trennen. Die Fußbodenleiste aus Dachlatten von Kiefern- oder Fichtenholz ist zurückhaltend in ihrer Wirkung, was ihr gut ansteht. Da sie von oben und seitlich sichtbar ist, muß sie an zwei einander benachbarten Seiten gehobelt werden.

Die Dachlatten sind von ihrem Querschnittmaße her markant, weshalb anzuraten ist, sie zu spalten, wenn die Inneneinrichtung feingliedrig geplant ist. Sonst sind sie wie im Handel erhältlich zu verwenden. Oben müssen die Bretter anstoßen, unten kann „Luft" bleiben. Durch die Fußbodenleiste werden Unebenheiten, die beim Verbrettern von Wänden entstehen können, verdeckt.

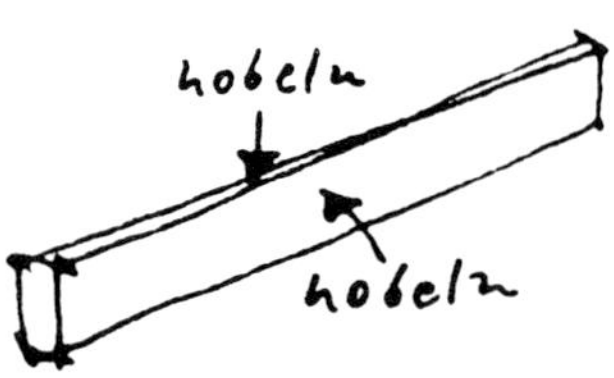

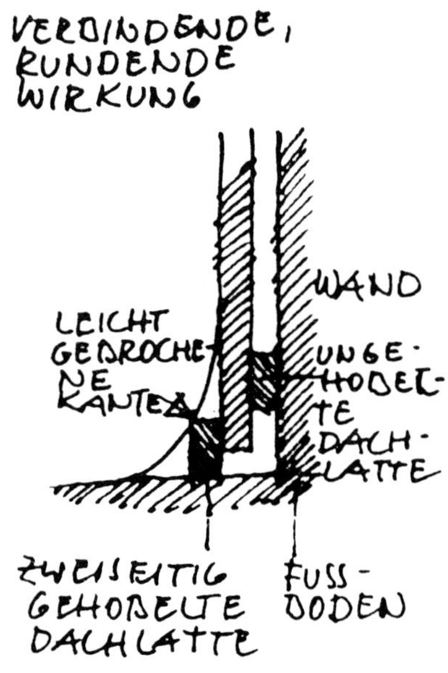

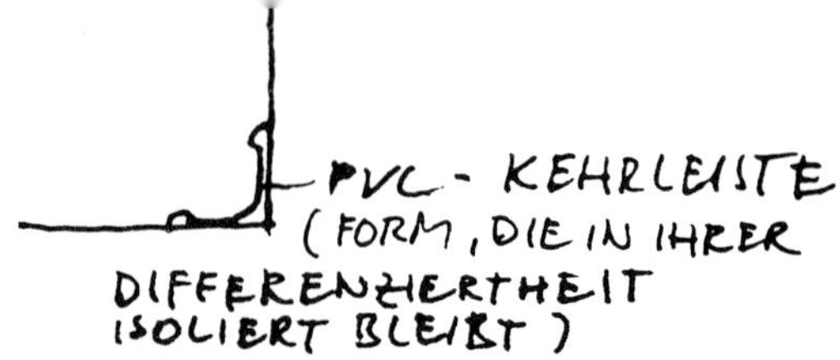

Wo Einbauten erfolgen, läßt eine solche Fußbodenleiste den Blick vom Boden auf die Wand überleiten. Das Verbindende der vertikalen und horizontalen Flächen wird auf diese Weise an einer Stelle des Raumes hervorgehoben, an der Möbel stehen oder Regale beginnen, wo also plastische Gebilde auftreffen, für die eine Fußbodenleiste aus Holz gleichfalls Einleitung oder Überleitung sein kann. Die PVC-Kehrleiste wäre demgegenüber fremdes Material im Raum. Durch ihre schwarze oder graue Farbe trennt sie im gleichen Maße den vertikalen vom horizontalen unteren Bereich der Räume, wie es die Schattenfuge um die abgehängte Holzdecke in der oberen Dimension tut. In einem mit derartig formaler Betonung konzipierten Raum würde das Bemühen um Integration an anderen Stellen, z. B. durch Blumen, eine Sitzecke oder ähnliches nicht ernstgenommen. Die an mehreren Stellen immer wieder in gleicher Breite und Farbe als Band erscheinende PVC-Leiste legt die Betonung auf das Lineare, gegen das weder Fläche noch Struktur aufkommen können. Die Linie kann verbinden; wenn sie aber da betont wird, wo zwei Richtungen zusammentreffen, verstärkt sie die trennende Unterscheidung.

Raumecken

Eine realistische Einschätzung der handwerklichen Kapazitäten einer Gruppe hilft dazu, sich von der Meinung zu lösen, Ecken müßten auf Gehrung gebildet werden. Das Bemühen um genaues Messen und Sägen wird es auch dem Laien nach einigen Versuchen ermöglichen, Bretter, Dielen oder Dachlatten an Ecken stumpf zu stoßen, sie also im rechten Winkel abzulängen, ohne Fugen aneinanderzufügen und durch Holzdübel, Nägel oder Schrauben miteinander zu verbinden, je nachdem, ob sich die Stelle im Blickfeld befindet oder nicht. Zwei Hölzer dagegen auf Gehrung zu schneiden und so aneinanderzusetzen, daß sie ohne Lücke gut passen, gelingt dem Anfänger nur mit großem Glück.

An einer Ecke, die gedübelt, genagelt oder geschraubt wurde, erkennt man die Mittel, durch die sie gehalten wird. An einer auf Gehrung gearbeiteten Ecke kann man nur die Präzision bewundern, wenn sie exakt gelungen ist. Man sieht weder, daß sie geleimt wurde – wie beim Bilderrahmen –, noch, bei verdeckter Schlitz- und Zapfenverbindung, wie die Teile aufeinandertreffen, was bei der Arbeit auf Gehrung allerdings auch beabsichtigt ist. Das Hirnholz soll hier dem Blick verborgen bleiben.

UNSERE ABSICHT IST ES,
DEM BETRACHTER MÖGLICHST
VIEL SICHTBAR WERDEN ZU LASSEN,
IHM ZU ERKLÄREN
UND SO SEIN SICHERHEITSGEFÜHL
ZU FESTIGEN,
IHM FORMAL EINFACHE DENKAUFGABEN
ZU GEBEN, DIE ER ZU LÖSEN VERMAG.

Wenn in alten Gebäuden, deren Wände, Fußböden oder Decken nicht im rechten Winkel zueinander stehen, mit Hölzern an die Architektur angeschlossen werden soll, muß mit der Schmiege anstelle eines Anschlagwinkels gearbeitet werden. Schmiegen sind so konstruiert, daß die beiden Schenkel zu jedem beliebigen Winkel eingestellt werden können. Beim Einpassen von Sitzflächen und Rückenlehnen bei Eckbänken, bei Konsolbrettern, die auf Wände oder auf Fußbodenleisten treffen, bedient man sich ebenfalls am besten der Schmiege.

Der Bilderrahmen drängt mit seiner in die Tiefe zielenden Tendenz zur Vereinzelung. Bei Betonung der Gehrung erwartet man, daß der gestalterische Mittelpunkt des Bildes hinten, illusionistisch in der Tiefe liegt. Zumindest aber erwartet man Symmetrie. Aber auch Symmetrie heißt Festlegung, Ordnung, gelegentlich Starre. Es findet jedenfalls nur eine relative Einordnung in das Umfeld statt.

Auf Gehrung gearbeitete Eckverbindungen täuschen Räumlichkeit vor. Die Kante der aufeinander treffenden Bretter oder Leisten führt den Blick in die Tiefe. Aber es ist keine wirkliche Tiefe, sondern eine vorgetäuschte. Im Grunde wird nur die diagonale Kante betont und so eine grafische Wirkung erzielt.

DIE GEHRUNG
FÜHRT AUF
EINE ECKE ZU,
DIE IN DEN RAUM
STEHT -
ODER IN EINE
ECKE WIE IN
EINE NISCHE
HINEIN.
IN JEDEM FALL
WIRD DIE ECKE
BETONT,
WELCHE FORMAL
OHNEHIN
BEDEUTSAM
IST UND DEN
BLICK ANZIEHT.

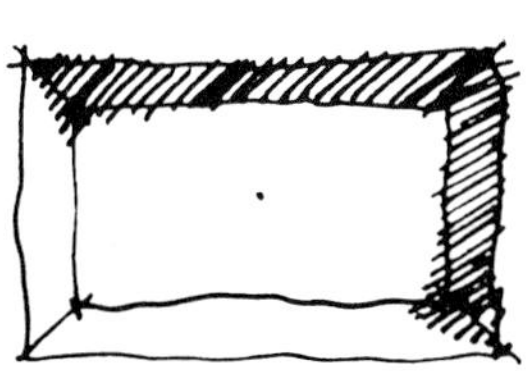

DER SCHATTEN
DES AUF GEHRUNG
GEARBEITETEN
PROFILIERTEN
BILDERRAHMENS
BEWIRKT
VEREINZELUNG

Das Betonen der Ecken führt zu Ergebnissen, die in kristallinen Gebilden ihre Konsequenz finden, also demzufolge weder im Runden spitzer Elemente noch im sanften Verschleifen von Teilen, wie es unsere Absicht im beschützten Lebensraum sein sollte.

Gehen wir vom eigenen Körpergefühl aus, so geben wir weder der Ecke den Vorzug, die sich uns beim Anlehnen, beim Sitzen in den Rücken drückt, noch derjenigen, die uns einklemmt, ebensowenig der Geraden, die unbeteiligt ist, sondern der leicht hohl gekrümmten Ecke, die eine bergende Tendenz hat. Wir lieben also nicht eigentlich die Ecke, sondern die Wirkung des uns bergenden Raumes.

Alte Gegenstände und Bauelemente

Die Integration alter Stücke scheint heute, in der Blütezeit des Antiquitätenmarktes und der Nostalgie, ein müheloses Unterfangen zu sein. Leicht, weil wie selbstverständlich das Ansehen der Besitzer gehoben wird, oder weil sich die abgebeizten Truhen oder Schränke, die kopierten Hinterglasbilder und indischen Folkloreartikel in dichtem Gefüge zu vertragen scheinen, ohne allerdings danach gefragt zu werden, ob sie es können. Gewöhnlich aber bringt man Neues zu Altem, nicht aber alte Gegenstände in eine vielleicht sogar durch die neueste Modewelle angeschwemmte Einrichtung.

In unserem Falle stellt sich nicht die Frage, alte und neue Gegenstände zusammenzubringen, sondern die, den alten Möbeln einen neuen Hintergrund zu bieten, in von uns gegliederten Räumen gleichermaßen alte wie neue Gegenstände, Möbel, aber auch Einbauelemente aufzunehmen. Natürlich muß das behutsam geschehen, die Dinge wollen gebraucht werden, ja, sie stellen die Forderung, geliebt zu werden. Das ist ohne emotionale Verbindung mit ihnen aus der Tradition heraus schwierig und selbst über den ästhetischen Genuß ihrer Formen, Farben und Strukturen schwer zu erreichen. Um sie „nach ihrer Zeit" in eine neue, eine junge Umgebung einzubinden, bedürfen sie des ihnen angemessenen Ausschnittes in Raumteilern oder Regalwänden, einer sie meinenden, gleichzeitig sie schützenden Umgebung. Wie für alte oder schutzlose Menschen ist es für alte Gegenstände primär eine Frage der Humanität, sie zu integrieren. Es nützt nichts, es nur eben zu tun; man muß es mit Achtung und selbstverständlicher Zuneigung tun.

Gegenstände
„Noch verraten auch industriell gefertigte Gegenstände hie und da etwas wie Liebe, die bei ihrer Herstellung mit im Spiel gewesen sein muß. Das Bedürfnis des Arbeiters, das zu lieben, was er herstellt, ist ebenso groß wie meistens mißbraucht (von denen, die Profit daraus schlagen). Das nicht weniger starke Bedürfnis, Gegenstände zu lieben, mit denen man täglich umgeht (Möbel, Geschirr, Geräte usw.) wird wohl von der Werbung, nicht aber von der christlichen Lebensweisung angesprochen. Die Sprache der Gegenstände findet in der Theologie kein Gehör. Daß Gegenstände gar Medien der Erleuchtung werden können, erregt Verdacht. Einer entsinnlichten Theologie leuchtet der Waren- und Wegwerfcharakter der Gegenstände weit besser ein. Dagegen Jakob Böhme: als sein Blick auf ein im Sonnenlicht funkelndes Zinngefäß fiel, schaute er mit eins ‚den Kreaturen ins Herz'. Später schrieb er von diesem Schlüsselerlebnis, ‚daß ich in einer Viertelstunde mehr gesehen und gewußt habe, als wenn ich wäre viele Jahre auf hohen Schulen gewesen.“

(Kurt Marti: Zärtlichkeiten und Schmerz. Darmstadt und Neuwied 1978, S. 59)

In einer ehemaligen Zwergschule in N., jetzt Schullandheim für Mehrfachbehinderte, wurde im Rahmen des Innenausbaus in den kleinsten Gemeinschaftsraum ein aus der Gegend stammender Pfosten gestellt, der etwa 500 Jahre alt ist. Dieser Pfosten hat Risse, Schlitze und Einkerbungen, wie sie zum Einfügen von Lager- und Strebehölzern notwendig waren. Sie machen den Balken zur Plastik, leiten gleichzeitig aber auch auf die körperhafte, in den Höhen unterschiedliche Gestalt der ihn umgebenden Einbautenteile über. Der Pfosten trägt den Unterzug für die Schlafempore und gibt der Konstruktion des oberen, neu eingefügten Raumes dadurch mehr Stabilität. Er gliedert den gestreckten Raum in zwei etwa quadratische Abschnitte im unteren Bereich, wie die Empore das im oberen Bereich vertikal tut. Seine lebendige Struktur kann zu anderen Elementen, die hinzugefertigt werden, Kontakte schaffen, so zu textilen Arbeiten mit grob strukturierten oder lockeren Geweben aus Sackleinen, Netzen, aber auch zu Zeichnungen und Malereien der Bewohner, zu Fleckerlteppichen am Boden in gedeckten Farbtönen.

Nicht zu unterschätzen ist bei der Eingliederung alter Gegenstände und Bauteile der Wunsch und die Fähigkeit der Mitarbeiter, sich nicht über die Ungenauigkeiten an den alten Stücken, am Holzwurm, der einmal darin war oder über die Notwendigkeit und den Zeitaufwand der Säuberung aufzuhalten, sondern statt dessen verstehen zu lernen und zu spüren, wie wohltuend das Zusammenleben mit solchen aus früheren, oft wohl dichteren Lebenszusammenhängen hereingenommenen Gegenständen ist. Ihre Haltung überträgt sich vielleicht unmerklich auf die Bewohner.

Den Raum, besonders den Pfosten zu bejahen, wurde im beschriebenen Falle für diejenigen, welche nicht selbst an den Einbauten mitgearbeitet hatten, während eines Wochen-

Einbeziehung eines alten Balkens in den Raum mit einer Tonarbeit eines geistig behinderten Jungen.

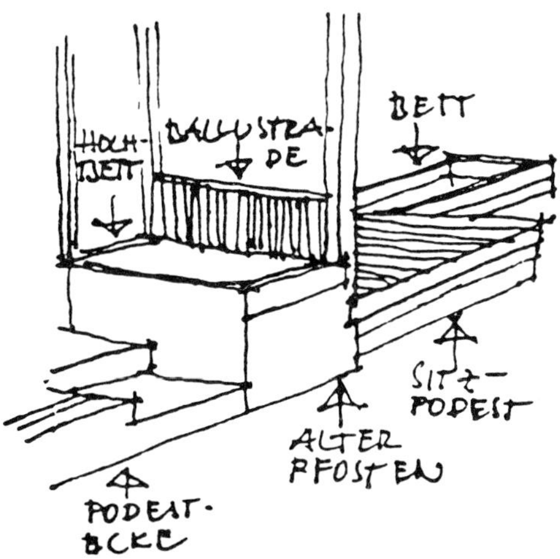

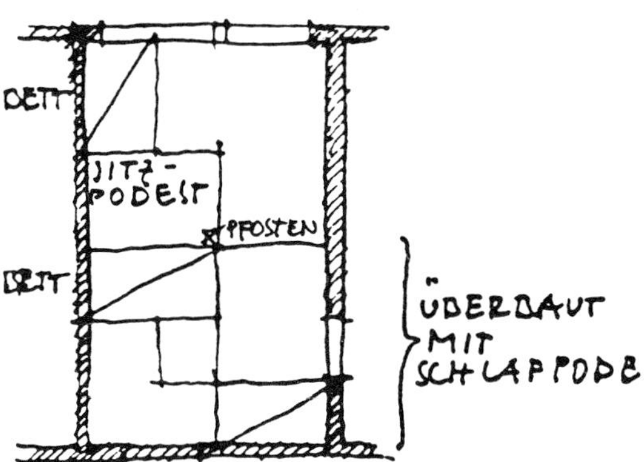

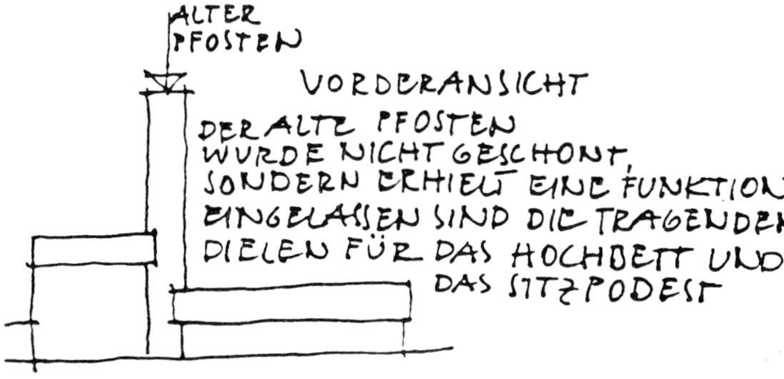

endkurses möglich, der durch textilgestalterische Tätigkeit zur geistigen Inbesitznahme des Raumes dienen sollte. Der haptisch-visuelle Umgang mit dem Pfosten war dabei wirkungsvoller als ein erklärendes Gespräch. Das Anlehnen von selbstgebauten Webgeräten, das Anhängen von selbstgewebten Stoffen vollzog sich an ihm selbstverständlicher als an neuen Hölzern. Es war seine größere Toleranz, die erfahren wurde.

Alte Möbel in möglichst unverfälschtem Zustand, weder verwahrlost noch geschönt – Eckschränke, Uhren, Vitrinen, Truhen, Stühle, Hocker, Tische –, sind eine Chance im sozialpädagogischen Feld, Häusern mit klinisch-steriler Atmosphäre Wohnlichkeit zu verleihen. Das hat nichts mit Nostalgie zu tun, weil es nicht primär ästhetisch verstanden wird, sondern anthropologisch, sozialpädagogisch. Alte Möbel, deren Holzart, Farbe, Gestalt sich zu anderen fügt, verhalten sich ähnlich wie alte Menschen, die es verstehen, sich anzupassen. Sie sind reicher, haben einen Fundus an erlebter und erlittener Vergangenheit, den Jüngere noch nicht haben können.

Noch etwas ist von Bedeutung: die alten Möbel sollten aus der Region stammen, nicht aber aus anderen Gegenden. Nur dann fügen sie sich, wie die frühere Architektur in das Ortsbild, in die Innenräume ein, werden zu festen Bestandteilen in einer allmählich zur Heimat werdenden Umwelt.

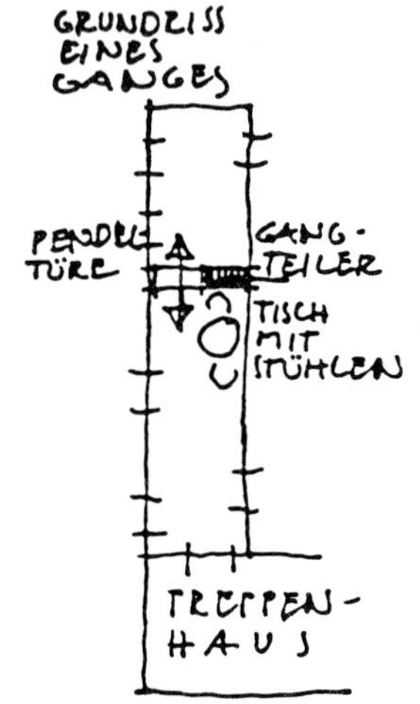

Verkehrszonen

DIE GLIEDERUNG LANGER FLURE DURCH QUEREINBAUTEN LÄSST VERKEHRSZONEN ZU AUFENTHALTSBEREICHEN WERDEN.

Die Stirnseiten der Gänge sind allgemein als Fenster oder Glastüren ausgebildet, haben eingebaute Oberlichter, die nicht nur Helligkeit in die sonst unbelichteten Gänge bringen, sondern sie leider auch länger erscheinen lassen als sie ohnehin schon sind. Diese letztere Wirkung, rational nicht gut faßbar, ist die mächtigere. Je länger aber Gänge sind, desto unharmonischer empfindet man sie – wie Krankenhaus- oder Kasernenflure – und reagiert mit entsprechendem Unbehagen. Die Situation erscheint besonders dann bedrükkend, wenn die langen Fluchtlinien oben und unten sich draußen durch eine Straße, einen langen Acker in der Wahrnehmung des Be-

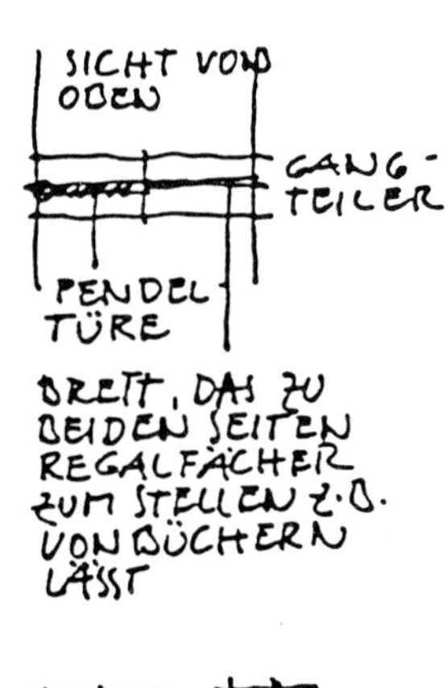

trachters fortsetzen. Hier könnte farbiges Echtantikglas oder Industrieglas Abhilfe schaffen, weil dann wenigstens dem Durchblick Einhalt geboten wird. Das Oberlicht kann optisch mit einer Spanplatte geschlossen werden, die im Decken- und oberen Wandton gestrichen ist. Eine Möglichkeit, die Breite des Ganges optisch zu weiten, besteht darin, ihn im unteren Bereich hell zu streichen, die Dekke und den oberen Teil dagegen dunkel. Dadurch wirkt der Gang im Querschnitt quadratischer. Man hat den Eindruck, er sei breiter geworden. Auf diese Weise lädt er eher zum Verweilen ein, und die Verkehrsfunktion tritt in den Hintergrund. Ein Mittel, diese Tendenz zu betonen, ist, einen weichen Teppichboden zu verlegen, was auch auf PVC- oder Linoleumboden möglich ist. Festes Auftreten wird uninteressant, wenn es nicht akustisch bestätigt wird. Der Teppichboden schluckt den Schall der Schritte. Um den Gang zu teilen, ihn zu verkürzen, kann ein Schrank für Material eingebaut werden oder ein Regal für Bücher und Spiele, dem eine Sitzecke angefügt werden kann. Auch eine Pinnwand ist als Raumteiler möglich.

Besonders beruhigend wirkt außer dem Kreis die quadratische Form, weil sie eine statische Wirkung hat. Das vom Quadrat leicht abweichende Rechteck ist schon dynamisch. Um eine beruhigende Wirkung zu erreichen, kann die Decke eines hohen Ganges abgehängt werden. Unter Umständen sind Teile der abgehängten Decke als Lagerraum zu gebrauchen.

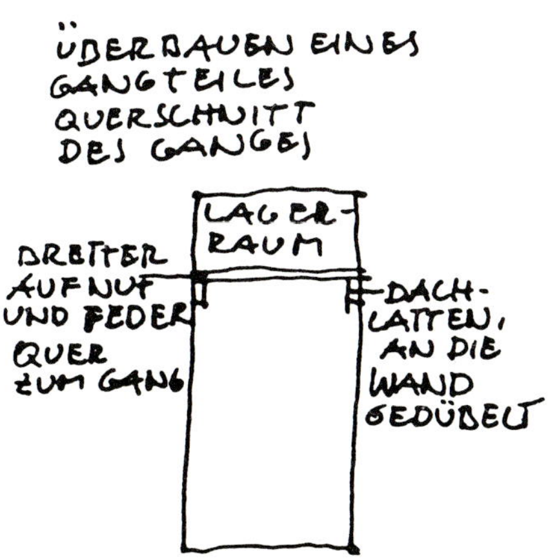

Die Wand an der Stirnseite eines Ganges, der keine Fenster dort hat, ist leicht mit einer Weichfaserplatte zu verkleiden, an die Arbeiten der Bewohner des Hauses oder Bilder angeheftet werden können. Je großfiguriger solche Arbeiten und Bilder sind, um so besser ist die optische Wirkung. Kleinformatige Arbeiten lassen den Gang perspektivisch erweitert erscheinen und sind deshalb nicht vorteilhaft.

Mittel der Integration im Wohnfeld

Überblick

Der *Raum* ist für die Integration das umfassendste Symbol. Er ist es, der die Elemente der Wahrnehmung in eine haptisch-visuelle und akustische Ordnung aufnimmt. Auch das Riechen ist in diese Ordnung einbezogen, geht von Gegenständen aus, die faßbar sind, wie das Hörbare an die Bewegung gebunden ist, an die Kraft, welche Bewegung auslöst und ohne die nichts Akustisches vorstellbar ist.

Soll diese Ordnung, die auf das Haptisch-Visuelle, das Statische und die Bewegung bezogen ist, in ein Schema gebracht werden, so ist vom *Gegenstand* als körperhaftem Gebilde auszugehen. Ihm am nächsten liegt die *Form,* die Gegenstands- oder Körperform, welche zu erfassen gemeinhin die meiste Aufmerksamkeit absorbiert. Das *Material,* aus dem die Dinge gemacht sind, sollte sich intensiv auf ihre Form beziehen. Es leitet ebenfalls über und hat den Anspruch, im Raum wiederzukehren, z. B. Holz als Fußboden, an der Decke, an Stühlen, an Tischen. Die Wirkung der *Farbe* ist am überzeugendsten, wenn sie die Eigenschaft des Materials erklären kann. Sie ist aber auch geeignet, unterschiedliche Stoffe unter übergeordneter Sicht zusammenzufügen: das Grün eines Glases und das Grün der danebenstehenden Pflanze. Es gibt Gesetze, die in der Natur ihren Ausgang nehmen, mit deren Hilfe sich unterschiedliche Farben, Nuancen, auch divergierende Farben zusammenfügen. So gibt es das Gesetz komplementärer Farben. *Strukturen* haben die gleiche Tendenz zur Integration wie die Farbe. Von der Gegenständigkeit sind Strukturen weit entfernt. Einfache Formen wie Kreise oder parallele, horizontale oder vertikale Linien verbinden sich zu Strukturen. Die Struktur ist ein Element, das der *Bewegung* nahe ist. Der Wind, der über einer

Wiese liegt, läßt unterschiedliche Gräser in eine Richtung wehen. So entsteht aus der Vielfalt eine Struktur. Sie wird wahrgenommen, wenn eine Art, zum Beispiel Margeriten, in einer Wiese dominiert. Ihre kreisrunden Blüten, aus unterschiedlich großen Rosetten gebildet, sind einzeln, für sich genommen, gegenständlich keine Betrachtungsobjekte innerhalb einer Struktur. Was sie interessant macht, ist die Unterschiedlichkeit der Abstände. Gleich oder sehr ähnlich bleibende einfache Formen, die sich wie ein malerischer Fleck ausdehnen und nur im Ausschnitt aus einem unübersehbaren Ganzen erfaßt werden können, gewinnen Bedeutung durch ihre Distanzen zueinander. Auf diese Weise werden sie interessanter, sprechender als die Gegenstände selbst. Anders als Ornamente, die in regelmäßiger Folge und in gleichen Abständen, aufgereiht in einer Richtung, wiederkehren, anders auch als bei Mustern und aufwendigen Einzelformen, die sich schwer zu Gemeinschaften finden können und die Umgebung zu Zweitrangigem machen, bestätigen die ungleichen Abstände und Zwischenräume das Besondere der Strukturen. Gegenstände lassen sich dann in ihre Umgebung einordnen, wenn sie anpassungsbereit sind: ein runder Stein, ein altes Spielzeug, dem sein Naturholzton gelassen wurde. Im allgemeinen aber erfordert ein einzelner Gegenstand die Aufmerksamkeit zum Besonderen, zur Wertschätzung und neigt dadurch zur Isolation.

Als weiterer Faktor kommt das *Licht* hinzu. Es schafft Differenziertheit, Helligkeit, Dunkelheit, Schatten. Es kann trennen, wenn es zum Beispiel auf eine Fläche mit lauten, kraß voneinander abgesetzten Farben (orange und türkis) trifft. Es kann verbinden, wenn es auf Gegenstände fällt, die sich in der Ferne befinden oder die miteinander verwandt sind. *Dunkelheit* verbindet Farben stärker als *Helligkeit, Verhaltenheit* eher als *Übertreibung*, der *Raum* integriert eher als der *Körper, Höhlung* besser als *Wölbung*. Wo *Anbindung* möglich ist, sollte sie ganz im Sinne von Integration genutzt werden.

EHRET IHR IMMER DAS GANZE,
ICH KANN NUR EINZELNES ACHTEN.
IMMER IM EINZELNEN NUR
HAB ICH DAS GANZE ERBLICKT
SCHILLER BRIEFE ZUR ÄSTHETISCHEN ERZIEHUNG

Fläche und Raum in gestalterischer Entwicklung

Die Vorstellung des Kindes ist flächig. Es zeichnet flach und im Sinne der größtmöglichen Richtungsunterschiedenheit, also rechtwinklig die Teile zueinander. Seine Zeichnung ist die Addition von Körpern, die es flach wiedergibt: Häuser, Menschen, Tiere ... Sie strebt Klarheit an. Auf ihr wird die menschliche Figur aufgeklappt geschildert, Hauswände werden aneinandergefügt. Flächen sind die Mittel, aus denen sich Kinder allmählich ihre Gegenstände und Räume bauen. Sobald es möglich ist, versuchen sie, hinter die Dinge zu kommen. Beim Zeichnen wird aus dem Nebeneinander allmählich ein Hintereinander, schließlich wird Räumlichkeit geschildert. Die Welt hat eine dritte Dimension erhalten.

Auch in Heimen bestehen Räume meist aus Flächen: aus Wänden, die addiert werden, zum Beispiel durch verschiedene Farben. Eine Wand ist beige, die andere orange. Oder der Fußboden ist grün, die Wand ist braun. Oder zwei Wände sind verputzt, zwei tapeziert, während auf dem Boden PVC-Fliesen verlegt sind. So entstehen Flächen, die gegeneinander abgesetzt sind und deren unterschiedliche Wirkung oft noch durch schwarze Fußbodenleisten verstärkt wird. Jede Fläche wird für sich betont. Der Mangel an Einheit wird mehr oder weniger bewußt registriert und in Aktionen und Reaktionen der Bewohner deutlich. Will man für erwachsene geistigbehinderte Bewohner integrierte Räume schaffen, so ist die Addition von Flächen, wie sie der Kinderzeichnung entspricht, kein geeignetes Mittel, auch wenn als geistiger Entwicklungsstand oft der eines Kindes angenommen werden muß, das selbst gestalterisch Zeichen addiert oder sich noch im Kritzelstadium befindet.

Viele Betreuer sind durch Entwicklungsrückstände in der haptisch-visuellen Wahrnehmung und in der gestalterischen Phantasie, im Gebrauch von Augen und Händen selbst Kinder geblieben, welche addieren und sich erst zu Beginn ihrer sozialen Tätigkeit mit dem Phänomen Farbe beschäftigen, wenn sie für ihre Gruppe Räume mit Betten und Schränken streichen möchten, wenn sie einen Schlafraum neu einrichten wollen oder auch nur ein Bild aufhängen, wenn sie überhaupt bewußt dem Gegenstand als Aufgabe begegnen.

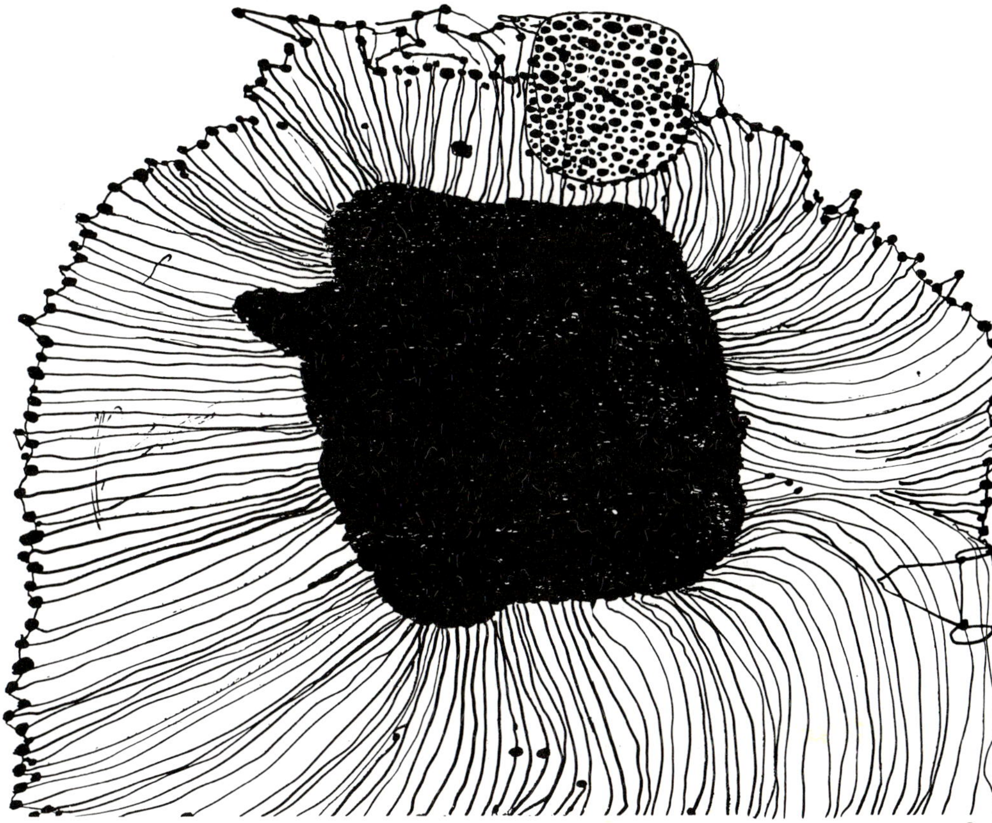

Zeichnung eines autistischen 16jährigen Mädchens.

In den meisten Räumen wird dann nur die Grundfläche betont. Auf ihr sitzen und stehen nicht nur die Bewohner, sondern auch Tische und Stühle, Betten und Nachtkästen. Alle Gegenstände haben Haftung am Boden, aber sie reagieren nicht auf den Raum. Ihre Flächen sind aus der Perspektive des Sitzenden oder Stehenden von oben wahrzunehmen, ebenso wie die Bodenfläche. Nur haben Tisch- und Stuhlflächen mit dem Boden wenig Übereinstimmung, sie sind meist mit weißem oder Holzimitationsmaterial beschichtet, während der Boden aus hellgrauem oder hellblauem PVC-Material besteht. Oberhalb der Tischfläche wird jedoch die Gestalt des Raumes dürftig.

Die Räume sollten sich aber, um Wohlgefühl zu erzeugen, nach oben verdichten, ebenso, wie Bilder ihr Gewicht in der optischen Mitte haben, die höher liegt als die geometrische, mit dem Maßstab gemessene. Die niedrige, dunkle, verräucherte Holzdecke in alten Bauernhäusern, an welcher Gerät hing, Holz auf Sparren lagerte, die gebraucht und genutzt wurde, weil sie erreichbar nahe war, kam in ihrem Verhältnis zum Raumganzen den Bedürfnissen des Menschen wesentlich näher als unsere Zimmerdecken es tun, weiße Flächen, oft mit kleinen Löchern versehen: Rigips-Dekor-Platten, die dem Auge kein ruhiges Ziel bieten und deshalb keine räumliche Wirkung zustandekommen lassen.

In Heimen dekorieren oft Bilder, Bibelverse, Kalenderblätter die Wände. Meist konkurrieren sie vergeblich mit aufwendigen Tapeten, die den Blick verwirren und ebenfalls von räumlicher Wirkung ablenken.

Aus so unzureichenden Mitteln, wie sie fast generell geboten werden, lassen sich keine integrierten Räume oder Raumensembles bilden. Selbst Großfotos, gute Poster, ein dunkler Anstrich der Decke können unter solchen Umständen nur kaschieren – grundlegend ändern können sie nicht. Dazu bedarf es innenarchitektonischer Mittel.

Für wesentlich wird hier außer dem Befinden der Heimbewohner das der Betreuer gehalten. Sind sie selbst auf der Stufe des kindhaften Wahrnehmens geblieben, wird die Diskrepanz zwischen ihrem Anspruch und ihrem Vermögen keine pädagogische, allenfalls eine pflegerisch positive Konsequenz zeigen. Denken sie aber integrativ und dürfen es nicht, weil die Vorgesetzten kein Verständnis dafür haben, sind sie schlecht daran. Bleibt ihnen das Erlangen räumlich-integrativer Stimmigkeit versagt, besteht die Wahrscheinlichkeit, daß die Behinderten sich an ihrem Unbehagen reiben, oder daß nur solche Betreuer der Einrichtung bleiben, denen es nichts ausmacht, sich in Räumen aufzuhalten, in denen Flächen und Dinge lediglich addiert worden sind. Wir haben oft gefunden, daß in solchen Verhältnissen auch die Zusammensetzung von Mitarbeitern und Bewohnergruppen ähnlich naiv erfolgte. Auch sie wurden lediglich addiert. Architektur und Pädagogik fügen sich so auf subtile, aber stringente Art zusammen.

Der Gegenstand

IM GEGENSTAND
STECKT DIE TENDENZ
ZUR VEREINZELUNG
UND ISOLATION

Gegenstand ist Körper – je kräftiger, desto wirkungsvoller. Er spricht primär den optischen Sinn an, ist hauptsächlich visuell, nicht haptisch faßbar. Je komplizierter der Gegenstand ist, als desto wertvoller gilt er im allgemeinen. Das am Gegenstand orientierte Denken isoliert, der Gegenstand wird herausgehoben, zum Beispiel zum Kunstwerk. Dabei ist es unwesentlich, ob er sich mit der Umgebung verträgt. Die Umgebung hat sich nach seinen Allüren zu richten, der Gegenstand strebt aus Abhängigkeiten zum Denkmalhaften, Einmaligen. Er allein will respektiert werden. Solches gegenständliche Denken ist ein hierarchisches, in einer vertikalen Skala von Werten vorstellbar, und darf nicht unser Denken sein. Es gilt in Wahrheit die Sorge des Besitzers seiner eigenen Position, die er durch den Wert des Gegenstandes betonen will.

Die Form

Wenn im Wohnbereich an Formen gedacht wird, sind es die Möbel, welche das Wichtigste zu sein scheinen. Sie prägen den Raum und uns selbst. Soviel Bedeutung aber, wie wir ihnen beimessen, haben sie in Wirklichkeit nicht. Möbel sind Gefäßen vergleichbar, die sich ein- und unterzuordnen haben, einem Inhalt dienen, den sie aufbewahren sollen, die um dieses Inhaltes willen als Hülle gebaut werden. An der Gestalt eines Stuhles wird das deutlich: er hat dem zu dienen, der auf ihm sitzt, muß also klein sein für einen kleinen Menschen, breit, behäbig und vielleicht mit Armlehnen für einen schweren, nicht zu niedrig, wenn es ein alter Mensch ist, dem das Aufstehen schwerfällt. Zum Ausruhen wünscht man sich einen Sessel, für ein Gespräch, das Klärung schaffen soll, eine Sitzbank, auf der man bequem, aber gehalten sitzt. Eine Couch, eine bequeme Sesselgarnitur könnte nicht leisten, was eine solche Bank für ein intensives Gespräch zu leisten imstande ist. Ein Gespräch, bei dem man sich nicht gehen lassen möchte und das die Gesprächspartner nicht nur äußerlich aufrichten soll. Möbel und Dinge, aber auch Möbel und Menschen bilden Einheiten, wobei auch die Dinge zuerst auf die Menschen geordnet sind und ihrem Gebrauch und ihrer Wertschätzung nach eingeordnet werden. Es ist bei der Erstausstattung im Heim also nicht die wichtigste Frage, welche Holzart, welches Dekor gewählt wird, sondern für welche Gruppe, für welchen Menschen, zu welchem Gebrauch ein Möbelstück bestimmt ist. Die zweite Frage betrifft das Verhalten der Möbel untereinander, ob sie sich einfügen und ob sich Beziehung zueinander herstellen läßt, oder ob sie, jedes für sich, in betont unterschiedlicher Art und Gestalt sprechen: der Stuhl mit Holzbeinen, der Tisch mit Stahlrohruntergestell.

Sind Schränke zu groß, nicht integrationsfähig, empfiehlt es sich, statt dessen lieber ein durchgehendes Regal an der Wand oder als Raumteiler in Erwägung zu ziehen, der nicht als etwas Besonderes gelten will, sondern sich in die Architektur einfügt. Ein solches Regal ist mit einfachen Mitteln durch Türen verschließbar zu machen oder mit Kästen für Material auszustatten. Es bietet viel Platz und kann ebenso stabil sein wie ein Schrank, ohne anspruchsvoll zu sein. Massivholz kann durch

Weiche Formen

Brechen und Schleifen der Kanten an gefährdeten Stellen im Raum gerundete Ecken erhalten, was bei furnierten Spanplatten unmöglich ist. Die Formate der Fächer in Tiefe und Höhe sind für Wäsche anders zu bemessen als für Geschirr. Immer sind die größten Stücke der Ausgangspunkt für das Format. Kleiderschränke, die eingebaut sein können, bedürfen einer Mindesttiefe von sechzig Zentimetern. Sie können auch begehbar sein. Schuhschränke müssen offen oder gut belüftet sein und bequem erreichbar für behinderte Bewohner. Es ist durchaus möglich, daß Möbel einbezogen werden, auch daß sie Zierrat haben, der formal und farbig nicht aus dem Rahmen fällt, sondern die Freude an Inhalt und Gestalt der Möbel hebt, wie das bei alten Truhen in erfreulicher Weise der Fall war. Bezugslosigkeit zu Form und Gestalt macht aus Schmuck Dekoration.

Fragwürdig sind Requisiten aus der alten bäuerlichen Kultur in unseren Wohnräumen, wenn sie nicht aus dem Wohnbereich stammen, sondern aus der Landwirtschaft oder dem Stall, also keinen Gebrauchswert für uns haben.

Möbel mit aufwendigen Konturen und Details wollen die Aufmerksamkeit auf sich lenken. Sie integrieren sich nur widerspenstig, anstatt den unterschiedlichen Formen der Dinge Raum zu gewähren, die sie aufnehmen sollen. Dinge gelangen dann am besten zur Wirkung, wenn sie auf den Ausschnitt, in welchem sie sich befinden, reagieren, während sie nicht zur Wirkung kommen, wenn sie in weitem Umfeld klein erscheinen. Sie werden dann zu Kümmerformen und erregen eher unser Mitleid als unsere Freude.

Behinderte Menschen sind im Wohnbereich wesentlich mehr auf haptisch-schmeichelnde Formen angewiesen, als privat Lebende, weil ihrem Zärtlichkeitsbedürfnis anders kaum entsprochen wird. Unmenschlich ist darum das Angebot einer klinischen oder Obdachlosenasylatmosphäre.

Das Material

Materialien und Gegenstände für die Wohnhäuser Behinderter zu empfehlen oder abzulehnen ist deshalb nicht leicht, weil die Prüfung und verantwortungsvolle Begutachtung von Erzeugnissen, die gegenwärtig im Baustoffhandel sind und verbaut werden, fehlt. Asbest enthält krebserregende Wirkstoffe, Xylamon soll aus gesundheitsgefährdenden Gründen nicht mehr verwendet werden, elektrische Leitungssysteme erzeugen Spannungsfelder, Beton blockiert die für den menschlichen Organismus notwendige Erdstrahlung. Nicht nur Hugo Kükelhaus warnt vor der Künstlichkeit, der Ungreifbarkeit und Unangemessenheit vieler synthetischer Stoffe. Rückstände bei Herstellungsprozessen verseuchen die Luft, das Wasser und die Erde. Menschengerechtes Leben ist gefährdet für alle. Darum ist es unsere Pflicht, für diejenigen, die sich überhaupt nicht selbst helfen können – mit geringen Unterschieden sind wir es streng genommen zwar alle –, das Unmenschlichste zu verhindern.

Gerade das Material ist eine Größe in unserer haptisch und visuell faßbaren Umwelt, die wegen der globalen Umschwenkung auf künstliche Stoffe immer mehr Unbehagen verursacht. Synthetische Stoffe bestimmen die Wohnsituation. Die Flucht in die Freizeit und in die wirklichen und in die vorgeblendeten

Freizeitparadiese ist vielleicht auch auf den bewußt oder unbewußt widerwilligen Umgang mit der immer künstlicheren Alltagswelt zurückzuführen.

Wenn deshalb hier in beschützenden Wohnsituationen – besonders in Behinderteneinrichtungen – auf das eindringlichste vom Gebrauch derartiger künstlicher Stoffe abgeraten wird, so deshalb, weil hier solche Fluchtmöglichkeiten, die die Natur und organisches Leben zum Ziel haben, beschränkt oder überhaupt gänzlich ausgeschlossen sind. Dem ständig ausgesetzt zu sein aber erzeugt Aggressivität, Lebensangst, Kontaktstörungen aller Art, die nicht kompensiert werden können.

Das bei Einbauten verwendete Holz zeigt deutlich seine Natur, lädt zum Streicheln und Verweilen mit der Hand ein, es ist warm, es nimmt Feuchtigkeit auf, wie es sie auch abgibt, es riecht selbst angenehm und absorbiert gleichzeitig Fremdgerüche, läßt sich leicht bearbeiten und ist doch von großer Stabilität und einer Zuverlässigkeit, die bei der Verarbeitung für Einbauten auch für Laien abzuschätzen ist. Die Holzstruktur sollte nicht durch deckende Farben überstrichen werden; allenfalls lasierend, um zum Beispiel bei englischroten Kiefernholzflächen die tragenden Teile aus Fichtenholz durch olivstichiges Grün abzuheben. Holz hört man. Noch lange nach der Verarbeitung knacken die Balken, es knarrt, wenn man darauf geht; es klingt – ein Raum aus Holz tönt angenehm – es reagiert und ist nicht stumm wie der Asphalt und Beton. Es ist von einem zum anderen Stück unterschiedlich. Empfindsames Eingehen auf seine Art fällt leicht. Dieser Vielzahl angenehmer Eigenschaften muß noch eine besonders ersprießliche hinzugefügt werden: seine Struktur verträgt sich gut mit textilen Geweben. Einfache natürliche Textilien sind in Korrespondenz mit natürlichen Baustoffen eine willkommene Ergänzung, vergleichbar etwa dem Englischrot-Olivgrün-Kontrast im farbigen Bereich. Deutlich ablesbare Strukturen – Wolle, Leinen, Rupfen, Baumwollgewebe, Schnüre und Seile – sind als biegsame, weiche Elemente geradezu erforderlich: Decken auf den Tischen, an denen gegessen wird, gewebte Wollteppiche in Sitzecken, Vorhänge aus Leinen oder Nessel, damit die Helligkeit reguliert werden kann.

Material – das Wort geht auf mater = Mutter zurück. Zur Würde des Lebens kann beitragen, sich den Zusammenhang zwischen diesem Wort und seiner Erweiterung auf die elementaren Stoffe klarzumachen, aus denen die Dinge werden.

Das Licht

Licht und Lichtführung sind zur Wahrnehmung des Raumes und der Dinge im Raum von großer Bedeutung. Draußen – drinnen, kleines oder großes Fenster, helle oder im Schatten liegende Seite eines Gegenstandes, der Gegenstand überhaupt als optisch wahrnehmbarer, Farbe, Struktur und Bewegung sind abhängig vom Licht. Die Dinge erscheinen unterschiedlich, je nachdem, ob es Tag oder Nacht ist, ob das Licht an einem Sonnen- oder Regentag wahrgenommen wird, ob sie angestrahlt werden von einer Leuchtstoffröhre, einer Glühbirne oder einer Kerze. Fensterlose, reizarme Räume mit uniformen Kunstlichtverhältnissen sind schlichtweg unmenschlich. Ein Raum, der an jeder Stelle gleich hell ausgeleuchtet wird, kann nur zum Lehren und Lernen auf kognitiver Ebene dienen, jedoch auch da nur mit erheblich eingeschränkter Wirkung. Ein solches Lernen bei kaltem Licht beansprucht das Aufnahmevermögen maxi-

mal und läßt die Langzeitwirkung von im Gedächtnis gespeicherten Fakten, zumal bei visuell veranlagten Menschen, fraglich erscheinen (vgl. Kükelhaus 1978, S. 56ff.).
Das Licht der Leuchtstoffröhre entkleidet die Gegenstände ihrer Schatten, und auch die Menschen werden schattenlos. Sie werden ausgeleuchtet – worin angeblich der besondere Vorzug dieses Lichtes liegt – und büßen dadurch ihre Plastizität ein. Sie erscheinen flach, was besonders für sinnesbehinderte Menschen ein Handicap ist, denen das Leben in der dreidimensionalen Wirklichkeit unter allen Umständen erleichtert werden sollte. Genauso repressiv ist die Wirkung auf Kinder im Kindergarten. Der für jedes Kind notwendige allmähliche Prozeß der Trennung der Persönlichkeit von der umgebenden Umwelt wird durch Licht, das den Gegenständen und Menschen die Körperhaftigkeit nimmt, verlangsamt. So verstreicht eine Lebenszeit ungenutzt, in der die Gegenstände zur Berührung und zum Umgang herausfordern müßten, damit sich die Kinder mit ihnen befassen, sie benutzen oder sie verändern. Da sich auch das Leben der behinderten Menschen in eine artifiziellere Welt verlagert hat, müssen wir ihnen im Innenraum so differenzierte Lichtverhältnisse schaffen, wie wir sie draußen vorfinden, daß ihnen Menschen und Dinge durch Licht und Schatten intensiv plastisch erscheinen. Das ist durch eine gut durchdachte Verteilung des Lichtes in den Räumen zu erreichen und durch entsprechende, unterschiedlich helle einzelne Bereiche schaffende Lichtquellen. Für die Position und die Qualität der Beleuchtungskörper sind die verschiedenen Funktionsbereiche bestimmend, denn eine allgemeine Deckenbeleuchtung, die gleichmäßig indifferentes Licht verteilt, ist in keinem Falle ausreichend, oft nicht einmal wünschenswert, da den einzelnen Bereichen Aufforderungs- oder Intimitätscharakter zukommen sollte.

Auch Richard Neutra warnt vor der Marter monoton festgehaltener Farbeffekte, die darauf zurückzuführen ist, daß die farbliche Ausgestaltung unserer Räume im Gegensatz zur Farbszenerie der Natur völlig statisch ausgerichtet und daher physiologisch ungeeignet ist. So sollten die Beleuchtungskörper unterschiedlich und möglichst flexibel sein: über der allgemeinen Sitzgruppe eine Pendelleuchte mit verstellbarem Schirm, am Schreib- und Arbeitstisch, der sich vor einem Fenster befindet, eine schwenkbare Schreibtischlampe und in den übrigen Bereichen, je nach Bedarf, eine flexible Schaufensterleuchte an der Wand. Natürlich müssen die benötigte Wattzahl und die Blendbarkeit jeweils überprüft werden, wobei die erwähnte Pendelleuchte sowie Lampen in Schlafbereichen besonders warmes Licht ausstrahlen sollen.

Um den Bedürfnissen der Behinderten nach Geborgenheit und elementarem Erleben entgegenzukommen, kann eine konzentrierte Lichtquelle in Bodennähe angebracht werden. Eine solche Beleuchtung kann in Stufennähe Sturzgefahr verhindern.

Es ist in jedem Falle schwierig, geeignete Lampen mit einfachen Formen zu finden. Deshalb ist es ratsam, sie eventuell selbst herzustellen. Möglichkeiten zeigen die folgenden Zeichnungen.

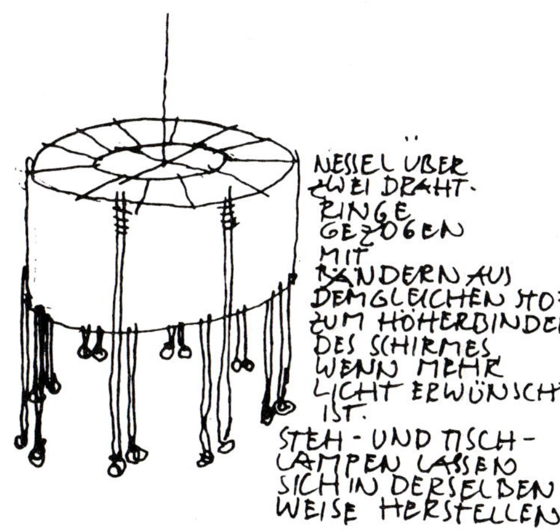

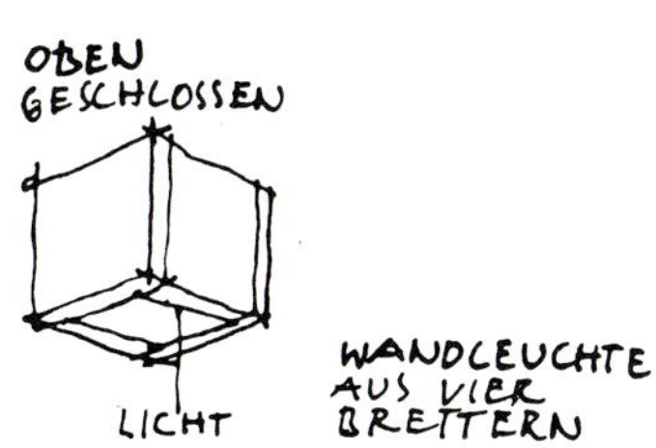

Wie mit der Holzkastenlampe auf das Material der Einbauten Bezug genommen werden sollte, wird mit der Stofflampe auf Vorhänge oder Bezugsstoffe eingegangen. Es wird also jeweils das gleiche Material verwendet.

Kästen für Wandleuchten sind aus Brettern ohne Schwierigkeit zusammenzufügen – ob geleimt, gedübelt oder mit handwerksgemäßeren Holzverbindungen, bleibt den Herstellern überlassen.

Für Kleinräume oder unter Podesten sind Keller – oder Stallampen geeignet, die durch einen Drahtkorb geschützt sind. In einer Sonderschule für geistig behinderte Kinder in Würzburg gelang es, die Leuchtstoffröhren in den Klassenzimmern auf ein Band zu reduzieren, welches parallel dicht an den Fenstern in die verbretterte Decke eingebaut wurde. Die ursprünglich geplanten Leuchtstoffröhren, die sich in der Raummitte befinden sollten, wurden abgelehnt und durch Lampen mit Blechschirmen ersetzt, die eine einfache Form haben, in blau, grün, rot und weiß erhältlich sind, bei Bedarf aber auch umgespritzt werden können.

Punktstrahler, deren Tubus schwenkbar ist, eignen sich gut zum Beleuchten einzelner Bereiche. Die Glühbirne sollte tief im Schirm liegen, um nicht zu blenden.

Die Beleuchtung des Raumes sollte die Farbwirkungen betonen, von denen anschließend gesprochen wird, und die von eizelnen Gegenständen und verschieden strukturierten Materialien ausgehen, keinesfalls aber abschwächen.

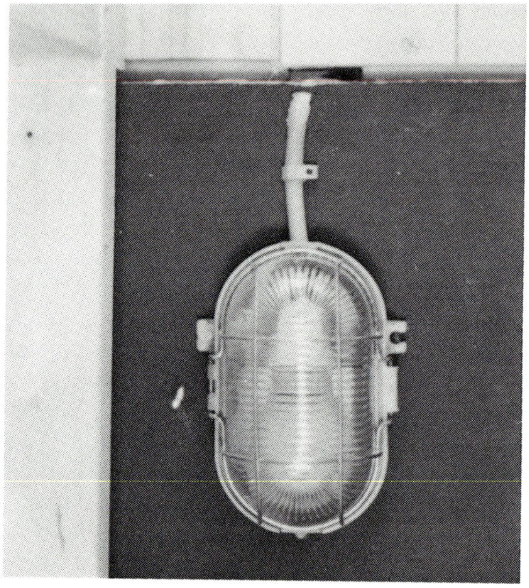

Die Farbe

Ein Brief als Beispiel dafür, daß Farbgebung nicht „Geschmackssache“ ist.

10. April 1979

Betr.: Farbe der Trennwände in den Werkstätten für Behinderte

Sehr geehrter Herr Mahlke,

wie ich erfahren habe, hatten Sie sich in den Werkstätten über die Farbe der Trennwände in Halle 2 geäußert und in etwa die Meinung vertreten, der verwendete gelbe Farbton würde sich negativ auf die Augen der dort Beschäftigten auswirken.

Dies traf nun tatsächlich kurz nach Ihrer Äußerung ein, obwohl seltsamerweise während der ca. einjährigen Betriebszeit davor ähnliche Beschwerden nie laut wurden.

Bevor nun ein geänderter Anstrich wieder andere negative Auswirkungen zeigen könnte, würde ich Sie gerne um einen Farbvorschlag für die Trennwände der Halle 2 bitten, der in das gesamte Farbkonzept paßt und sich außerdem positiv auf das Wohlbefinden und Arbeitsverhalten der Beschäftigten auswirken wird.

Mit herzlichen Dank für Ihre Bemühungen und

freundlichen Grüßen

Die Farbe ist, nach Form, Material und Licht, im Wohnbereich ein entscheidender Faktor für die Wohnlichkeit und damit für das Befinden der Bewohner, der leicht unterschätzt wird. Es muß die Frage gelöst werden, welche Farben am geeignetsten sind für Anstriche der Wände, der Decke, der Türen, Fenster und Möbel. Es werden hier einige Farbkombinationen angegeben, die Räumen und Dingen unterschiedliches Gepräge verleihen, und sich vor allem für solche Menschen eignen, die auf eine farblich stimmige Atmosphäre angewiesen sind.

Die Farbe im Raum und die Bewohner

1. Kleine Kinder und auf der Entwicklungsstufe des Kleinkindes gebliebene Ältere brauchen verhaltene bis dunkle Farben, weil diese Farben die körperliche Hülle der Mutter und der Wiege fortsetzen, also Höhle und Kleinräumigkeit.
2. Das gilt auch für psychisch Labile, weil ihre räumliche Umgebung zur Stabilisierung beitragen muß, indem sie die Disharmonie, die in ihrem Inneren herrscht, nicht bestätigen und vermehren darf, sondern ausgewogene Zufriedenheit mit sich selbst herbeiführen helfen sollte.
3. Behinderten steht kein weites, ausgleichendes Umfeld zur Verfügung. Sie sind auf die farbige Harmonie ihrer vier Wände, auch der des Arbeitsplatzes oder der Schule, angewiesen.
4. Empfindsame Menschen, zu denen auch autistisch veranlagte gehören, besitzen eine ausgeprägte Affinität gegenüber Farben. Ihr Denken und Sinnen ist nicht vom Realen, vom Gegenständlichen und Formalen

besetzt. Sie erleben Umwelt nicht durch übliche Werte festgelegt, sondern frei vom Allgemeinverständnis ihres Nutzens, der andere Menschen einengt. Empfindsame Menschen sind also schneller bei der Farbe, auch bei den Schatten, die gleichfalls von gegenständlicher Wertung frei sind.

5. Ältere Menschen, die ihr Älterwerden annehmen, suchen in der Natur und in ihrer Wohnumwelt die Dunkelheit. Sie suchen nicht Farben, die durch ihre Lautstärke bedrückende Nähe signalisieren. Der Höhle, der alte Menschen wieder zuneigen, entspricht die dunkle Skala der Farben, weshalb sie sich in früheren Zeiten dunkle Kleidung wählten – Schwarz, Braun, Violett, dunkles Blau – und ihre Räume mit vielen Gegenständen füllten oder die Wände dicht mit Bildern behängten, wodurch sie dunkler erschienen.

MIT EINEM SCHARFEN MESSER AN EINEM
SOMMERNACHMITTAG
AUF EINEM GROSSEN DUNKELROTEN TELLER
IN EINE HELLGRÜNE WASSERMELONE
SCHNEIDEN IST DAS NICHT GLÜCK ?

AUS LIN YUTANG, WEISHEIT DES LÄCHELNDEN LEBENS

Starke, helle Farben sind aufregend durch ihre Signalwirkung: Orange, Türkis, Zinnober, helles Kobaldblau, ungebrochenes Weiß. Zu befriedender Wirkung in Wohnräumen sind sie ungeeignet.

Farben rufen – mit leichten individuellen Abweichungen – spezifische Empfindungen hervor. Weiß z. B. negiert das Bedürfnis nach Wärme, Geborgenheit – wird verbunden mit Eis, Schnee, Sauberkeit, Krankenhaus. Weiße Farbe weitet einen Raum, einen engen Gang – was meist positiv wirkt –, hebt andererseits die Decke, läßt kein Raumgefühl aufkommen, läßt Wände ungreifbar erscheinen.

Volltonfarben, die nur mit Weiß gemischt werden, wirken kalkig-süß. Um sie aufzuwerten, sollte von der Gegenfarbe in geringer Menge zugegeben werden, z. B. bei Rot Grün oder umgekehrt.

Der Wandanstrich, der am häufigsten in Behinderteneinrichtungen zu finden ist, ist Beige. Es ist zwar verständlich, aber nicht sympathisch, daß sich dieser Ton einer solchen Beliebtheit und Verbreitung erfreut. Beige ist ein geringer Schritt von Weiß zur Farbe, Farbigkeit wird aber damit noch nicht erreicht. Beige ist ein Farbton, der zurückhält, was er geben sollte, für den man sich zu entscheiden vorgibt, aber dabei eigentlich eine Entscheidung scheut. Beige ist eine Nuance von Gelb; dem Gelb aber ist als Komplementärkontrastfarbe das Violett gegenübergestellt. Eine Farbe, die eher angestrengte Erhabenheit zum Ausdruck bringt als Heiterkeit und Optimismus. Es käme also zum Ausgleich zu Beige an Textilien wie Vorhängen, Kissen, Teppichböden, Lampenschirmen etc. vornehmlich Violett in Frage, was aus oben genanntem Grund nicht zu empfehlen ist. Darum ist Beige in Einrichtungen für Behinderte keine Farbe, die eine geeignete Ausgangssituation bildet.

Mit Beige meint man, nichts falsch machen zu können. Aber man macht alles falsch, indem ein Ton gewählt wird, der die geeignetsten ausschließt, nämlich Rot, Braun und Grün. Beige gibt, mit Rot, Braun oder Grün kombiniert, eine müde wirkende, keinesfalls stimmige Farbigkeit und nimmt dem Farbton von Kiefern- oder Fichtenholz die Prägnanz, die ihm neben Rot, Braun und Grün am ehesten Weiß gewähren würde. Auch andere Pastelltöne wie Rosa, Hellblau, Hellgrün machen eine differenzierte und deshalb stimmig zu erreichende Farbwahl schwierig. Man glaubt, bei Pastelltönen freier weiterentscheiden zu können, in Wirklichkeit ist das Gegenteil der Fall. Die Kleidung der Behinderten, die sich weder im Ton-in-Ton-Sinne noch im kontrastierenden Sinne einfügt, wirkt störend. Das gleiche gilt auch von Stuhlbezügen, Handtüchern, Taschen, Spielzeugen oder Arbeitsgerät in Werkstätten.

Zu differenzierter Farbwahrnehmung und -wahl ist Schulung notwendig, weshalb auch zur Lektüre zu raten ist (Albers, Itten, Klee, Goethe sind als Farbtheoretiker und Künstler in erster Linie zu nennen). Verschwiegen soll nicht werden, daß wir es heute, bei aller Theorie, mit der Wirklichkeit der Farbe im Raum schwerer haben als unsere Vorfahren, die Erdfarben zur Verfügung hatten, welche viel leichter miteinander in Harmonie zu bringen waren, und die für ihre Textilien Pflanzen zum Färben verwendeten, die ebenfalls milder und deshalb leichter integrierbar waren.

Die Farbe vermag es, über Gegenstände hinweg Beziehungen aufzunehmen. Gegenüber der Form, die autoritär ist (groß/klein, lang/kurz, dick/dünn), kann man die Farbe demokratisch, verbindend nennen. Ihre Skala ist unendlich.

Zwei Beispiele, die die Wirkung farbiger Anstriche deutlich machen sollen. (Oben): Der Gang in einer Behindertenwerkstätte wirkt durch den dunklen Anstrich der Betonträger niedriger. (Unten): Von Mädchen eines Wohnheimes farbig engobierte und glasierte Spaltklinker in der Küchenzeile.

Farbe, Material und Raum

Die Farbe im Raum muß auf die Voraussetzungen, die durch den Raum gegeben sind, eingehen. Bei der farbigen Raumgestaltung spielen das Material und die Farbe des Fußbodens eine große Rolle. Sind Möbel oder Einbauten in Kiefer oder Lärche ausgeführt, empfiehlt es sich, mit Grün anzuschließen. Nicht zu empfehlen ist dann, den Wandanstrich gelb oder violett zu halten, ihm weder im Sinne des Komplementärkontrastes noch Ton in Ton Anknüpfungsgelegenheit zu geben. Kiefern- und Lärchenholz gewinnen allmählich eine schöne, zum Rotbraun hin tendierende Färbung, zu dem ein warmes, zum Oliv hingehendes Grün am harmonischsten wirkt.

Rote Ziegelwände als Sichtmauern innen erfordern andere Farben als das rote Kirschbaumholz der Biedermeiermöbel, welches mit grauem Resedagrün am besten kompensiert wird.

Als einzeln stehende Farben haben Braun und warmes Grün besonders beruhigende Wirkung. Je stärker, leuchtender die Farbintensität, um so mehr zieht die Farbe die Aufmerksamkeit auf sich und beunruhigt. Eine mögliche Farbkombination, vom Komplementärkontrast abgeleitet, ist der Rot-Grün-Klang. Hier erweisen sich ein Englischrot (Ziegelrot) und ein dunkleres, zum Oliv tendierendes Grün (Grüne Erde, Umbra) als besonders stimmig. Ocker-Blau ist eine Kombination, die viele Maler in ihren Bildern verwendet haben (z.B. Vermeer van Delft), die aber auch gut im Raum anwendbar ist. Ocker ist eine warme, erdige Farbe, die nicht mit Orange zu verwechseln ist. Das Ultramarinblau wird durch Schwarz leicht gedämpft.

Dunkle Farben sind ebenfalls möglich, wie dunkles Englischrot, Dunkelgrün, Blau, Braun, Violett, die jeweils im Ton-in-Ton-Sinne gemischt werden. So können mehrere Englischrottöne zueinander in Beziehung gestellt werden.

Die Skala reicht dann, bei Betonung des Englischrot, von Ocker bis Braun.

Mehrere Farben können über einen Grauanteil miteinander verbunden werden. Man sollte sich nicht scheuen, einer Farbe anstelle von Grau lediglich Schwarz beizugeben, um sie stumpfer, älter, vergilbter zu machen. Solche Farben sind vertrauenerweckender als neu und strahlend aussehende; die Gewöhnung fällt leichter, weil sich solche Farben einzufügen imstande sind.

Ein mögliches farbiges Gelingen besteht auch in der Kombination dunkler Farben wie Blau und Braun, wozu dann auch ein rotstichiges Violett kommen kann, das sich mit dem Braun verbindet und/oder ein blaustichiges Violett, das sich dem Blau zuneigt.

Auch die Kombination der hellen Farben bietet sich an: Weiß und Gelb oder die Kombination von Oliv und grauem Rosa oder kühlem Braun.

Eine weitere Kombinationsmöglichkeit ist grünliches Braun und Rot, wobei das Englischrot in Richtung Weinrot (Krapplack) angesetzt werden kann.

Schließlich sollen schwarz-braune Flächen erwähnt werden, ein warmes Schwarz, das den Hintergrund für Gegenstände in Regalen bilden kann.

Befriedende Farbwirkungen sind in Räumen auch deshalb anzustreben, weil sie nicht nur auf die Menschen, die sich ständig im Wohnbereich aufhalten, sondern auch auf die Betreuer wirken, welche dadurch zu ruhigerer, ausgeglichenerer Haltung geführt werden können. Unrichtig wäre es, wenn junge, dynamische Betreuer ihre eigenen Farbwünsche, die vom gesunden, jungen, stabilen Menschen hergeleitet werden, in Wohnbereichen der eben genannten Menschengruppen durchsetzten. Beunruhigung bis hin zur Aggressivität wäre die Folge bei den Bewohnern.

Beispiele für Farbzusammenstellungen in alltäglichen Situationen:
Ein grüner Teller auf einem Kiefernholztisch. Rote Tomaten auf grünem Teller. Grüner Salat, frische Erbsen auf Tellern mit brauner oder ockeriger Lehmglasur. Ein weißer Teller auf weißer Tischdecke ist nur bei Kerzenlicht wirksam, wenn Schatten die Form der Speisen, die Plastizität der Teller und Bestecke miteinander verbinden.

Blaue Hortensie

So wie das letzte Grün in Farbentiegeln
sind diese Blätter, trocken, stumpf und rauh,
hinter den Blütendolden, die ein Blau
nicht auf sich tragen, nur von ferne spiegeln.

Sie spiegeln es verweint und ungenau,
als wollten sie es wiederum verlieren,
und wie in alten Briefpapieren
ist Gelb in ihnen, Violett und Grau.

Verwaschnes wie an einer Kinderschürze,
Nichtmehrgetragenes, dem nichts mehr
geschieht:
wie fühlt man eines kleinen Lebens Kürze.

Doch plötzlich scheint das Blau sich zu
erneuen
in einer von den Dolden, und man sieht
ein rührend Blaues sich vor Grünem freuen.

(Rainer Maria Rilke: Werke in drei Bänden. Frankfurt a. M. 1966)

Exkurs: Vorhänge

Sie geben Schutz bei Sonne und verwehren den Einblick bei Dunkelheit. Stores sollen das Draußen erkennen lassen, aber das Hereinblicken in den Raum verhindern. Sie schließen den Raum ab, wie man eine Tür abschließen kann. Wo Selbstsicherheit ist, werden keine Bedenken aufkommen, es könnte Einblick genommen werden. Stores braucht man z. B. nicht in Kindergärten oder Schulen, wohl aber Vorhänge. Wenn das Gegenüber eine Betonwand ist, eine langweilige Fassade, eine verkehrsreiche Straße, so wird das Draußen uninteressant oder störend. Vorhänge können es ausschließen. Transparentgardinen aus Schweden, die interessant strukturiert sind, oder sehr dünner Nessel, Gaze, Mullstoffe, auf die Rupfengewebestücke gehängt werden können oder Papierschnitte mit transparenten Farbfolien, wie sie zu Licht- und Schattenspielen geeignet sind, ersetzen dann den Ausblick. Auf diese Weise ist es möglich, den Raum nach außen an der Scheibe zu begrenzen, ihn mit solchen Liebenswürdigkeiten interessant zu machen anstelle eines Baumes, einer Landschaft, die hier fehlen. Die Beziehung zum Draußen muß eben auf andere Weise hergestellt werden. Wenn Gardinen bei Tag nicht vor die Fenster gezogen werden müssen, sollten sie vor der Wand hängen, nicht aber eng neben den Fenstern. Die Wand erscheint wärmer durch das textile Gewebe. Sonst ist es die Aufgabe der Vorhänge, mit den Fenstern die Überleitung herzustellen von innen nach außen. Am Abend wird allerdings auch umgekehrt der Blick auf ein Haus, in eine Wohnung von Vorhängen geprägt.

Kann auf Bäume an der Straße, auf einen Park oder gar einen Wald übergeleitet werden, erscheint es angebracht, die draußen dominierenden Farben in den Vorhang aufzunehmen. Ist es eine rote oder gelbe Backsteinwand, empfiehlt sich eine Farbkombination, die einen Farbton daraus aufnimmt, auch wenn die Wand allein als unangenehm empfunden wird.

Allerdings gibt es durchaus unzulängliche Situationen, in denen die raffiniertesten Mittel nicht helfen.

NICHT DURCH NEGATION,
SONDERN DURCH REAKTION
IST ZU KOMPENSIEREN,
WENN ES IRGEND MÖGLICH IST.

Auch die farbige Außenansicht des eigenen Gebäudes ist wichtig. Besonders entscheidend aber ist die Farbigkeit des Raumes selbst. Dominieren Rot und Grün oder Blau und Goldocker oder Weiß an der Decke oder auf dem Fußboden, so wirken entsprechend farbige Vorhänge verbindend. Vorhänge sind eher in farbiger als in formaler Hinsicht zu bedenken, wenn auch mit Formen auf die Größe des Raumes und die Gestalt seiner Teile eingegangen werden kann. Je zurückhaltender die Farben in den Räumen sind, um so aufwendiger können die Vorhänge sein, wenn nicht die Aufmerksamkeit auf andere Gegenstände gelenkt werden soll.

Als in einem klösterlichen Kindergarten nach beendeten Einbaumaßnahmen Vorhänge gebraucht wurden, war die stimmigste Grundfarbe bei leuchtend roten, grünen und weißen runden Blütenformen schwarz. Das Schwarz bildete den Hintergrund und die Verbindung zum Habit der Schwester, die sich im Raum bewegt und in der Farbe ihrer Kleidung, nämlich schwarz, integriert werden soll. Das Schwarz, das durch die Kompliziertheit des menschlichen Körpers allgemein und durch seine Bewegung im Raum ein auffälliges Phänomen darstellt, muß mit besonderer Sorgfalt bedacht werden, damit es sich nicht zuungunsten der Trägerin auswirkt, sondern die Kinder ihre Betreuerin als selbstverständlichen Teil des Ganzen im farbigen Sinne erleben und verstehen.

Die Decke im oberen Stockwerk dieses Kindergartens ist in dunklem, warmem gebrochenen Blau gestrichen, und so enthalten die Vorhänge dort außer anderen leuchtenden Farbtönen in Ocker und Braun auch das Blau, das hier außerdem noch zur reinen Farbe gesteigert erscheint, in Ultramarin. Fragwürdig auf Vorhängen sind kindertümelnde Motive (Mickey Mouse und Nachfolgemonstren), ebenso wie auf Bettwäsche, Kleidungsstükken, Tapeten.

Strukturen

Strukturen in Räumen für Behinderte sind notwendig, weil sie Neugier und Spannung erregen durch ihre Unregelmäßigkeit. Strukturen können an textilen Stoffen wie Nessel, Leinen, groben Wollgeweben, Sackrupfen auftreten, aber auch an Holz mit seinen Ästen und der Maserung. Strukturen haben gleichermaßen die Tendenz zum Durchschaubaren wie zum Unübersehbaren. Im gestalterischen Sinne ist durchschaubar die Einfachheit der Elemente, aus denen Strukturen bestehen. Begrenzt erscheint der Ausschnitt, der sich erweitert vorstellen läßt. Es ist möglich, als Ausgangsform von Strukturen den Kreis zu denken oder Kreisformen, die größenverwandt

Belebung einer Betonwand durch Strukturen

sind, und sie zu addieren, so daß die Fläche mit kreisförmigen Elementen leicht zu überschauen ist. Die Zwischenräume sind immer unterschiedlich und erregen so Aufmerksamkeit. Strukturen, die die Forderung nach unterschiedlichen Distanzen nicht erfüllen, z.B. Tapetenmuster, haftet Monotonie an. In der Wohnumwelt machen sie passiv, besonders

Eine natürliche Struktur

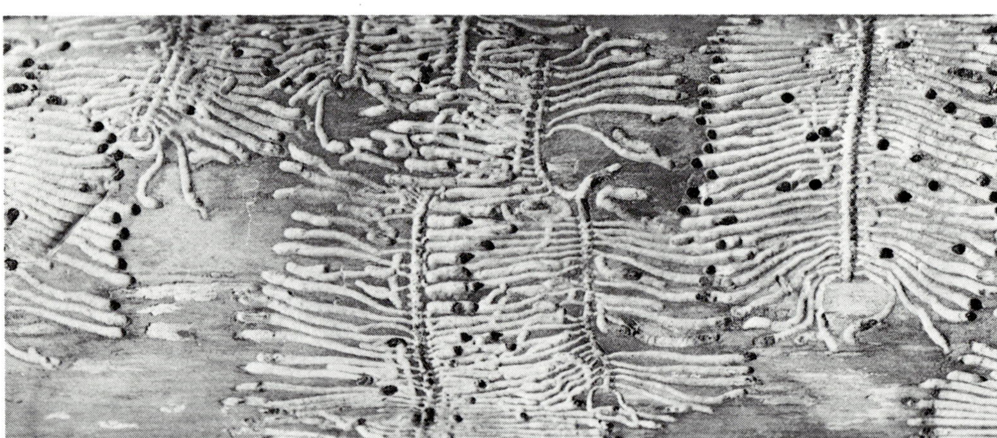

wenn sie im ganzen das Übergewicht erlangen. Deshalb werden hier solche straff in ein Schema gebundene Strukturen nicht weiter verfolgt.

Es gibt für Strukturen optimale, mittelmäßige wie auch mangelhafte Verhältnisse.

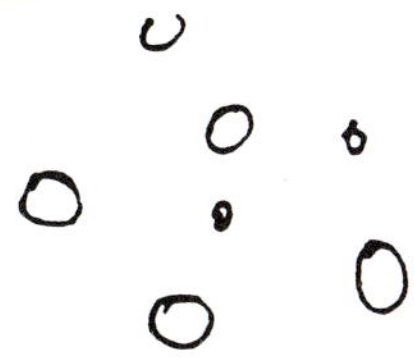

Weit voneinander entfernte Elemente, vereinzelt, zusammenhanglos. Die Zwischenräume sind nicht zu überbrücken (mangelhaft).

Skizzenhafte Wirkung – das Interesse liegt bei der Verteilung der einzelnen Formen. Die Größenunterschiede werden *vor* den Abständen registriert (mittelmäßig).

Nahe zusammen befindliche Elemente – die Zwischenräume werden verschluckt (mangelhaft).

Ausgewogenes Verhältnis: Flächen der Elemente und der Zwischenräume zu gleichen Anteilen. Abstände erlangen Bedeutung (optimal).

Es sind für uns besonders zwei Arten von Strukturen bedeutsam, Streuung und Streifen:

1. Die Streuung finden wir bei den Knorzen im Holz oder der Verteilung der Bilder an der Wand (Skizzen, Notizen, Ausschnitte, Poster, Plakate ...);
2. die Streifenstruktur bei den Pergolen als abgehängter Decke, der Maserung des Holzes (ausgeprägt bei Kiefer und Lärche), bei der Verbindung unterschiedlich gerichteter Streifen am Gitter des Vogelkäfigs oder auch an textilen Stoffen.

Das Kiefern-, Lärchen- und Fichtenholz, das für Einbauten am günstigsten ist, besitzt eine mit den Jahresringen durch Übergänge verbundene Struktur:

1. durch den Wechsel von harten und weichen Jahresringen eine ausgeglichene, beruhigend wirkende Struktur, die als Streifen wirkt;
2. durch die über die Fläche verteilten runden Knorze, d. h. die Schnittstellen der in den Stamm eingewachsenen Äste eine Struktur im Sinne der Streuung.

Die Farbe der festen „Winterringe“ und die der Äste gleichen sich, wodurch bei Kiefer und Lärche zumal durch die Farbe eine Übereinstimmung unter den beiden Strukturenarten gegeben ist und außerdem der englischrote Ton gegenüber den blasseren Stellen im Holz das Übergewicht erhält.

Im Wohnbereich ist es möglich, fast alle Strukturen auf diese beiden Ausgangsformen zurückzuführen, selbst den Teppichboden, dessen Oberfläche aus lauter kleinen, dicht aneinandersitzenden Punkten besteht.

Das Blattwerk der Bäume, das durch die Fenster gesehen wird, hat eine Struktur, die von runden Flecken abgeleitet werden kann, was die Position der Blätter betrifft. Was die Richtung anbelangt, ist sie dem Streifen zuzuordnen. Durch die Vervielfachung gleicher, nur unterschiedlich gerichteter, unterschiedlich großer und heller Elemente kommt eine wiederholende Wirkung zustande, die interessant ist und gleichzeitig beruhigt. Laubbäume sind willkommen, weil sie durch ihre wiederkehrende Kugelform eine Landschaft überschaubar machen, aber auch formal und farbig divergierende Hauskörper unterordnen.

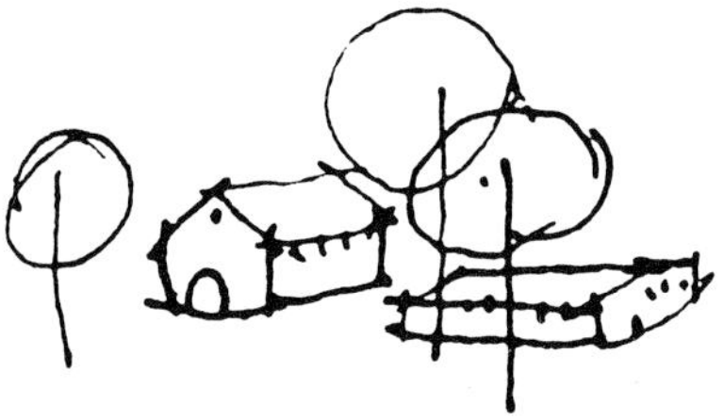

Am schwierigsten sind Diagonalen in eine Struktur einzuordnen. Mit ihnen verbindet sich die Wirkung des Perspektivischen, das erst in der Entwicklungsstufe der Pubertät ins Bewußtsein dringt. Jugendliche hängen ihre Poster diagonal auf, weil sie dadurch dokumentieren, schon weiter, nämlich bei der Bewältigung der perspektivischen Zusammenhänge zu sein – sie wissen um den Schritt, nur nicht um die Realisation –, ein Wunschtraum, der sich mit dem von der Identifikation der abgebildeten Sport- oder Musikstars deckt.

Holz als Struktur vermag kompliziertere Gegenstände aufzunehmen. Das ist besonders für Menschen in einem geschützten Rahmen eine günstige Voraussetzung, auch weil Holz senkrecht zu verstehen ist – in der Richtung des Wachstums – oder waagerecht – wie es zum Trocknen im Wald liegt.

Man stellt keine Stütze diagonal, weil sie ständig umzufallen droht, und das Auflager für ein begehbares Podest ist gleichfalls nicht diagonal vorstellbar, weil sonst die Dielen darauf und auch die Menschen, die das Podest betreten, ins Rutschen kommen.

Anbindungen

1. Raumteiler als Möglichkeit, Räume in kleinere Abschnitte zu gliedern.
2. Die Höhendimension der Räume.
3. Anbindungen zur Integration in die Raumarchitektur.

1. Raumteiler

Möbel, die die ganze Wandhöhe einnehmen, z.B. mit Gesimsen, die bis zur Decke reichen, sind selten. Die Industrie, bei ihrer Bindung an Serienproduktion und Standardmaße, kann sie, auf Raumhöhen bezogen, nicht berücksichtigen. Selbst ihre Etagen- oder Hochbetten wirken im Raum wie Möbel, vereinzelt. Diese Wirkung kann verbessert werden, wenn die Wände in dunklen Tönen gestrichen sind, olivgrün oder braun, und wenn dieser dunkle Anstrich auch oberhalb der Möbel erscheint. Eine helle, undifferenzierte Zimmerdecke jedoch hebt die zusammenziehende Wirkung der Farbe wieder auf, die es vermag, die Möbel als Teile unterzuordnen.

Soll ein großer Raum mehreren Funktionen dienen, ist es üblich, industriell gefertigte schrankartige Elemente als Raumteiler einzufügen, in beliebiger Höhe und Transparenz. Im sozialen Wohnungsbau, aber auch in Heimen und Kindergärten sind sie als Anbausysteme beliebt. Diese Raumteiler teilen nun aber gewöhnlich gar nicht die Räume, weil sie nicht bis zur Decke reichen, sondern diese fließt sichtbar durch, wodurch die Raumteiler trotz ihrer Anbindung an *eine* Wand nicht als raum- bzw. architekturgliedernde Elemente angesprochen werden können. Ist ein schrankartiger Raumteiler etwa 2 m hoch, so bleiben bei der heutigen Raumbauweise noch mehr als 50 cm bis zur Decke. Decke und Raumteiler bestehen aus verschiedenen Materialien: aus Holz oder Holzimitation das eine, die Decke beklebt mit weißer Rauhfasertapete. Durch die unterschiedlichen Materialien und den Zwischenraum bis zur Decke, beeinträchtigt auch durch das Licht, das den Zwischenraum betont, haben die beiden Elemente nichts miteinander zu tun und bleiben sich fremd.

Die Raumteiler, die in Kindergärten üblich sind, sind gar nur 80 cm hoch und teilen so den Raum gerade unterhalb der kindlichen Sichthöhe, sie teilen also den Raum eigentlich weder für die Kinder noch für den Betreuer. Bei näherem Hinsehen erweist sich dieses Raumteilverfahren lediglich als eine Gliederung in einzelne Spiel*flächen* wie Puppenecke, Bauplatz, Bastelecke, usw. Lediglich die Puppenwohnung ist oft auf einem Podest untergebracht, das über etliche Stufen zu erreichen ist, aber ebensowenig integrierter Teil des Kindergartenraumes ist wie alle anderen. In der Regel wird auf die Position von Türen und Fenstern, die zur Höhendimension gehören und markante Voraussetzungen für die Gliederung von Räumen sind, nicht eingegangen. Dieses Raumteilprinzip ist weitgehend auch auf Heime und Behinderteneinrichtungen übertragen worden, weil viele Betreuer ihre Ausbildung in

Fachschulen für Sozialpädagogik genossen haben und diese Art der Einrichtung dort kennenlernten.

2. Höhendimension

Die Höhendimension wird im Raumteilverfahren nicht bedacht. Sie aber macht erst zusammengestellte Flächen zum Raum. Vielfältige Möblierung der Grundrißebene führt zur Betonung der Fläche, des Flächigen, nicht des Raumes, und damit wirkt das Raumteilverfahren vom Ziel der Raumerfassung her eher retardierend als fördernd.

Erst die gestalterische Beschäftigung mit der Raumhöhe fordert dazu auf, nicht nur die Sohle der Räume zu nutzen und zu bevölkern, sondern über Podeste auch die oberen, höher gelegenen Bereiche als Betätigungsräume allgemein einzubeziehen – oder auch, wenn sie zu niedrig sind, sie zu Lagerräumen für Material, Spielzeug, Koffer, Instrumente, Nahrungs- oder Putzmittel zu machen.

Aus der Vergangenheit sind kassettierte und bemalte Decken bekannt; starke eichene Unterzüge, die Dielen als Auflager dienten, machten die Räume im oberen Bereich gewichtig und ließen den Blick auf die Höhe der Räume richten. Auch stuckierte Hohlkehlen und Deckengliederungen geben Zeugnis davon. Ihr optisches Gewicht faßte die Teile der unteren Zone zusammen. Das Gewicht eines Bildes liegt im oberen Bildteil. Um einem Wohnraum ästhetische Qualität zu geben, ist es gleichfalls notwendig, eine solche Gewichtung vorzunehmen. Es ist dies nicht mit flächigen Elementen allein zu schaffen. Vergeblich bemühen viele Jugendliche sich darum, wenn sie ihre Räume mit Postern dekorieren. Möbeln als Körpern ist im oberen Raumbereich am wirkungsvollsten mit Körpern zu begegnen.

Daß Möbel in Einrichtungshäusern oft sehr viel eindrucksvoller und stimmiger wirken als in den eigenen vier Wänden, liegt meist an den dunklen Deckenanstrichen und an dem verhaltenen, Weniges durch Punktstrahler betonenden Licht, das wir dort finden.

Hohe Räume, die oberhalb der Kopfhöhe leer bleiben, wirken beunruhigend, sie vermitteln keine Sicherheit, wenn man die Decke nicht fassen kann, und kein Geborgenheitsgefühl, was besonders auf klein gebliebene Menschen und Rollstuhlfahrer zutrifft.

Für die Herstellung von Zwischenetagen durch Einbauten allerdings sind hohe Räume sehr gut geeignet.

3. Anbindungen

Das Anschließen von Einbauten an die Architektur

In Räumen für Kinder oder auch für Menschen mit Störungen und Behinderungen ist gewöhnlich wenig Platz. Das rührt daher, daß ihnen wenig gewährt wird, aber meist ist auch der Boden der Räume mit Möbeln ungeschickt vollgestellt. Der Platz im oberen Raumbereich aber bleibt leer. Streng genommen wird die Bedeutung dieser oberen Raumzone nur aktuell und bewußt in Bedürfnisse und dann auch Wünsche einbezogen, wenn er registriert wird. Solange es nicht mindestens von den Betreuern gewünscht wird, bleiben Einbauten für alle Beteiligten unbefriedigend, weil die Voraussetzungen für die Annahme, das Bewußtsein, daß in der Höhe *Raum* zur Verfügung steht – und nicht nur auf der Grundrißebene – noch nicht vorhanden ist und in der Vorstellung der Wandel vom Flächigen zum Räumlichen noch nicht gelingt. Die gewohnte Ordnung scheint aus den Fugen zu geraten, wenn der Raum nicht mehr nur aus getrennten Flächen gedacht werden soll: der Grundfläche mit der Möblierung, auf der man sich eingerichtet hat, den Wänden, an denen die Bilder hängen, und der Decke, von der das Licht kommt.

Wesentlich ist das Unbehagen und die sich daraus ergebende Bereitschaft der Betreuer zur Veränderung.

Den Raum mit Einbauten auszustatten bedeutet, sich in ihn hineinzubegeben und die Decke nicht mehr in ihrer gewohnten Funktion zu empfinden, nämlich ausschließlich Leuchtröhren oder Lampen festzuhalten, ansonsten aber unerreichbar zu bleiben. Vielmehr wird die Decke dann zum begrenzenden Teil einer hochgesetzten Höhle oder eines Podestes, als intimem Raum für irgendeine Betätigung, z. B. das Nähen. Die Überlegenheit der Position oben kann Freude bringen oder zurückgeben.

Beispiele für Anbindungen in einer Wohnsituation

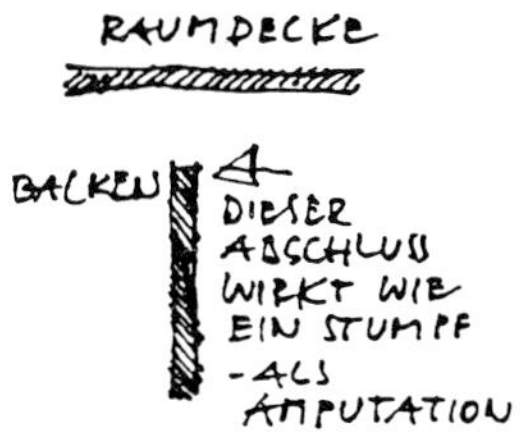

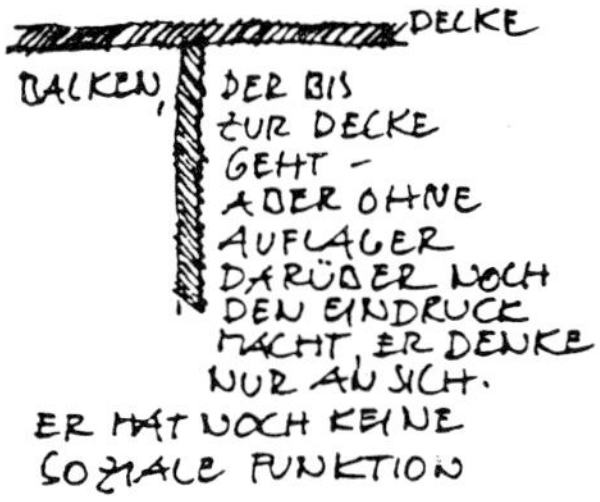

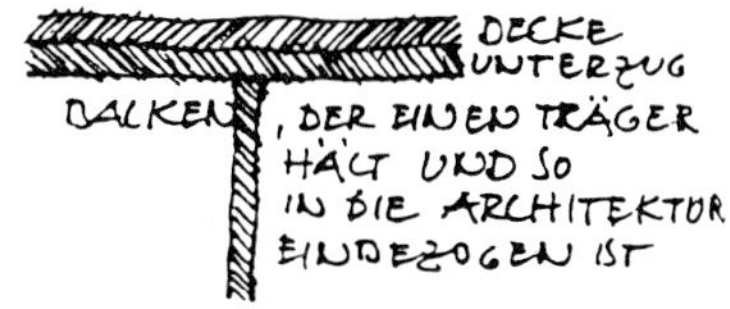

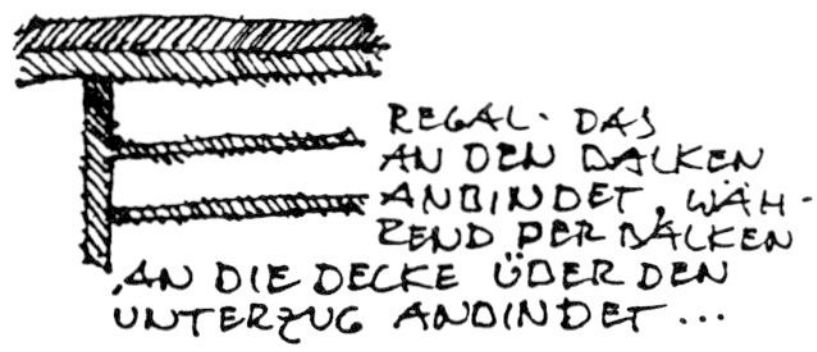

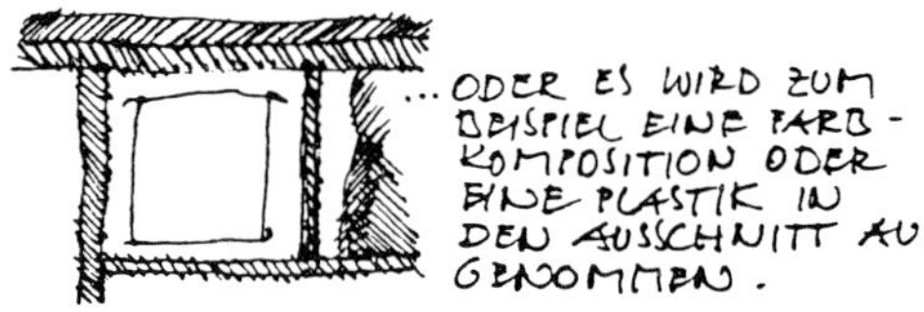

Durch ein Balkensystem, das vom Boden bis zur Decke und von Wand zu Wand reicht, und durch Kleinräume, die dadurch im oberen Bereich neu entstehen, werden Einzelteile im Raum integriert und wird Anbindung ermöglicht, direktes Anschließen und Verbinden der Einzelteile. Solche Anbindungen sollen Überleitungen bilden von den Raumgrenzen zum Rauminneren wie auch umgekehrt von dem aus, was sich im Raum befindet, bis zu den Wänden.

Es ist in einem Raum leichter, die Aufgabe des Einfügens zu erfüllen, wenn Ausschnitte in Raumteilern oder Regalen an Wänden Vorgaben leisten, als wenn diese Aufgabe vom ungegliederten Raum oder ungegliederten Wänden gestellt wird. Dann bietet es sich an, Verbindungen zu einer Zimmerdecke aufzunehmen, Elemente zur Tür, den Fenstern zuzuordnen, eine Arbeitsplatte an ein Fensterbrett anzuschließen, den Spiegel mit einem Konsolbrett zu verbinden. Der Spiegel soll den, der hineinschaut, nicht isolieren, sondern sympathisch mit seiner Umgebung verbinden, damit Selbstvertrauen entsteht.

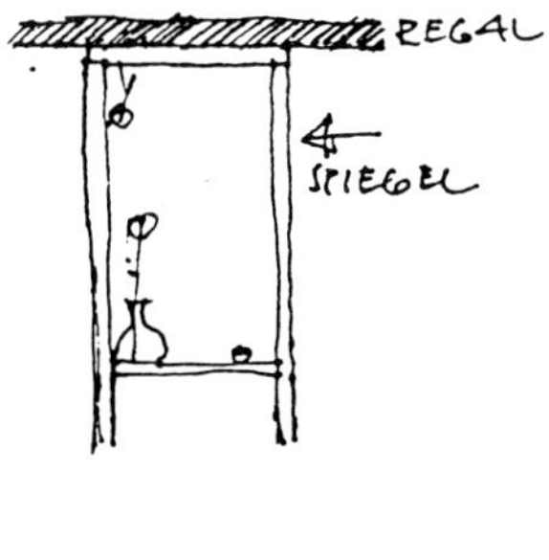

Mittel der Differenzierung im Wohnfeld

Die Einmaligkeit jedes Raumdetails

Die Lebendigkeit der Maserung zeichnet die Einmaligkeit jeder Holzeinbausituation aus. Das Bild der Maserung ist im Zusammenhang mit der Plastizität zu denken, weshalb besonders einfache Formen gewählt werden können. Die Unverwechselbarkeit, die dadurch zustande kommt, der Unterschied zwischen dieser und jener vom Format her an sich gleichen Ecke z. B. ist etwas, das mit keinem anderen Material zu erzielen ist, weshalb Weichhölzer wie Kiefer und Lärche für Menschen aller Altersstufen, die Konzentrations- und Orientierungsschwierigkeiten haben, sehr geeignet sind. Verstärkt werden kann dieser Eindruck des Einmaligen durch die Verwendung unterschiedlich starker Bretter und Bohlen innerhalb eines Regals, wobei sich die stärkeren oben befinden sollten. Das Maß der Zwischenräume wird von den Dingen bestimmt, die das Regal aufnehmen soll. Die unterschiedlichen Querschnitte wirken sich in der Ansicht als verschieden breite Linien aus und wirken gegen die Konformität der Teile. Es ist die Skizzenhaftigkeit, wie sie bei der Federzeichnung oder den Bleistegen farbiger Glasfenster die Lockerheit des grafischen Bildaufbaus kennzeichnet. Das kommt dort zustande durch das Variieren des Drucks auf die Feder, besonders beim Gänsekiel, der

Rohrfeder oder der biegsamen Stahlfeder, oder bei der Verwendung unterschiedlich breiter Bleie im Glasfenster. Hier beim Holz sind es die unterschiedlich starken Bretter und Dielen, die schon beim Einkauf mit ausgesucht werden sollten.

Es sind die Zwischenräume bei der Zeichnung, die Farbfelder der Glasfenster und die Bücher oder Gegenstände in den Regalbrettern, die auf diese Weise stärker ins Bewußtsein aufgenommen werden. Die Frage nach den Dingen, die umrandet werden, stellt sich intensiver, wenn der Rahmen aus der Uniformität in das Interesse gerückt wird.

Von der Höhle zum Bett

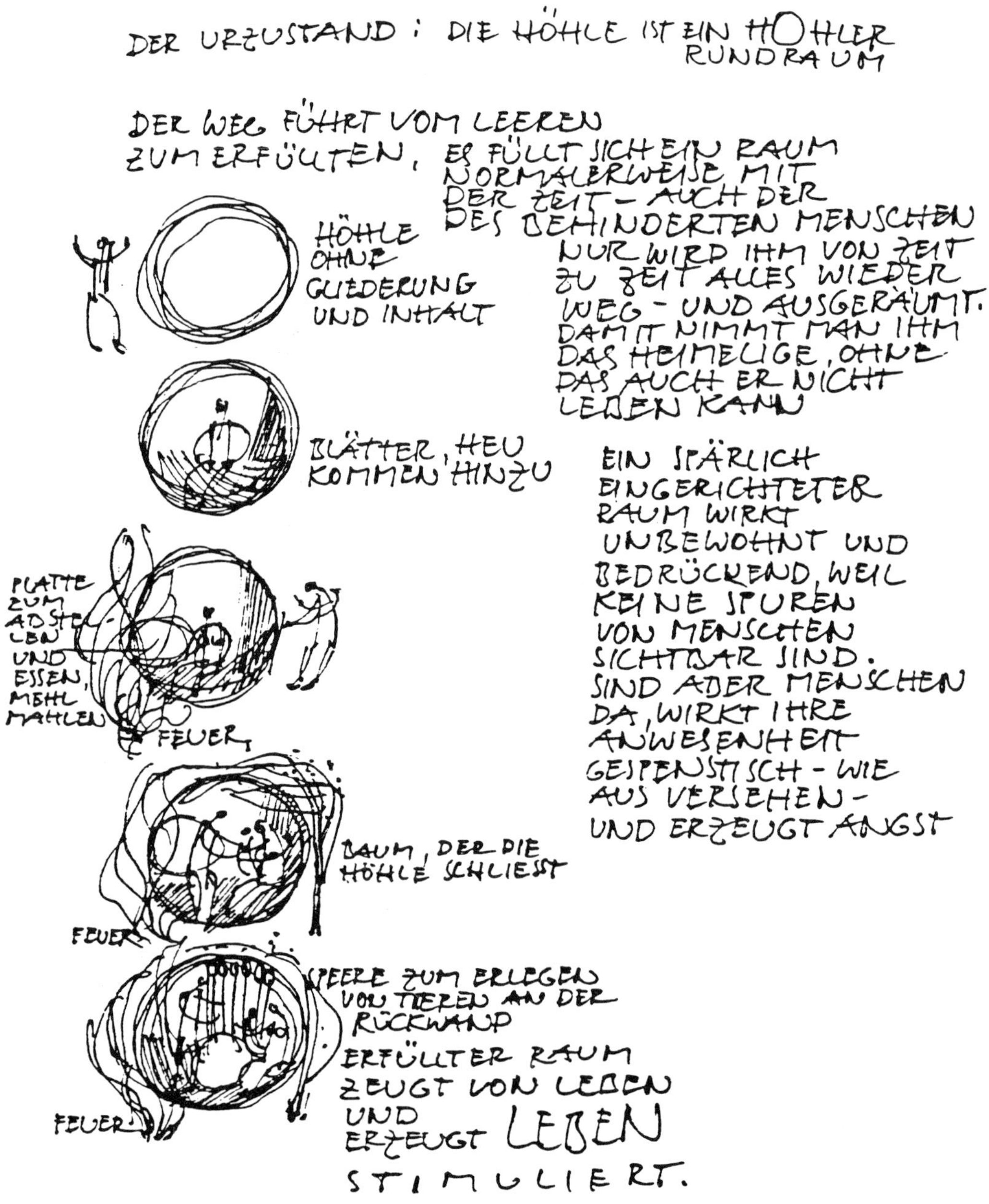

Die Kette, die aufgefädelt wird, ist Symbol für den Kreis. Kinder bauen mit Bauklötzen Türme, Zäune, Stadtmauern am liebsten kreisförmig.

Die Gewährung des Kreises im räumlichen Leben heißt nicht repressives Einschränken, Verwehren von Entwicklungschancen, sondern allmähliches, organisches Einüben. Zwar will der Kreis bewahren, schützen in seiner Tendenz nach innen, aber er besitzt eine Richtung nach außen zur Erweiterung des Radius, er ist auch expansiv. Der Gesichtskreis wird größer, ohne daß Konturen mit Ecken und Spitzen entstehen. Die Tendenz zum Kreis wird über die Möblierung der Raumecke oder durch Einbauten in den Ecken betont. Nicht zum Mittelpunkt hin sollten sich, wie beim alten Eßzimmer mit dem Eßtisch in der Mitte und dem Lüster darüber (noch immer wird das Licht genau in der Mitte des Raumes installiert), die Kraftlinien bewegen, sondern nach außen und dadurch Skizzenhaftigkeit erreichen.

Der Erwachsene noch hat die Gewohnheit, beim Schlafen, oder wenn er unglücklich, krank, verletzt, müde ist, friert, die Beine an den Körper zu ziehen (Embryohaltung, kreisförmig). In V. haben sich behinderte Bewohner, die aus einem Altbau in ein neu errichtetes Gebäude umgezogen sind, immer wieder zusammengekauert in Schränke gesetzt.

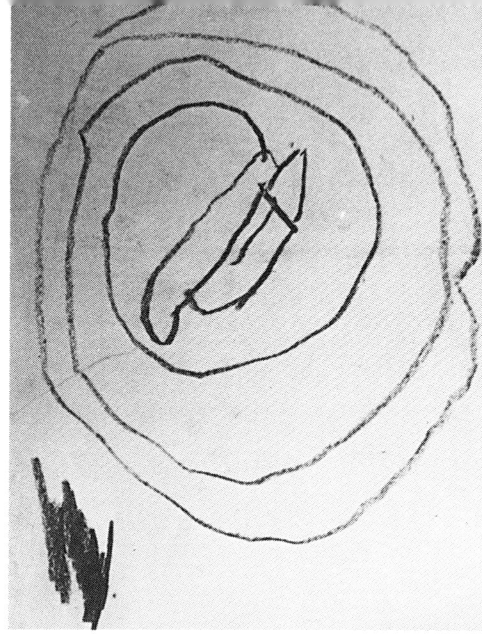

Ein vierjähriges Kind zeichnet Spuren auf dem Weg zum Kopffüßler, die seine Entwicklung markieren, in kreisende Bewegungen eingebunden.

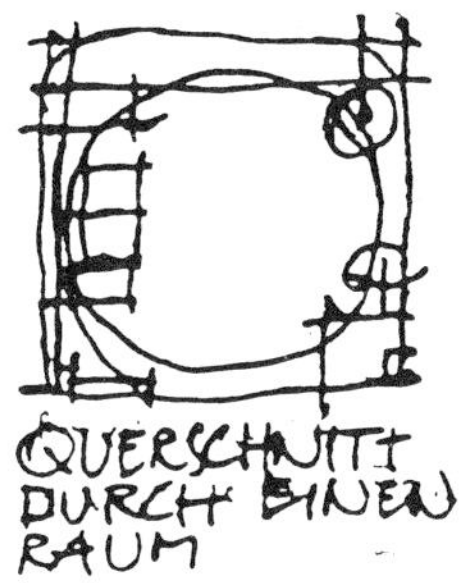

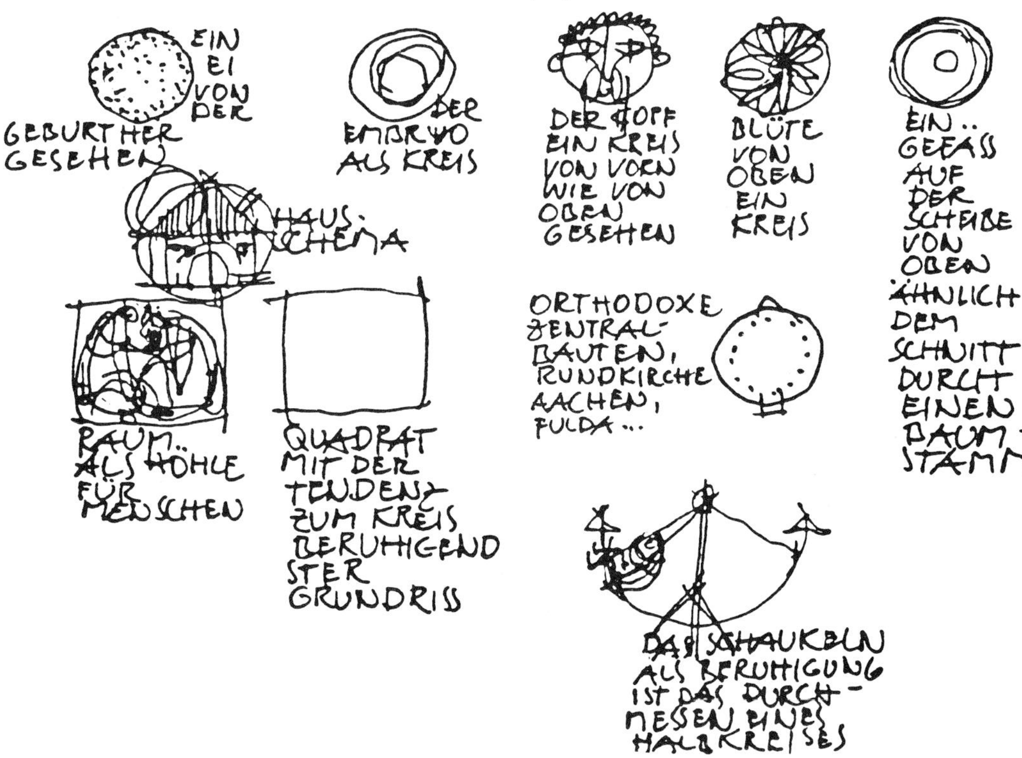

Auch die in sich gekrümmte Enge ist ein unermeßlicher Ort

Botho Strauß „Marlenes Schwester“

DIE HÖHLE,
NICHT DER WINKEL
ODER DIE ECKE
IST RÜCKZUGSRAUM.

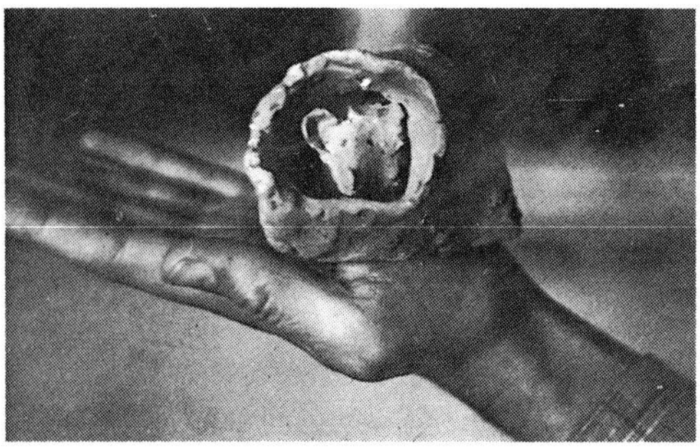

Bettelheim spricht in seinem Buch „Der Weg aus dem Labyrinth“ vom Schaukelpferd oder der Wiege als von Gegenständen, mit denen emotional gestörte Kinder Geborgenheit nachgeholt haben. Es ist die Kreisbewegung bei Schaukel, Schaukelpferd oder Wiege, die beruhigende Wirkung hat.

NJANJA, MUTTER, GROSSELTERN
SIND NICHT ZU ERSETZEN
DURCH NOCH SO GUT EINGERICHTETE
KINDERZIMMER.
DA ABER MIT IHNEN
IMMER WENIGER GERECHNET WERDEN KANN,
WIRD DIE DINGLICHE UMWELT
ZUR UNERLÄSSLICHEN STÜTZE.

Ein schwer verhaltensgestörtes und verängstigtes Kind formte eine Maus in ihrer Höhle. Die Höhle entspricht der Hülle, mit der es sich selbst zu umschließen wünschte. Sie sollte nicht zu weit entfernt, sondern nahe wie eine Bettdecke sein.

DAS GEGENTEIL
VON DICHTE UND WÄRME
IST LEERE UND VERLASSENHEIT.

Dieses Bild muß in Klammern gesetzt betrachtet werden; die reihenmäßige Bettung läßt uns erschrecken und bewirkt das Gefühl von Verlassenheit, Numerierung, Entpersönlichung, die den Anfang und das Ende des „menschlichen“ Lebens prägt.

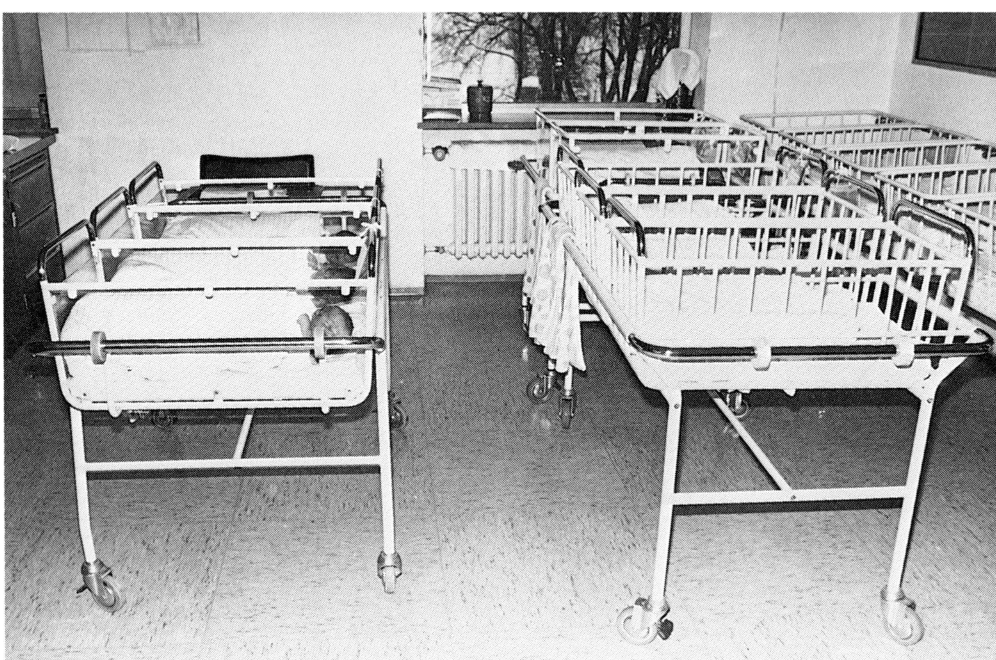

„Überall verleiht das Bett mit seiner Wärme und seiner Behaglichkeit dem Menschen ein Gefühl des Friedens und der Geborgenheit." A. Fraenkel betont bereits 1930 von ärztlicher Seite, „daß auch bei seelisch Normalen ein Schreckerlebnis durch nichts besser abreagiert wird, als durch einen Tag Bettruhe" (Bollnow, 1963, 168).

Das Bett

„Stühle kann jeder besitzen, aber nur dem Einzelnen gehört das Bett, auf dem er sitzt."

Bruno Bettelheim

Jede Bettsituation muß einmalig sein, nicht nur das Bett selbst, sondern die Anordnung dessen, was sich um das Bett herum befindet: Regale, Ablagen für Kleidung, Sitzgelegenheiten, Kleiderschrank. Das Bett ist Burg, für Kinder zumal, aber auch der Ort zum Träumen.

Krankenhausbetten, Kasernenbettgestelle oder Gefängnisbetten aus Metall, weiß oder grau gestrichen, bieten das Gegenteil. Sie machen den darin Liegenden zu einer Nummer, vielleicht zu einem Fall, dem gewisse Therapieprogramme zugeschrieben werden. Aber sie machen ihn nicht zu einem Bewohner, der er durchaus auch als Liegender sein kann. Solche Betten in einen Raum einzufügen und mit ihnen Wohnlichkeit herzustellen, ist unmöglich, sollen sie doch gerade das Vorübergehende der Aufenthaltssituation signalisieren. Krankenhausbetten sind fahrbar, was für den Bettlägerigen, der sich nicht selber helfen kann und unter Umständen am schmerzlosesten auf diese Weise von einem Zimmer zum anderen geschoben wird, eine Erleichterung sein kann. Hingegen sollte sehr genau erwogen werden, welchem behinderten oder gestörten Menschen man ein solches Bett zumuten möchte. Der finanzielle Aufwand ist beträchtlich, und doch bringt ein solches Bett für einen Bewohner, der kein „Pflegefall" ist, also auf ein solches Lager nicht angewiesen ist, den Nachteil, nirgends eine feste Position zu haben, die als Ausgangspunkt für den Tag und

ES IST BESSER,
WENN KINDER
IHRE BETTEN
BEMALEN
KÖNNEN,
ALS WENN SIE
BETTEN MALEN

befriedendes Ziel für die Nacht Sicherheit, Schutz verspricht und gewährt. In guter Meinung werden bei Erstausstattungen in Schwerstbehindertenheimen solche Krankenhausbetten angeschafft, die, von der medizinischen Versorgung her gedacht, das Leben der Gruppe außerordentlich beeinträchtigen, wenn sie nicht sogar das, was Leben genannt werden kann, unmöglich machen, denn ein solches Möbel ist ein Apparat und ist beherrschend, weil man es manövrieren kann. Anbindung, Geborgenheit ist *so* überzeugend nicht zu leisten.

Für den Neubau eines sogenannten Förderhauses in E., der als Schwerstbehindertenhaus, irrtümlich im Krankenhauscharakter konzipiert war, wurden für die 120 zu erwartenden Bewohner nur Krankenhausbetten angeschafft, obgleich abzusehen war, daß nur 25 bettlägerige Behinderte einziehen würden. Dadurch wurden alle zu Patienten gemacht. Als sich im Laufe der Zeit herausstellte, daß die aufwendigen und schwerfälligen Betten für den Normalgebrauch viel zu hoch waren, so daß sich ein ungelenker Mensch nur mit Mühe auf sie schwingen konnte, wurden einfache Betten gekauft. Die Krankenhausbetten stehen nun seit mehr als 10 Jahren im Keller.

Podeste

Podesteinbauten gliedern Räume. Sie sind nicht als Miniaturwohnungen gedacht, sondern als Teile der bestehenden Räume, die ein Angebot zum Spielen, Schlafen, zur vielfältigen Betätigung enthalten. So dienen sie vielen Zwecken und können von unterschiedlicher Gestalt sein: teilweise zu den Seiten hin offen; geschlossen und mit kleinen Fenstern oder brettbreitem Spalt in Sehhöhe; mit einer Türe ausgestattet, die abschließbar sein kann; begehbar oder als Stauraum für Material, Spielkästen oder -truhen und Polster. Dunkle Nischen oder Höhlen lassen sich in gleicher Weise herstellen wie Podeste zum Bauen oder für darstellendes Spiel. Das Kombinieren von Ebenen ergibt sich dabei durch das Hochsetzen horizontaler Flächen von selbst. Auch wenn der untere Bereich nicht „bewohnbar" ist, kann er der Unterbringung von Kästen und Schüben dienen.

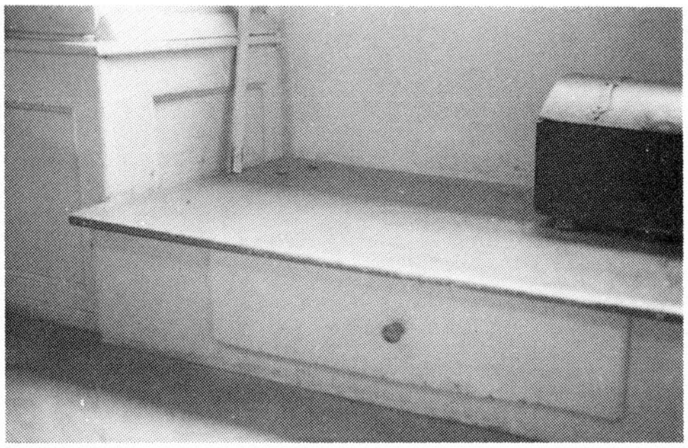

Podest in einer Fensterlaibung

Aneinandergefügte Podeste verschiedener Höhe ergeben Spiel- und Betätigungslandschaften, in die sich auch das Bett mit einbeziehen läßt. Leitern, Treppen, Strickleitern und Taue verbinden die Ebenen miteinander. Textile Gewebe, Leinen oder Rupfen, gespannte Netze, Schnüre schließen sich an die Holzkonstruktion an, machen das Angebot reicher zum Festhalten, Anlehnen, Sitzen, Befestigen von Gegenständen und betonen und verdichten das Erlebnis von Strukturen. Wolldecken zum Kuscheln, Stoffe zum Abdunkeln der Öffnungen, Kissen und Polster haben für Rückzugsbereiche die Bedeutung anpassungsfähiger, einhüllender Elemente.

Solche Podesteinbauten sind in vielen Fällen die einzige Chance der Ausdehnung zur Erweiterung des Spiel- und Betätigungsangebotes. Sie ermöglichen:

1. Flächengewinn auf der horizontalen Ebene, Differenzierung der Raumgrößen und -höhen;
2. kindgemäße Proportionierung der Räume und dadurch Geborgenheit;
3. größere Wahrnehmungsfülle, welche Vertrautheit mit der Umwelt entstehen läßt.

Nicht nur da, wo zu wenig Platz für Kinder vorhanden ist, sondern allgemein, wo Kinder aufwachsen, kann durch das Einbauen von Podesten in unterschiedlichen Höhen, die gleichzeitig Nischen und Mulden einschließen, die Größe und Qualität der Bewegungs-, Spiel- und Betätigungsbereiche erweitert werden. Verkehrszonen um Eingangs- und Balkontüren lassen sich überbauen und erhalten dadurch im oberen Raumbereich Wohnwert, den sie wegen des Öffnens der Türen im unteren nicht haben können. So entstehen bewohnbare Spielzeuge wie Häuser, Höhlen und Schiffe, die nicht weggeräumt werden müssen.

Podeste sind vertikale Raumteiler, durch welche besonders auf die Körpergröße von Kindern eingegangen wird. Das fällt besonders bei Altbauwohnungen ins Gewicht, in welchen die Raumhöhe oft über drei Metern liegt. Gewöhnlich ist es dort nicht möglich, den Bereich über zwei Metern Höhe zu nutzen. Dadurch ist das Wohnen ungemütlich, wozu auch die akustischen und wärmetechnischen Begleitumstände negativ beitragen. Podeste gliedern solche Räume durchaus positiv, wobei nicht übersehen werden sollte, daß sich ein Kind von 90 cm Größe – das entspricht dem Alter von 2 bis 3 Jahren – unter einem Podest in der Höhe von 1,80 m wie ein Erwachsener fühlt, der sich in einem Raum von 3,60 m aufhält. Erst bei 8jährigen gleicht sich die Größe dem Verhältnis zur Raumgröße an, die Le Corbusier für richtig hält, wenn er den Bewohner mit ausgestrecktem Arm die Zimmerdecke erreichen läßt. Alles im Raum, schließlich auch die Decke erreichen zu können, entspricht dem Grundbedürfnis nach Schutz und Sicherheit, wie es am vollkommensten die Höhle gewährt. Aus verschiedenen Gründen ist es notwendig, dem nachzukommen. Das Kind im Vorschulalter, aber auch das ältere, ist dem sich höhlenartige Behausungen schaffenden Menschen früherer Zeiten vergleichbar. Es braucht Schutzräume, nicht erst nur bei Schamgefühlen und aufkommenden Zweifeln im sogenannten Trotzalter. Es verlangt nach räumlicher Ergänzung und nach Ersatz bei Ablösungsversuchen von der Mutter. Auch später ist die Höhle als Unterschlupf bei abenteuerlichen Spielen begehrt. Das Darstellen von Häusern in Kinderzeichnungen, fast so häufig wie das menschlicher Figuren, läßt auch auf das Bedürfnis nach schutzgewährender Behausung schließen.

Kinder klettern gern. Sie wollen gelegentlich über den anderen sein, wenigstens manchmal so groß wie Erwachsene und für sie unerreichbar. Die Angst, Kinder könnten dabei zu Schaden kommen, leicht fallen, über Stufen und Schwellen stolpern, hat sich durchgehend als unbegründet erwiesen. Die Angst der Erwachsenen ist es, welche die Unsicherheit der

Podestlandschaft in dem langgestreckten Raum eines Kindergartens. Um die Treppe nicht zu steil erscheinen zu lassen, wurde eine Unterbrechung mit einem Absatz gebaut. Sie beginnt auf einem Spielpodest, das an eine Sitzecke angrenzt. Drei von sechs Fenstern sind verbrettert worden, um für den Aufenthalt in der Sitzecke und zum Bauspiel angenehmere Lichtverhältnisse zu schaffen.

Einbauten zur Raumdifferenzierung in einem Kindergarten. Die Kinder können sich jetzt über Galerie und Podeste der völlig unangemessenen Raumhöhe bemächtigen. Der ehemals lichtüberflutete, daher körperlos wirkende Raum weist jetzt differenzierte Hell-Dunkel-Abstufungen auf, die das Raumempfinden stärken.

Kinder heraufbeschwört, während sie an sich sicher mit den Dingen umzugehen verstehen. Wenn wir ständig mit der Angst um die Sicherheit der Kinder leben, können wir sie nicht als sichere Menschen ins Leben entlassen. Zur Besonnenheit beim Klettern trägt die Motivation bei. Wenn ein Podest erreicht werden kann, welches Spiel- oder Rückzugsmöglichkeiten bietet, wird sie lebensvoller sein als an der Sprossenwand.

In der durch Podeste und Nischen erzielten Kleinräumigkeit ist das Greifen der Wände und Decke und damit die Begreifbarkeit der nächstliegenden Umwelt selbstverständlich: Erweiterung des Bettes zunächst, später Spielraum und Aktionsbereich z. B. für Rollenspiele. Wände und Decke sind aus Holz. Weiche und strukturierte, einfarbige Stoffe oder Teppiche tragen dazu bei, dem Kind seine nahe Umwelt vertraut zu machen. Die durch das Holz gedämpfte Akustik und differenzierte Lichtverhältnisse verstärken das Gefühl der Geborgenheit, die das Spielen erst zu sensibilisierendem Erleben macht und Kreativität anbahnt. Ein Podest von 30 cm Höhe an der Wand oder in einer Zimmerecke gewährt einem kleinen Kind bereits einen beträchtlich veränderten Eindruck des Raumes, in dem es sich aufhält.

Öffnungen im Raum

„Wenn der Soldat heute nachdenkt, an was er sich als erstes in seinem Leben erinnern kann, dann sieht er sich in einem großen Raume auf dem Fußboden sitzen. Der Boden besteht aus Brettern und er fährt mit dem Finger die Striche entlang. Er weiß nicht, was er tut. Er weiß nur, die Fenster sind hoch, sehr hoch, überhaupt ist alles so hoch, als wäre der Plafond der Himmel."

(„Es war einmal ein Soldat", in: Ödön v. Horváth: Die stille Revolution. Frankfurt a. M. 1981)

Öffnungen in Räumen sind Türen und Fenster. Ihre Funktion ist eine zweifache – zu öffnen und zu schließen, wobei die letztere für Türen besonders einleuchtet. Eine offene oder halboffene Tür beunruhigt den, der sich in einen Raum zurückziehen möchte. Türen aus Glas oder mit Glasteilen ersparen vielleicht die Gangbeleuchtung oder erfüllen Kontrollfunktionen. Raumschließend sind sie nicht.

Gegliederte, auf Rahmen und Füllungen gearbeitete Türen in alten Gebäuden sollten nicht durch neue Türblätter und -zargen ersetzt werden, wenn es zu umgehen ist. Die alten schönen Türklinken, ja das unterschiedliche Knarren, wenn man die Türen öffnet oder schließt, machen sie einmalig, was für die Orientierung hilfreich ist. Nicht überall lassen sich Orientierungszeichen den Türen zuordnen. Unterscheidung durch Farben aber ist längst nicht so wirksam und für alle Behinderungsarten geeignet wie der haptische und akustische Eindruck.

Für unseren Wohnaspekt sind Fenster noch bedeutsamer als Türen. Sprossenfenster sind immer seltener in sozialen Einrichtungen anzutreffen. Früher waren sie üblich. Jetzt werden sie unaufhaltsam, vorgeblich aus Spar-

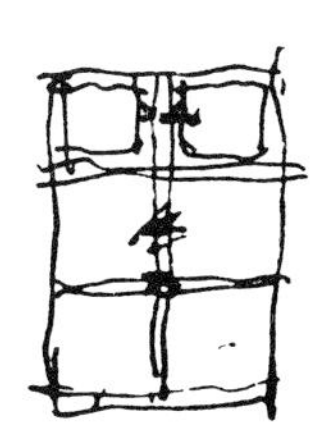

Entwürfe als Beispiele für Orientierungszeichen aus schamottiertem Ton, stellenweise glasiert.
Sie sollen die Monotonie der Türen kompensieren.

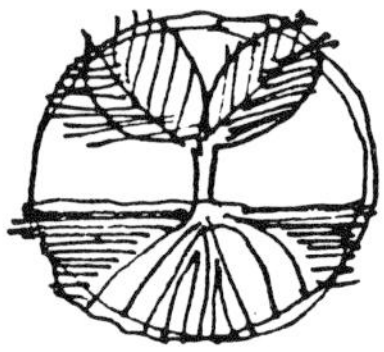

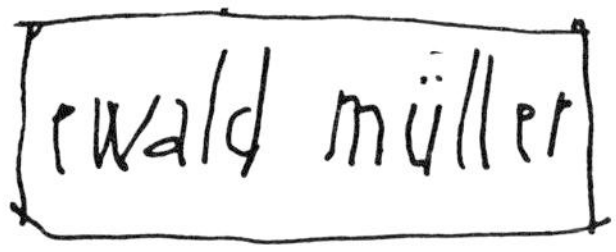

... und von Namensschildern, die gleichfalls neben der Tür in die Wand eingelassen werden können.

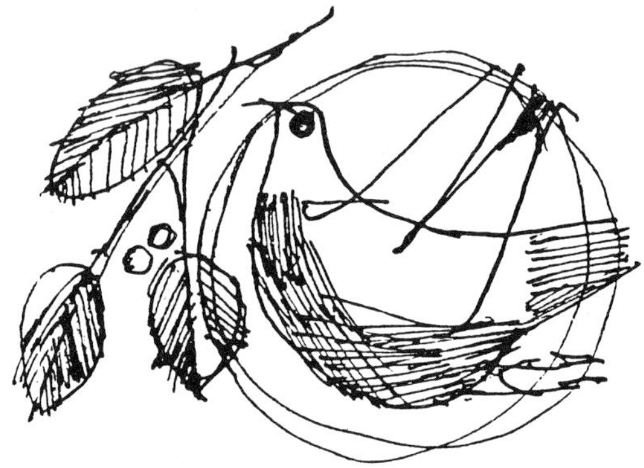

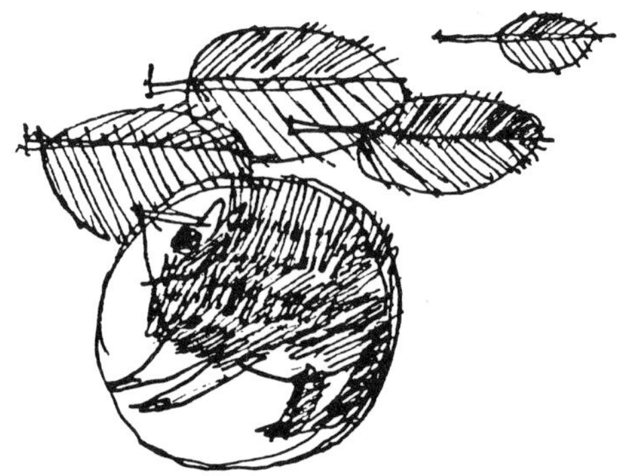

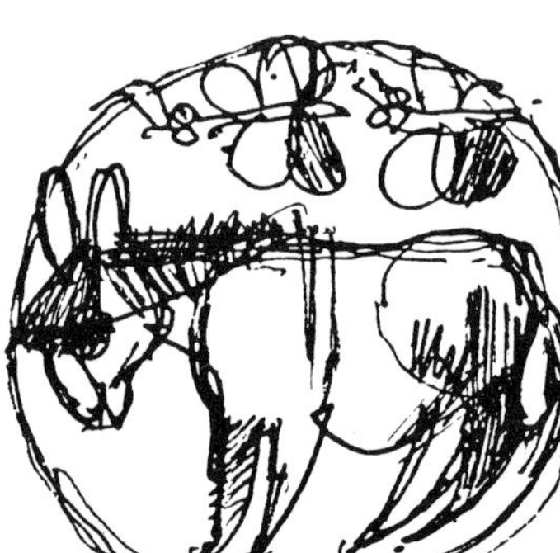

samkeitsgründen, eliminiert und durch ungegliederte Fenster ersetzt, durch neue Fenster als Riesenöffnungen, alle im gleichen Format. Behinderte Bewohner können sie nicht öffnen, nicht bewegen, oft nicht einmal durch sie im Sitzen hinausschauen, weil die Rahmen zu breit geworden sind. Aus einem ungegliederten Fenster zu schauen bedeutet, sich nicht in einem Innenraum zu fühlen, sondern draußen zu sein, das um sich zu haben, was draußen ist – nicht aber, wie beim Sprossenfenster, etwas Geordnetes, gleichsam ein Transparent mit Stegen zu betrachten, sondern ein undifferenziertes Außenbild. Man ist also angewiesen auf die Komposition, die der zufällige Ausschnitt aus der Natur, meist aber einer durch die Zivilisation verunstalteten Umgebung, bietet.

Da die Großfenster aus statischen und Sicherheitsgründen starke Rahmen haben müssen, die Brüstungshöhe aber gewöhnlich gleich hoch wie vorher bleibt, erhöht sich die Unterkante des Ausschnittes für die wirkliche Sicht und befindet sich oft bei 1,10 m.

Im 19. Jahrhundert wurde das Problem zu hoher Brüstungen durch Podeste gelöst, welche sich am Fenster befanden und etwa eine Trittstufe hoch waren.

Es scheint uns wichtig, daß *Durchblicke* auch innerhalb der Räume ermöglicht werden. Wenn sich Durchblicke nur nach außen richten, ist ihre Funktion auf das Einlassen von Licht reduziert. In alten Gebäuden hatten die Fenster etwa die Größe der Türfüllungen und

Das Blatt aus Carl Larssons „Haus in der Sonne“ zeigt ein durch feine Gliederung differenziertes Fenster; Überleitung der Fensterbank zum Raum durch Vertäfelung, Fensterpodest. Eine auf den Menschen bezogene, vollkommene Raumarchitektur.

Podest in einem Kindergarten

hatten ähnliche Funktionen: Räume nach außen abzuschließen. Fensterläden haben diese Aufgabe noch unterstrichen.

Wenn man in der volks- und heimatkundlichen und in der Architektenliteratur Fenster abgebildet findet, sind sie immer von außen gesehen. Auf dem Mythos, daß es richtig sei, Häuser primär von außen zu denken, der von der kunsthistorischen Betrachtungsweise und der Klassik stammt, aufzubauen, und an den dörflichen, klein- und großstädtischen Fassaden restaurierend nur mit den Mitteln der Farben verbessern zu wollen, ist Unkultur schlichtweg, das Erstellen von Farbleitplänen der Gemeinden eingeschlossen. Das Leben beginnt in der Kinderstube – nicht an der Fassade oder mit dem Baedecker auf der Straße, sondern in den Räumen. Die Fassaden können nicht über die Lautstärke noch über die Geschwindigkeit des Verkehrs draußen hinwegtäuschen, weder durch ein farbiges noch formenreiches Mäntelchen. Die Konsequenz humaneren Lebens kann nur bedeuten, vom Innenraum her zu denken. Die umgekehrte Richtung ist unglaubwürdig.

Die Fenster hatten früher außen verstärkte, profilierte Leibungen, rundum wie ausgestülpt, Verdichtungen. Innen waren Gardinen. Wo solche Fenster noch vorhanden sind, sollten sie unbedingt erhalten werden, um sie behinderten Menschen durch ihre Handlichkeit bedienbar bleiben zu lassen.

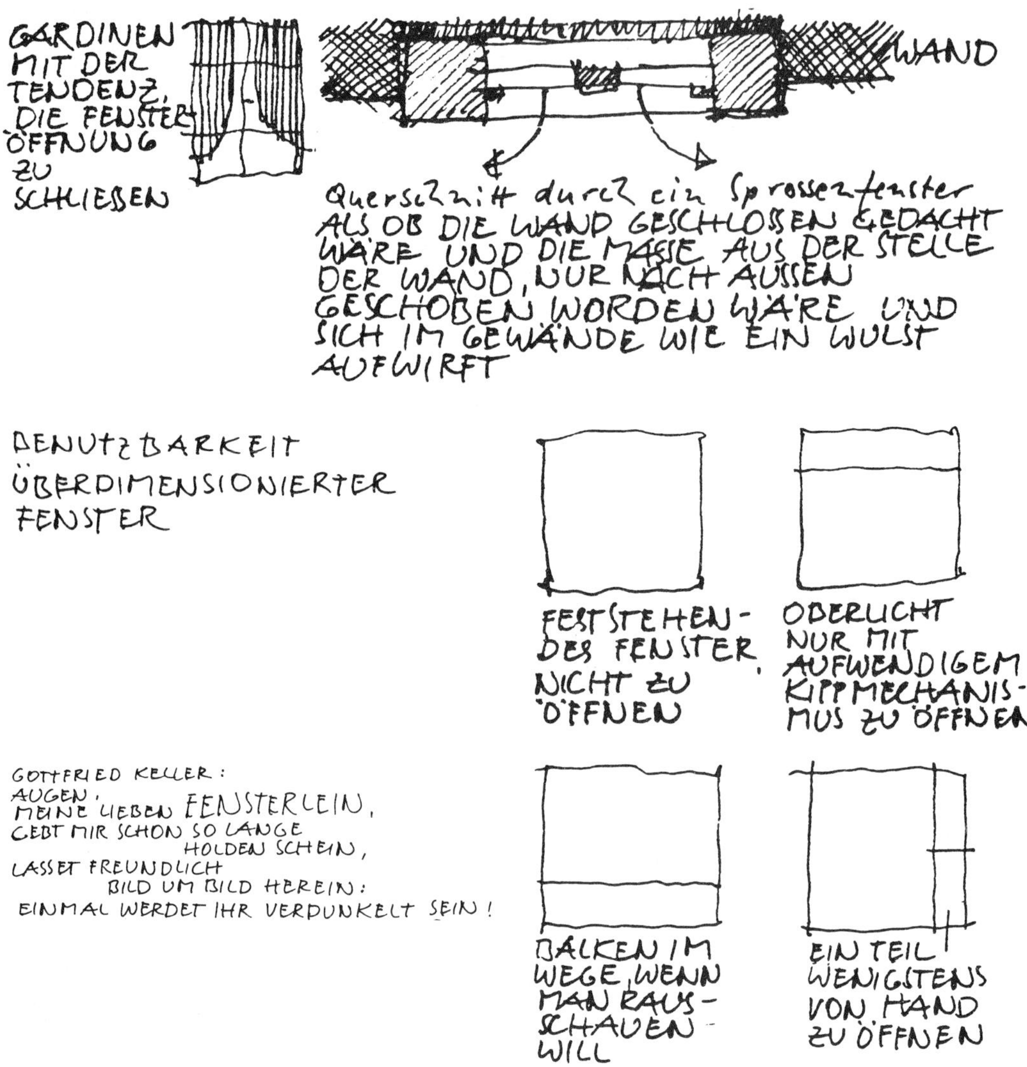

„Eine Umweltgestaltung, die reich an Beobachtungsmöglichkeiten ist, ist besonders wertvoll für den geistig behinderten Menschen, da er durch Beobachtung nicht nur stimuliert, sondern auch im Lernen unterstützt wird. Beobachtungsgelegenheiten müssen interessant gemacht werden. Ein kleines rotes Guckfenster z. B., durch das Kinder zusehen können, wie andere Schuhe putzen, wird anziehender sein, als die Tür, durch die man hineinsieht. Stufen, die zu einem kleinen Balkon führen, von dem man Kindern beim Spielen zusehen oder Leuten beim Tanzen und Arbeiten zusehen kann, werden größere Anziehung haben als Stufen, die einfach nach oben führen“ (Günzburg 1979, 43f.).

Große sozialpädagogische Einrichtungen erkennt man häufig schon von weitem an den bemalten Glasscheiben, wenn sie ungegliederte großflächige Fensterwände haben. In den Räumen ist es am Zwinkern und Augenkneifen der Bewohner zu erkennen, wie heftig auf die Arbeitsplätze das Licht fällt. Meist schutzlos – ohne Vordächer oder Sonnenblenden sind sie ihm ausgeliefert, lange Zeit galt es als fortschrittlich in der Architekturmode, Häuser mit Glaselementen üppigst auszustatten.

Leider sind in der Praxis gewöhnlich die Fenster die einzigen Stellen, die für großflächige Bemalung freigegeben werden, aber erstens sind verputzte Wände dazu besser geeignet – der Körnigkeit des Untergrundes wegen –, und zweitens merkt man den Zweck, die Weite der

Eine Möglichkeit zur Fenstergestaltung im Innenraum

Eine Möglichkeit, ein modernes Fenster zu verkleinern

lichtdurchlässigen Außenhaut zu verringern, und ist verstimmt. Weshalb nicht gleich kleinere Fenster? Was sich durch die Riesenscheiben an Himmel zeigt, spielt für die Aussicht ohnehin keine wesentliche Rolle.

Denken, Lesen und Rückzug sind miteinander verbunden. Die Helligkeit also, die von Beleuchtungsfachleuten als Richtwert genannt wird, ist unbedingt zu hinterfragen – zumal das Lesen und Denken nicht die einzigen Verhaltensweisen sind, die verhaltenes Licht verlangen. Deshalb ist zu überlegen, in solchen Gebäuden einen Teil der Fensterfläche zu schließen. Abgesehen von der Möglichkeit, Fenster zu verbrettern, um Kleinräume zu schaffen für Gespräch, Spiel, Vortrag, Bauen, sind auch Bleiverglasungen in Echtantikglas möglich, damit das Licht einen günstigeren Stellenwert in der Raumkonzeption erhält. Die Reflexe auf dem Boden, an den Wänden oder auf den Tischen können, abgesehen vom Regulieren der Lichtfülle, jedem Raum etwas Besonderes geben.

Das Loch in der Wand

Ein solches Loch in der Wand hat eine große Faszination und läßt das Gefühl der Geborgenheit noch intensiver werden. Man kann schauen, wird aber selbst nicht erblickt, wenn die Öffnung unauffällig im Dunkeln oder im Schatten liegt.

Eine Öffnung in einem raumteilenden Element oder der Wand läßt den Blick des auf einer Matte auf dem Boden liegenden, sitzenden oder stehenden Bewohners in den benachbarten Raum in unterschiedlichen Perspektiven zu, je nachdem, wohin sich jemand durch Veränderung des eigenen Standortes bewegt.

Entscheidend für die Stimulation und die optische Sensibilisierung wird immer sein, was sich in dem Raum befindet, in den man schauen oder gelangen kann. Das Loch in der Wand ist der „Umstieg". Anreiz zum Hinschauen muß von dem ausgehen, was sich dahinter befindet. Wenn sich etwas bewegt durch die Tätigkeit von Menschen oder die Lebendigkeit von Tieren, ist die Aufmerksamkeit am meisten gefordert.

Ältere Menschen erinnern sich aus ihrer Kindheit an kleine Fenster oder Durchblicke:

- Ein kleines Fenster zwischen dem Kolonialwarenladen und dem danebenliegenden Wohnzimmer hatte einen besonderen Zauber. Die Krämerin schaute hindurch, wenn sie im Zweifel war, ob ein Käufer eingetreten war – das Kind schaute vom Laden her in das Zimmer, eine ihm sonst verschlossene Welt.
- In dem Ofen mit großen Gußeisenplatten aus dem 15. Jahrhundert, der zwischen Gaststube und Wohnzimmer in R. stand und beide wärmte, waren Schlitze, so daß man in jedem der Räume ein wenig vom Leben des anderen mitbekam: Geräusche, Gerüche, Licht, die Bewegungen der Menschen und des Hundes.

Ist die Produktion in der Werkstatt für Behinderte schon auf monotone Teilarbeit gerichtet, so schafft die Hühnerhaltung vor dem Fenster wenigstens ein visuelles Gegengewicht. (Aus einer Werkstatt für Behinderte in Holland)

Ausschnitt in der Fußwand eines Bettes

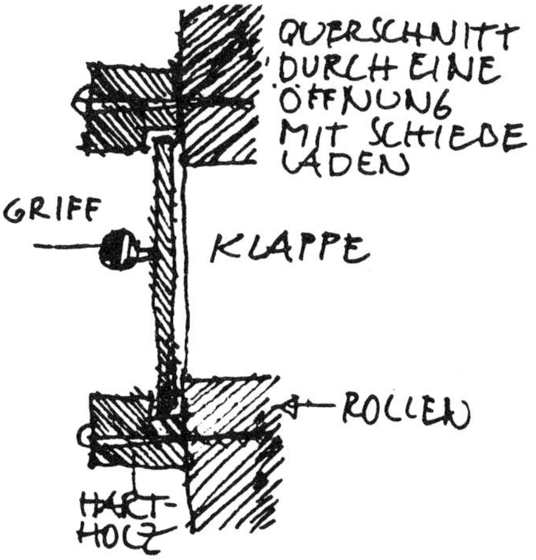

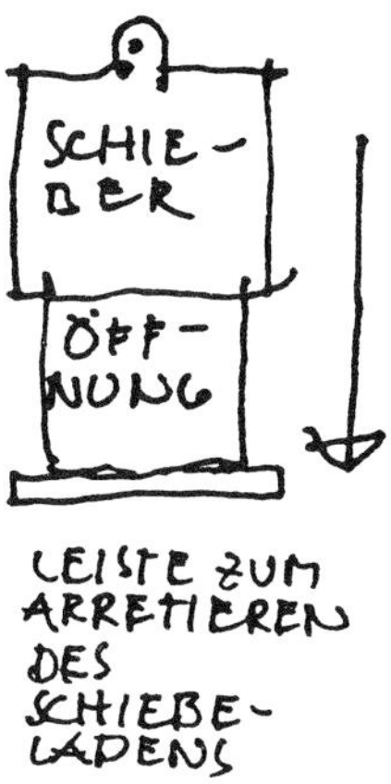

„Das Loch ist ein ewiger Kompagnon des Nicht-Loches: Loch allein kommt nicht vor, so leid es mir tut."

(„Zur soziologischen Psychologie der Löcher", in: Kurt Tucholsky: Zwischen gestern und morgen, 1961)

Die Öffnung in der Wand, die durch einen Schieber zu schließen ist, stellt eine Differenzierung des kleinen Fensters dar – gleichsam mit eingebautem Fensterladen, eine Figurentheaterbühne mit hölzernem Vorhang – durch den Griff von der Seite zu betätigen.

Oft werden Vorhänge, Kissen, Packpapier vor Öffnungen in Höhlen und Podesten gehängt oder auf andere Weise angebracht, damit es innen dunkler wird. Über solche Schieber jedoch läßt sich das Licht noch besser und müheloser regulieren, wo es angebracht ist. Auf jeden Fall wird es so möglich, Wand und Fenster zu relativieren. Alte Häuser in kleinen fränkischen Dörfern haben ähnliche Schiebefensterläden außen an der Hauswand, die in einem Rahmen aus Leisten sitzen, in welchen sie gleiten und gehalten werden.

Gestalterische Probleme und Lösungen: Ausgleich, Übergang und Diagonale

1. Verschiedene Möglichkeiten, Breitenunterschiede von Sitz- und Regalflächen auszugleichen, sollen zunächst beschrieben werden:
   Es ist möglich, daß durch das vermittelnde Ausgleichen von Ecken breite Bretter erhalten bleiben können, z. B. als Abstellfläche, Sitzebene oder als senkrechte Wange, die ein Regal begrenzt. Gleichzeitig bewirkt die s-förmige Krümmung der Kontur, daß eine durchgehende Linie durch die Kurve unterbrochen wird, daß nicht alles auf das Einfachste reduziert wird, sondern weiche Formen mitspielen, die sich auf das menschliche Wohlbehagen auswirken – nicht nur im Verlauf der Maserung, um einen Knorz im Holz herum, sondern auch als Begrenzungslinie, zur Verdichtung einer plastisch-räumlichen Situation in einer Sitzecke, an einem Regal, in einer Bettnische.

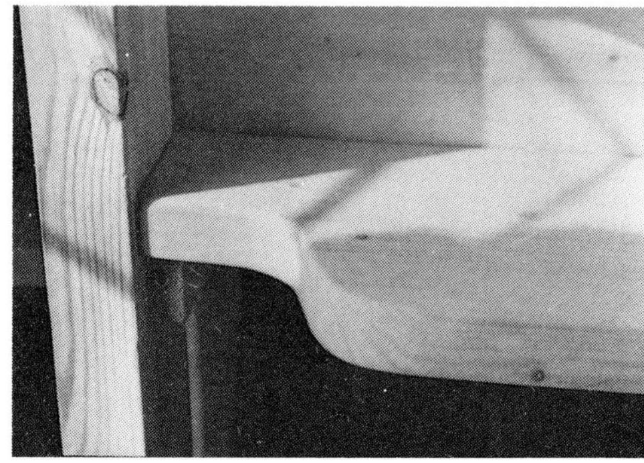

Horizontales Brett, das breiter ist als der Ansatz, dessen Breite aber nicht geschmälert werden soll. Die Schwingung sollte die konvexe, weniger die konkave Form hervorheben. Vorspringende Sitzflächen erfordern Dielenstärken, welche der zu erwartenden Belastung standhalten.

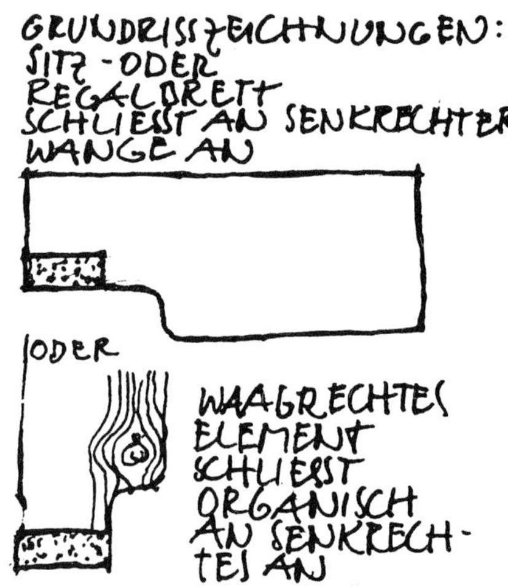

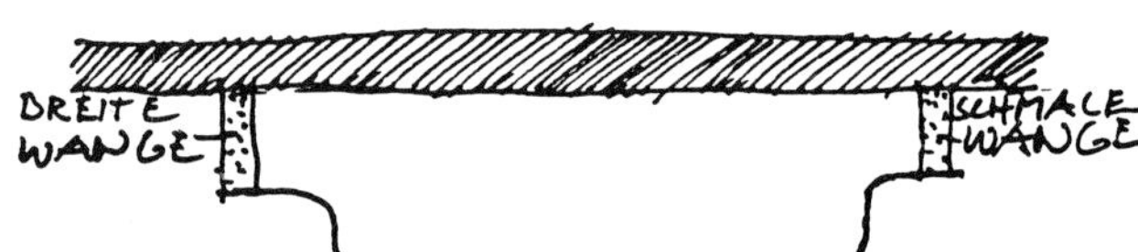

2. Übergänge
   Der menschliche Körper ist kein undifferenzierter Klumpen. Es sind überall Übergänge da, die unterschiedliche Details miteinander verbinden: vom Arm zum Brustkorb, vom Hals zum Kopf. Die Betonung solcher Übergänge trägt zur Einheit des Ganzen bei, schafft Verbindungen und wirkt der Tendenz zur Vereinzelung und Gegenständlichkeit entgegen.
   Diesen Gesichtspunkt auf das Wohnen zu übertragen, menschliche Proportionen und Raumgestaltung miteinander in Einklang zu bringen, scheint uns notwendig, wenn Wohnen behaglich werden soll.

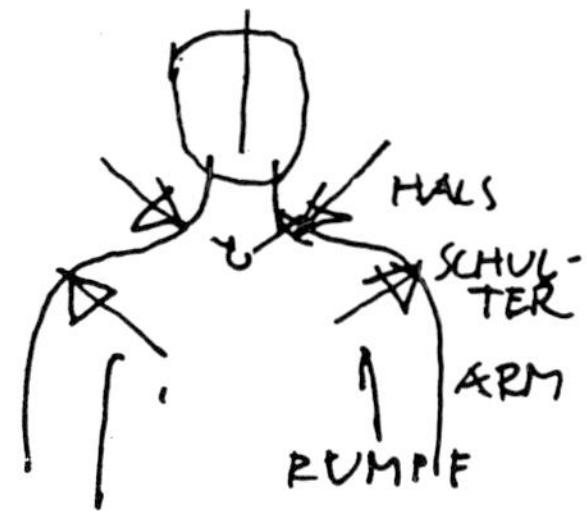

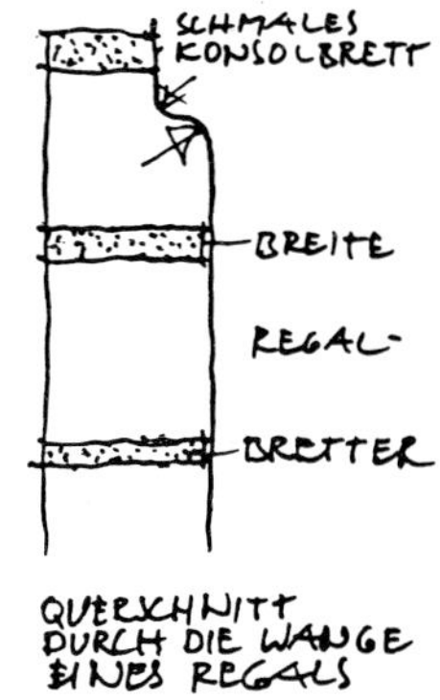

Beispiel 1: Sitzbank, integriert in Regal, Podest und Höhle

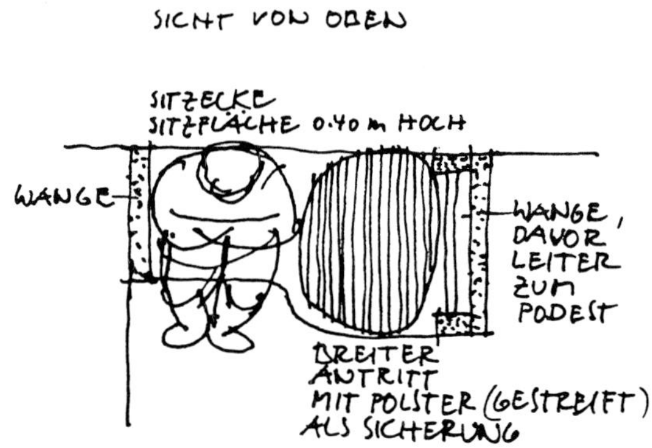

Beispiel 2: Wohn-Schlaf-Raum für ein Paar

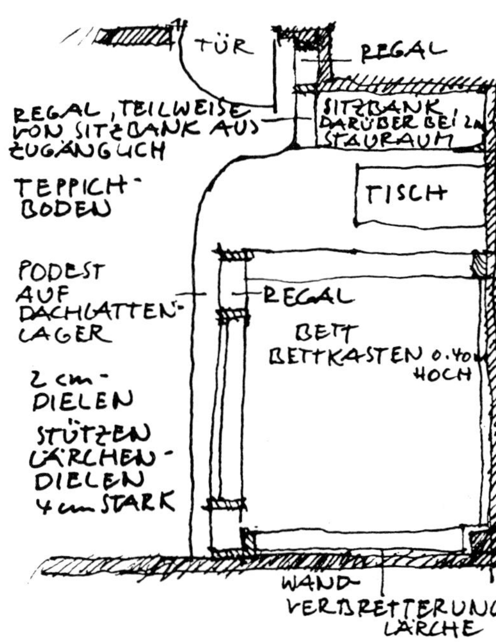

Grundriß der auf der nächsten Seite abgebildeten Schlafkoje mit Sitzecke und Regalen

Schlafkoje mit Sitzecke und Regalen

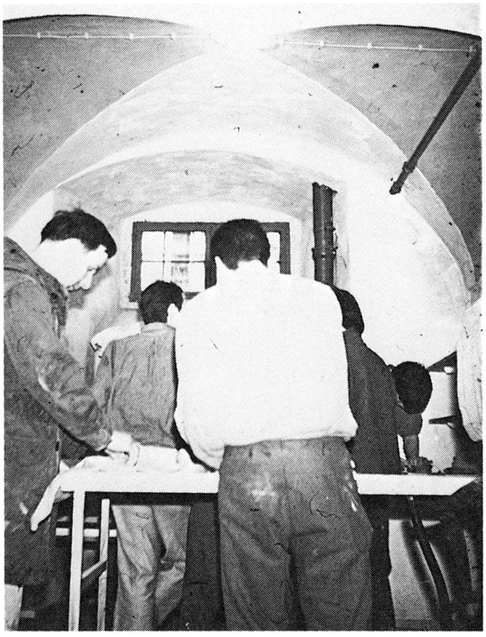

Die gewölbte Decke im Keller der Jugendstrafvollzugsanstalt E. – ehemaliges Zisterzienserkloster – trägt wesentlich dazu bei, daß die mit Ton beschäftigten Jugendlichen sich angenommen fühlen. Mit Ruhe und Hingabe sind sie in der selbst hergerichteten Werkstatt tätig; mit dem Kopf befindet sich jeder etwa im Mittelpunkt des Halbkreises, den die Decke bildet.

3. Diagonale

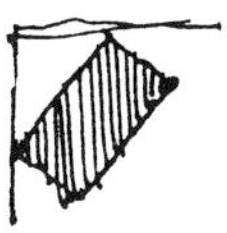

Ein in eine Raumecke gestellter Schrank, ein Vertiko, ein Nähtischchen fügen sich nicht ein. Die Kanten werden hervorgehoben, man hat Angst, sich zu stoßen – man möchte es ganz in die Ecke schieben, wie es beim Eckschrank geschehen kann. Jetzt rundet sich der Raum, der Eckschrank paßt sich der Architektur an, er *wird* zur Architektur, während das in die Ecke gestellte rechteckige Schränkchen seine Gegenständlichkeit betont, sich eigenwillig isoliert. Wenn zu dem über Eck gestellten Gegenstand ein anderer, z. B. ein Bild, zugeordnet werden soll, so bleibt der Zwischenraum als negativer Faktor spürbar.

Der Eckschrank dagegen nimmt das Bild an, der Zwischenraum ist unkompliziert, der Übergang zwischen beiden Gegenständen ist sanft und verstärkt die Tendenz, die Ecke im Raum zu schließen. Die Elemente stoßen sich nicht, sondern gehen aufeinander ein.

Tische in Speiseräumen. Man möchte sie gerade stellen, um sich mit dem Rücken gegen die Wand zu lehnen. Sie werden aber diagonal gestellt, weil sie so am stärksten zur Wirkung kommen. Diagonalen ziehen die Aufmerksamkeit auf sich.

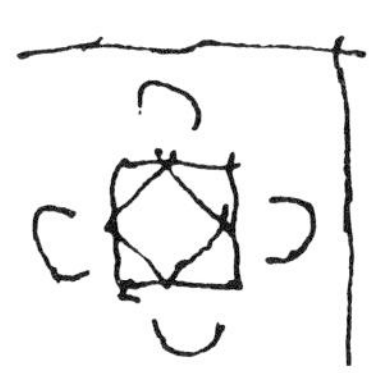

Ähnlich ist es, wenn die Tische mit den Kanten parallel zur Wand stehen, aber Dekken diagonal gelegt werden, wobei die Ecken der Tischdecken die Zahl der Ecken verdoppeln, d. h. daß gegenüber der Fläche die begrenzende Linie, die Form, Verstärkung erfährt.

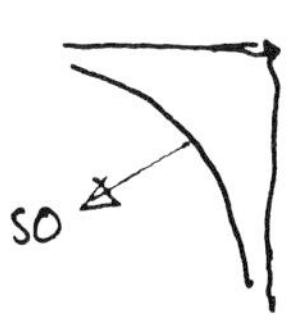

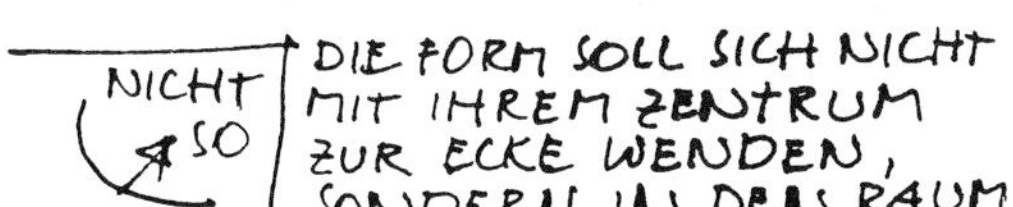

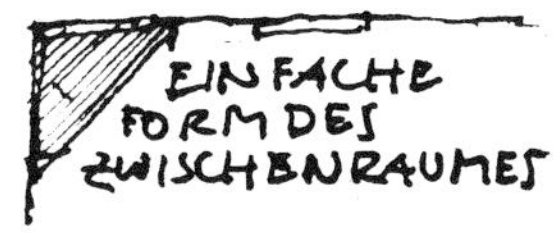

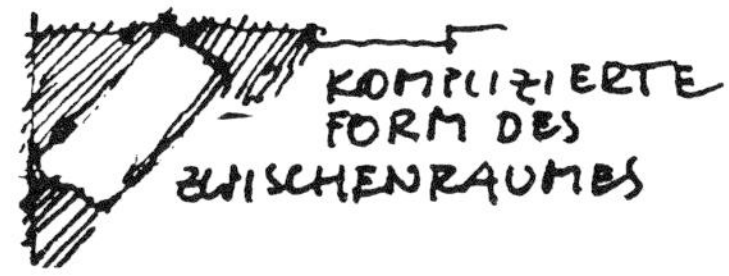

Wenn Jugendliche im Heim, in der Strafanstalt oder auch daheim bei den Eltern sich in ihr Zimmer oder den Gemeinschaftsraum ihre Helden (Sänger, Fußballspieler, Film- oder Fernsehstars) diagonal an die Wand hängen, wollen sie die Wirkung der Bilder erhöhen, potenzieren. So wird ihnen mehr Aufmerksamkeit zuteil, als wenn sie parallel zu den Raumkanten angebracht sind. Männliche Jugendliche sind davon offensichtlich stärker betroffen als weibliche. Überwiegt das Moment

Schnelligkeit als tiefenpsychologischer Hintergrund, so werden männliche Jugendliche wirklich weit stärker davon geprägt als weibliche. Ein anderes Beispiel für die einschneidende Wirkung der Diagonalen: Die gründlichste Zerstörung eines Marktplatzes ist eine diagonale Verkehrsführung über ihn hinweg, wie sie in den letzten Jahrzehnten in vielen Städten durchgeführt wurde.

Wird der Verkehr entlang der Begrenzung geführt, kann vom Platz etwas Atmosphäre erhalten bleiben, ein Teil, der sich nicht dem Autoverkehr unterordnet.

In jedem Falle haftet der Diagonale etwas Vorübergehendes an, etwas Unstetes, Ungesichertes, das zur Korrektur und Behebung drängt. Immer ist sie Zeichen dafür, daß nach Geltung gestrebt wird.

4. Auch bei Unterteilen von Sitzbänken und Regalbrettern kommt die diagonale Linienführung oft vor.

Die Fußfreiheit bei eingebauten Sitzbänken wird gewohnheitsmäßig durch Abschrägen der Wangenvorderkanten zustandegebracht. Die Diagonalen, die dadurch entstehen, sind dann meist die einzigen im Raum. Ihre Wirkung ist deshalb isolierend. Die Bank wird in ihrer Form von den anderen Elementen und Möbeln abgesondert. Auch für Regalbretter trifft das zu, wenn sie durch die Diagonale betont werden.

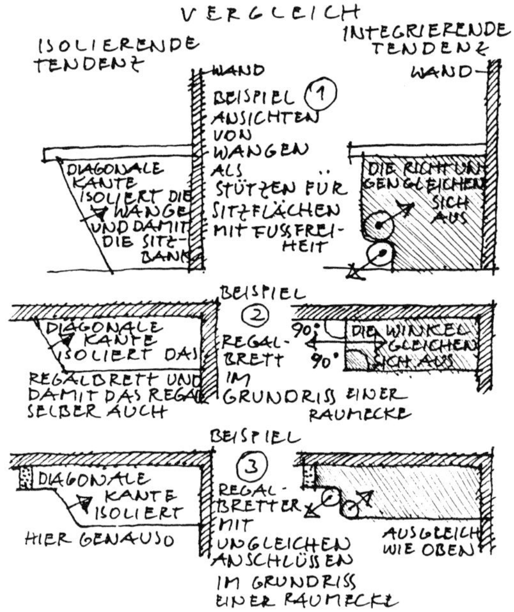

Beispiele für die beunruhigende Wirkung diagonaler Formen

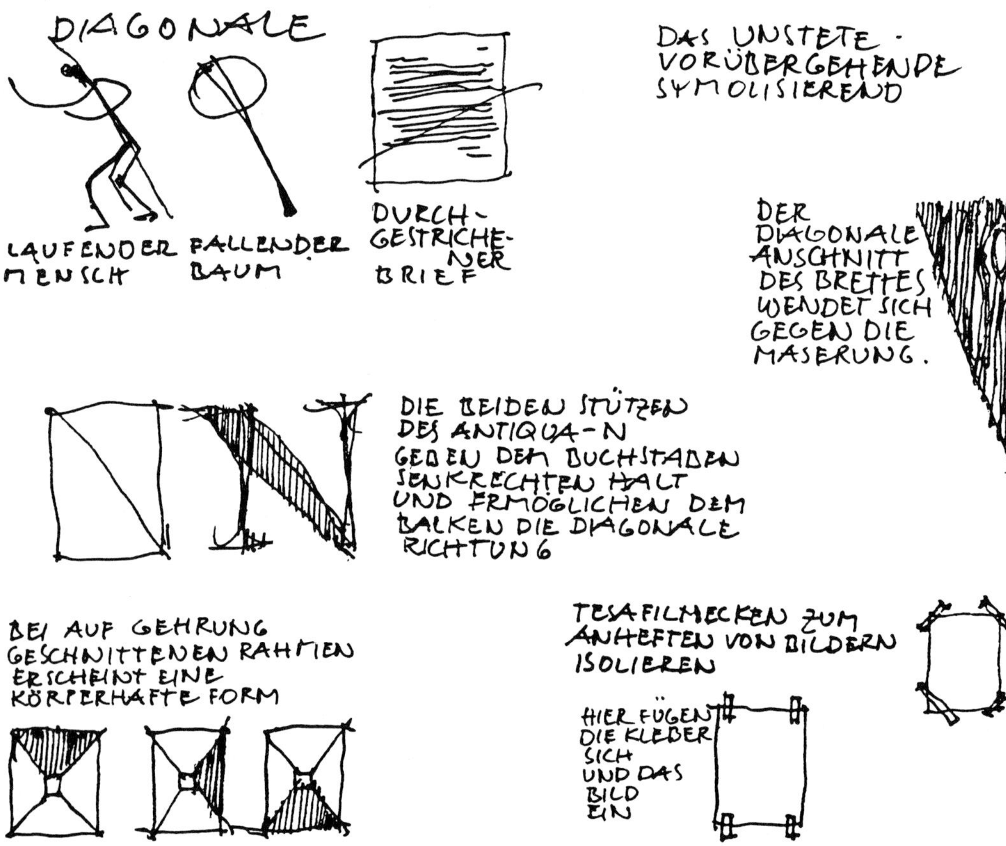

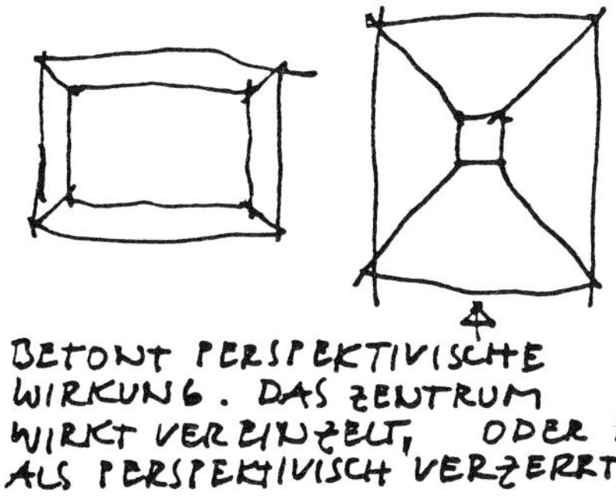

Mittel der Stimulation und Aktivierung im Wohnfeld

Lustbetonte Betätigung im Wohnbereich

Ein behinderter junger Mann formt mit Ton.

Im Werkbereich einer Wohngruppe behinderter Erwachsener

„Tätig zu sein ist des Menschen erste Bestimmung, und alle Zwischenzeiten, in denen er auszuruhen genötigt ist, sollte er anwenden, eine deutliche Erkenntnis der äußerlichen Dinge zu erlangen, die ihm in der Folge abermals seine Tätigkeit erleichtert."

J. W. v. Goethe: Wilhelm Meister

Abwechslungsreiche Betätigung ist für jeden Menschen, für den erwachsenen geistig behinderten Menschen zumal, das wirkungsvollste Mittel der Stimulation seiner Sinne und seiner Fähigkeiten. Die Werkstatt leistet das nur im begrenzten Maße. Um so notwendiger ist es, im Wohnbereich viele natürliche Betätigungen zu ermöglichen, um dem sonst rapide einsetzenden oder fortschreitenden Prozeß des Vergessens zu wehren. Die lebenspraktische Unterweisung in der Schule, mit der Schulatmosphäre verbunden, wird nur begrenzt auf das Wohnen, den eigentlichen Ort der Anwendung des Gelernten, übertragen.

Der Hintergrund, das Geflecht, in dem etwas erfahren und gelernt wird, ist besonders für den Behinderten bindend. Der Wechsel des Orts, die eigene Veränderung durch eine veränderte äußere Umgebung, bereitet Schwierigkeiten. Deshalb muß zu Hause oder im Heim intensiv gelernt werden, um das Gelernte selbstverständlich zur Betätigung nutzen zu können – eben in dem Milieu, in welchem gewohnt wird, und das zur Gewohnheit werden soll.

„Wie steht es nun mit den Werkstätten? Oft wird einem geistig behinderten Menschen dort Arbeit angeboten, obwohl er noch nicht einmal gelernt hat, selbständiger zu sein und die notwendigsten Lebensfertigkeiten natürlich anzuwenden. Es kann gesagt werden, daß die sich wiederholende Arbeit seine Fingerfertigkeit verbessert, daß er das Gefühl be-

kommt, etwas geleistet zu haben. Jedoch ist es auch eine Tatsache, daß von dem Moment an, wo er eine Werkstatt besucht, keine Möglichkeit gegeben wird, seine Lebensselbständigkeit systematisch zu entwikkeln. Die Werkstatt ist ausschließlich für die Ausführung von sich abwechselnden Arbeitsprozessen geplant worden und das einzige Zugeständnis, das den Behinderten gemacht wird, ist, daß langsamer gearbeitet wird. Der Behinderte wird einzig und allein als eine zweitklassige Arbeitskraft angesehen und weil er das Schulalter überschritten hat, wird er auch behandelt, als ob seine Entwicklung abgeschlossen wäre. Eine Werkstatt, wie wir sie jetzt kennen, enthält wenig Möglichkeiten, Lebensfertigkeiten zu lernen und auszuüben und so den geistig Behinderten selbständiger zu machen“ (Günzburg 1979, 437).

DAS BESTE MITTEL,
MENSCHEN ZUM KONSUM
ZU ZWINGEN, IST,
SIE UM PHANTASIE
UND EINFÜHLUNGSVERMÖGEN
ZU BRINGEN.

In großen Einrichtungen ohne Angebote zur Betätigung in den Wohnräumen sieht man immer wieder Heimbewohner auf dem Gang oder im Treppenhaus sitzen, weil sie dort Bewegung – das Kommen und Gehen anderer – erleben können. Wenn man ihnen im Wohnraum ein Betätigungsangebot schafft mit der Möglichkeit, Begonnenes liegenlassen zu können als Aufforderung zu weiterer Betätigung, halten sie sich dort lieber auf als auf dem Gang. Nicht beliebt jedoch sind Werkräume im Keller, weil man dort allein und abgeschnitten von der gewohnten Umgebung ist.

Der Werkbereich einer Wohngruppe von Mädchen in W., der bereits seit mehreren Jahren besteht, soll hier für diesen Gedanken stehen, daß es erstrebenswert ist, vielfältige Tätigkeiten ganz selbstverständlich in die vertraute Wohnumgebung einzubinden.

Die Mädchen sind tagsüber in der Berufsausbildung oder in der Schule und kehren erst am Nachmittag wieder ins Heim zurück. Sie haben wohnliche Schlafräume, in denen sie einzeln oder zu zweit leben, und einen großen Gruppenraum, der eine Küchenecke, eine daran anschließende Eßecke und einen kleinen Werkbereich hat. Dieser Werkbereich liegt ein wenig im Hintergrund des großen Raumes, welcher durch Regale gegliedert und differenziert ist, er ist also dunkler, heimlicher und wird abends durch Punktstrahler beleuchtet, so daß es ein behagliches Licht gibt, welches günstig für solche Arbeiten ist, wie sie dort entstehen. Ein offenes Regal an der Wand ist gefüllt mit allen Materialien, die sich im Laufe der Zeit gesammelt haben: Stoffe, Fäden, Papiere, Pappen, Holz, Seidenpapier, Farben, Scheren, Nadeln, Stifte, Pinsel, Leder – es steht eine Nähmaschine da, und es gibt einen großen Holztisch, dessen Oberfläche nicht geschont wird, der alles verträgt und darum sehr geliebt wird.

Wenn die Mädchen heimgekommen sind, wenn sie nach anliegenden Beschäftigungen, wie sie der Alltag mit sich bringt, und dem Abendessen Zeit haben, gibt es immer eine oder einzelne, die sich in diesen kleinen Raum zurückziehen, der sie zwar von den anderen Mädchen durch eine Ballustrade trennt, sie aber doch gleichzeitig teilnehmen läßt an allem, was sie tun. Sie sind hier nicht allein, können sich aber Dingen zuwenden, die sie gern allein tun. Sie arbeiten hier ohne Anleitung von Betreuern. Eine näht, eine schneidet Papier und klebt, und es hat sich erwiesen, daß die Tätigkeit in diesem Raum Neugier erweckt, anregt, daß andere Mädchen kommen, sich dazusetzen, ebenfalls schneiden, nähen, kleben, daß sie sich untereinander helfen, und daß oft fast alle in diesem engen Raum beieinander sitzen, Tuchfühlung miteinander haben – die gleichen Mädchen, die oft nicht fähig sind, mit anderen zurechtzukommen, die nicht gelernt haben, sich auf andere Menschen einzustellen, körperliche Nähe zu ertragen. Dort ist es ihnen zeitweise möglich; die Faszination von Material und die Intimität des Raumes tut ihnen wohl. Sie sind glücklich, wenn ihnen etwas gelingt, was für ihr Zimmer oder den Gemeinschaftsraum gedacht ist, wenn sie ein Geschenk anfertigen können, ein Tuch umsäumen, einen Rock nähen.

Die Betreuerin, ein sehr mütterlicher Mensch, die mit den Mädchen lebt, sagte uns, daß die Mädchen selbst interessiert daran sind, alle möglichen Dinge zu sammeln, die verwendbar sind, daß auch eine freundliche Ordnung in diesem Werkbereich erhalten bleibt, die immer wieder zum Arbeiten in ihm anregt. Halbfertige Arbeiten dürfen da liegenbleiben, aber Abfälle werden weggeräumt.

▷
Werkbereich im Wohnraum eines Erziehungsheims.

Webstuhl und Waschbecken im gleichen Wohnraum. Die Kacheln im Hintergrund wurden von den Bewohnern glasiert.

Wir denken, daß Gruppenräume, die so zur Betätigung anregen – wobei die Küche auch als ein wesentlicher Teil zur Betätigung verstanden sein will –, zu Entwicklungen führen können, wie sie bei dieser Gruppe zu bemerken waren:

Als die Mädchen neu in die Gruppe kamen, waren sie bestrebt, die Schlafräume zu ihren Zimmern zu machen, indem sie Poster mit Filmstars, Schlagersängern, Bilder aus Illustrierten aufhängten.

Ganz allmählich, im Laufe von ein bis zwei Jahren, vollzog sich ein Wandel. Diese Bilder verschwanden mehr und mehr und wurden durch eigene Zeichnungen, durch andere Poster (Landschaften, Kinder, Tiere) ersetzt. Der Wunsch nach Geborgenheit, vielleicht auch nach sogenannter heiler Welt wurde sichtbar, freilich zum Teil noch recht hilflos verwirklicht. So bekam die Gruppe ein Bild geschenkt in einem alten Rahmen. Es war mit dem Geschenk der Rahmen gemeint, in den die Mädchen ein Bild nach eigener Wahl setzen sollten. Aber sie fanden Gefallen an eben diesem Bild. Es stellte einen Schutzengel dar, der ein spielendes Kind behütet. „Es wäre schön", meinte ein Mädchen, „wenn ich hätte denken können, ich wäre so beschützt worden".

Es ist also möglich, konstruktive Möglichkeiten zu realisieren und dem Geborgenheitsbedürfnis durch mehr Dichte und Farbe Rechnung zu tragen. Gestalt und Beschaffenheit von Tischen, Regalen, Werkbänken, Webstühlen sollen stimulieren und durch entsprechende Tätigkeiten das Leben der Bewohner differenzierter machen. Ein ständiges Angebot an Materialien reizt eher zur Betätigung an als leere Wände. Sicher ist es besonders für Frauen, die in der Betreuungsarbeit stehen, schwierig, die Spuren der Betätigung nicht durchaus als Schmutz, Aufforderung zur Beseitigung zu sehen, sondern ruhigen Gewissens entstehen zu lassen. Nur die eigene Freude am Tun und die selbstverständliche Identifikation mit dem in größtmöglicher Solidität Entstandenen kann über diese Schwelle hinweghelfen. Dabei sind es gerade Frauen, die sich besonders in der Heimarbeit in den Gruppen befinden und oft besonders befähigt sind, die Sensibilität und Kreativität der Bewohner anzusprechen und zu fördern.

Sinneswahrnehmung und Durchschaubarkeit

So wie wir geistig Behinderte wahrnehmen, erliegen wir leicht dem Fehler, aus ihren kognitiven Mängeln auf eine mindere Fähigkeit der Sinneswahrnehmung zu schließen. Entsprechend undifferenziert fällt die Gestalt des Lebensraumes aus, den wir ihnen anbieten. Der Behinderte ist in besonderer Weise für seine Orientierung in der Umwelt abhängig von Sinneseindrücken. Er kann die konkrete Erfahrung nicht durch Gedankensprünge ersetzen. Von daher ist zu fordern, seine Lebenswelt nicht nur auf eine differenzierte Sinneswahrnehmung hin zu entwerfen, sondern auf die Durchschaubarkeit seiner Umwelt zu achten.

WIR MEINEN IM WOHNBEREICH
LUSTBETONTE BETÄTIGUNG
-NICHT ARBEIT UND
-NICHT ARBEITSTHERAPIE

Durchschaubarkeit der Umwelt und der Dinge
Einige nachvollziehbare Beispiele

Undurchschaubarkeit – nicht nur für Behinderte, aber für sie besonders …

Aufnehmend sehen wir nur, was wir fassen können, und fassen können wir nur, was wir durch das Anfassen kennen. Deshalb muß man die sichtbare Umwelt so gestalten, daß aus Faßbar-Anfaßbarem sich geistig Erfaßbares herleiten läßt.

Man sieht mit den Händen – nicht, indem man mit ihnen malt, sondern dadurch, daß man mit ihnen fühlt.

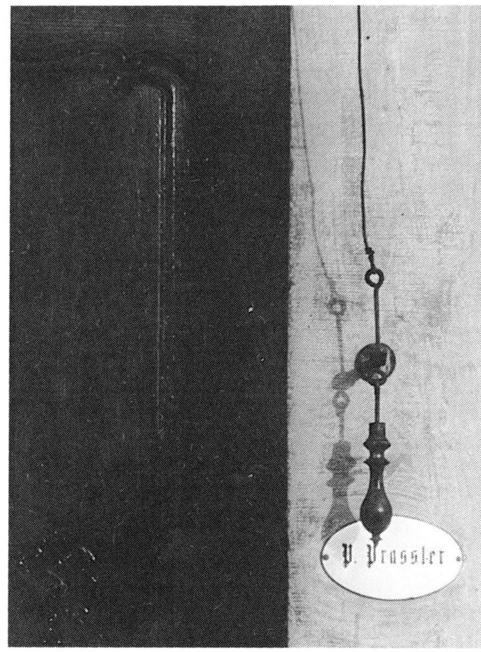

Sitzbank für den Blasebalgtreter einer Orgel. Durchschaubarkeit von tragenden und lastenden Kräften.

Pflanzen- und Tierhaltung

Die meisten sozialen Einrichtungen verfügen nicht zuletzt aufgrund ihrer Randlage über verhältnismäßig viel Umland. Dies gilt insbesondere für ältere Einrichtungen, die noch aus der Zeit stammen, in der die Selbstversorgung wegen des mangelhaft ausgebildeten Hilfesystems dringend erforderlich war. In dem Maße aber, wie der ökonomische Zwang weggefallen ist, ist das den Einrichtungen zugehörige Umland in parkähnliche Grünanlagen verwandelt worden. Entstanden sind Augenweiden, die den Besucher der Einrichtungen in die Gewißheit versetzen, daß dort alles gepflegt und wohlgeordnet zugeht, die den Bewohner aber in gar keiner Weise zu einer tätigen Auseinandersetzung anregen.

Der aufgegebene Nutzgarten bedeutet für die Förderung Behinderter und psychisch kranker Menschen verlorenes Terrain. Es sind so Möglichkeiten der tätigen Auseinandersetzung mit der unmittelbar erfahrbaren Umwelt verlorengegangen, für die die heute übliche, an der Industrie orientierte Montagearbeit der WfB kein Ersatz ist. Dies gilt auch dann, wenn Behinderte vorderhand mit der Industriearbeit zufrieden zu sein scheinen.

Wir müßten eigentlich zuerst ein ökologisch bewußteres Verhältnis zu Pflanzen und zu Tieren gewinnen, erfahren, wie in der Natur sich Pflanzengemeinschaften bilden, die sich gegenseitig schützen und kräftigen. Gärten würden sich wieder freundlicher, homogener in die Landschaft einfügen, wenn anstelle von pflegeleichten Modepflanzen wie Koniferen – kein Blätterfall im Herbst – und Cotoneaster – Rasenersatz, aber nicht begehbar und darum fragwürdig – landschaftsgebundene Bäume und Büsche ans Haus geholt würden. Eine Bereicherung ist das in jeder Hinsicht, denn wenn man dabei besonders an fruchttragende Pflanzen denkt wie Ebereschen, Heckenrosen, Weißdorn und andere, so werden Vögel in ihrem Schutze gern leben, ihre Nahrung dort suchen und uns nicht nur nützlich sein durch Schädlingsvertilgung, sondern viele Möglichkeiten zu ihrer Beobachtung bieten. Im Winter sind die entlaubten Büsche und Bäume schöner als nur immergrüne Gehölze, weil sie uns ihre verschiedenfarbigen und -artigen Stämme und Zweige zeigen, die dann durchaus nicht eintönig sind, sondern in Rinde, Moosansätzen und Farbenspiel den Verlauf des Jahres miterleben lassen.

Wenn wir eine solche Umgebung zu erkennen und zu durchschauen imstande sind, wird es uns möglich sein, auch in den Wohnräumen die Pflanzen als Lebewesen zu sehen, sie nicht als Dekoration, sondern als Geschöpfe mit eigenen Lebensbedingungen zu begreifen. Wenn im Heim gemeinsam Pflanzen gepflegt werden, wenn sie umgetopft werden, neue Ableger gesetzt werden, wenn man – besonders in der Stadt – erlebt, daß Pflanzen im Frühling neue Erde haben müssen, daß vielleicht Wurzeln eingekürzt und Triebe beschnitten werden, daß also eine Pflanze kein Artikel ist, der während der Blütezeit im Blumengeschäft gekauft und nach dem Abblühen weggeworfen wird, wird man erst wirklich Freude und eine Beziehung zu ihr gewinnen.

Je weniger eine Pflanze kultiviert worden ist, je leichter ihr Wachstum zu beobachten ist, um so besser ist es. Empfehlenswert sind: Tradeskantien, Buntnessel, Zimmerlinde, Efeuaralie, Judenbart, Rosmarin, Myrte, Efeu – von Spaziergängen mitgebracht –, Zitronengeranium, Wachsblume (wegen der Honigtropfen an den samtenen Blütendolden); Pflanzen, die die Sinne ansprechen durch Duft, Samtigkeit, Farbigkeit, Zierlichkeit, schnelles Wachstum.

In heilpädagogischen Einrichtungen ist es zwingend notwendig, einen Nutzgarten anzulegen, der neben einigen Beerensträuchern, Johannis-, Stachelbeeren, Him- und Brombeeren ein Kräutergärtlein einbezieht mit Zitronenmelisse, Pfefferminze, Thymian, Zitronenthymian, Ysop, Salbei, Wermut, Staudensauerampfer, Quendel, Heckenzwiebel, Dost (Oregano), Bergbohnenkraut, Tripmadam – alles ausdauernde und winterharte Stauden mit schönen Namen, an denen man Freude hat und mit einem intensiven Würzduft, der vor allem dann zur Geltung kommt, wenn Blätter abgezupft und in den Fingern zerrieben werden: eine Möglichkeit, über den Geruchssinn selbst Schwerstbehinderte zu erreichen.

Ein Erlebnis für Kinder und für Erwachsene: frische Pfefferminze oder Zitronenmelisse, auch Salbei für das kochende Teewasser aus dem Kräutergarten zu ernten und kurz darauf den aromatischen Tee zu trinken. Immer wiederkehrende Frage: „Ja, kann man denn die frischen Zweige verwenden? Ich dachte, die

Blätter müssen erst getrocknet werden!" Das ist ein Zeichen dafür, wie weit unser Denken von handelsüblichen Produkten vorgeformt ist.

In solchen Zusammenhängen ist die Gartenarbeit als faszinierende, von der Vielzahl der Arbeitsgänge und damit der Bewegungen her differenzierte körperliche und geistige Tätigkeit zu sehen.

So könnten Nützliches und Schönes wieder zusammengebracht werden:

„... Für welchen Baum ein geeigneter Platz im Garten nicht ist, der soll auch im Garten gar nicht sein. Welche Bäume viel Luft brauchen, setzten wir in die Luft, die das Licht lieben, in das Licht, die den Schatten, in den Schatten. In Schutz der größeren oder windwiderstandsfähigeren setzten wir diejenigen, die des Schutzes bedurften. Die Frost und Reif scheuen, stehen an Wänden oder warmen Orten. Und auf diese Weise gedeihen nun alle durch ihre Lebenskraft und natürliche Nahrung. Im Frühling wird jeder Stamm und seine stärkeren Äste durch eine Bürste und gutes Seifenwasser gewaschen und gereinigt. Durch die Bürste werden die fremden Stoffe, die dem Baume schaden könnten, entfernt, und das Waschen ist ein nützliches Bad für die Rinde, die wie die Haut der Tiere von dem höchsten Belange für das Leben ist, und endlich werden die Stämme dadurch auch schön. Unsere Bäume haben kein Moos, die Rinde ist klar und bei den Kirschbäumen fast so fein wie graue Seide."

(Adalbert Stifter: Der Nachsommer. Leipzig o. J., S. 135f.)

Vogelhaltung im Wohnbereich

Es ist nicht üblich, derartiges in der Raumgestaltung mit zu bedenken. Gleichwohl möchten wir zur Vogelhaltung im Wohnbereich etwas ausführlicher Stellung nehmen. Sie ist hier als differenziertester Beitrag zur sinnesbezogenen Stimulation zu sehen, und zwar in der Weise, daß Tiere stärker stimulieren als Pflanzen und unter den Tieren Vögel vielseitiger stimulieren als Fische, nämlich nicht nur optisch, sondern auch akustisch und unter Umständen, etwa in der Pflege, auch haptisch. In diesem Sinne läßt sich jeder Gegenstand, jede Pflanze, jedes Tier im Umfeld unter dem Gesichtspunkt betrachten, welchen Beitrag sie zur Stimulation leisten. Die Gestaltung des Umfeldes verliert auf diese Weise ihre Beliebigkeit oder nur ästhetische Bewertung. In den Mittelpunkt der Betrachtung rücken damit pädagogische Kriterien. Sauberkeit, Ordnung, Pflegeleichtigkeit, Reibungslosigkeit im funktionalen Organisationsgeschehen können auf die nachgeordneten Ränge gerückt werden, die ihnen im Blick auf das Rehabilitationsgeschehen zukommen.

Nach langjährigen Erfahrungen, die wir privat, in Kindergärten und Heimen gemacht haben, erschien es uns als richtig und notwendig, gerade behinderten Menschen, die weitgehend nicht die Möglichkeit haben, sich selbst zu versorgen und dadurch alltägliche Zusammenhänge zu erfahren, die auch wenig Möglichkeiten der Zuwendung haben – weder zu Menschen, noch zu Tieren, selten zu besonders vertrauten Dingen –, weil sie durch die Heimsituation in einem „Ausnahmezustand" leben, eine große Vogelvoliere in den Gruppenraum zu bauen.

Die behinderten Menschen sollen selbst Vögel halten können. Angemessener, weil umweltstimmiger als Ziervögel wie Nymphensittiche, Wellensittiche, Kanarienvögel oder Zebrafinken, sind Waldvögel, die man in Tierhandlungen erwerben kann, und die in Volieren gezogen wurden.

Es ist interessant, mehrere Arten gleichzeitig zu halten, sie voneinander unterscheiden zu lernen, was auch geistigbehinderten Menschen überraschend schnell möglich ist, denn unsere einheimischen Vögel unterscheiden sich durch ihr Federkleid stark voneinander, auch durch Größe und Gebaren und natürlich durch ihren Gesang.

Verschiedene Vögel brauchen verschiedene Futtersorten, die übrigens nur Pfennige kosten und lange Zeit vorhalten, aber sie nehmen gerne auch vom Futter anderer Arten. Allein dadurch, daß sie ein abwechslungsreiches Futterangebot haben, läßt sich besondere Langlebigkeit gewährleisten.

Die gleichen Vögel, die im Gruppenraum im Käfig gepflegt werden sollten, leben auch in Parks und Wäldern. Die Behinderten haben auf diese Weise Gelegenheit, aufmerksamer zu werden für die Vogelwelt draußen, sowohl im Sommer als auch während der Winterfütterung.

Uns liegt daran, nicht Vogelkäfige zu bauen, die lediglich einen Schmuck im Raum mit etwas Leben darstellen sollen, sondern Volieren, die die Möglichkeit bieten zu beobachten, zu lauschen, zu unterscheiden, zu versorgen und nicht zuletzt zu lieben.

Vogelhaltung auf einem vergitterten Balkon – hier eine chinesische Nachtigall –, eine Möglichkeit, Balkone, die aus Sicherheitsgründen für Behinderte, etwa bei Anfallskranken, vergittert werden müssen, interessant und anziehend zu machen.

Uns liegt weiter daran, daß die Menschen, die im Heim leben, stimuliert werden, den Innenraum und den Raum außen miteinander verbunden denken zu können, vergleichen zu können, wacher zu werden für lebendige Zusammenhänge.

Wenn auch im Heim die Selbstversorgung nur in sehr geringem Maße möglich ist, so wollen wir doch den Bewohnern die Möglichkeit geben zu erleben, daß nicht nur sie abhängig von anderen sind, sondern daß es Wesen gibt, die von ihnen, von ihrer Pflege und Zuwendung abhängig sind.

Die Voliere soll auf diese Weise, und eben darum ist sie als Mittelpunkt des Raumes gedacht, eine optimistische Mitte des ganzen Gruppenbereiches bilden. Sie soll nicht als Plastik abgehoben wirken, sondern in den Alltag hineingenommen, einbezogen sein – deshalb ist es günstig, einen Teil des Käfigs in ein Regal einzubauen, was gleichzeitig den Vögeln dazu dient, mehr Flugfreiheit zu haben. Beim Saubermachen des großen Käfigs kann so ein Teil durch einen Schieber geschlossen werden, um den Vögeln währenddessen im kleineren Raum Aufenthalt zu gewähren.

Den einheimischen Vögeln müssen häufig frische Zweige in den Käfig gereicht werden, um ihnen ihre Lebensbedingungen – knabbern an Blättern, Rinden, Knospen, schlafen im Schutze der Blätter, im Winter der Nadeln von immergrünen Bäumen – zu bieten. Allmählich wächst dadurch ein Verantwortungsbewußtsein den Tieren gegenüber, ebenso wie ein Bewußtwerden des Wohnens, des Raumes, das sich auf die Gesundheit und Mobilität einzelner Bewohner auswirkt. Das Wohlbefinden der Vögel überträgt sich auf die Bewohner.

Es hat sich mehrfach bewährt, die Voliere auf das Ende einer Sitzbank im Wohnbereich zu bauen, um die Verbindung zwischen den beobachtenden Menschen und den Vögeln möglichst intensiv und kurz zu halten – sie weder nach oben abzuschieben, noch den Eindruck von Überlegenheit zu erzeugen. Es ist gedacht an die Begegnung etwa auf gleicher Höhe, damit die Zutraulichkeit der Tiere als äußerst liebenswerte Erlebnisebene ganz nahe zustandekommen und empfunden werden kann. Natürlich geht das alles auch weniger aufwendig, aber die Bequemlichkeit der Betreuer ist der tägliche kleine Tod der Betreuten.

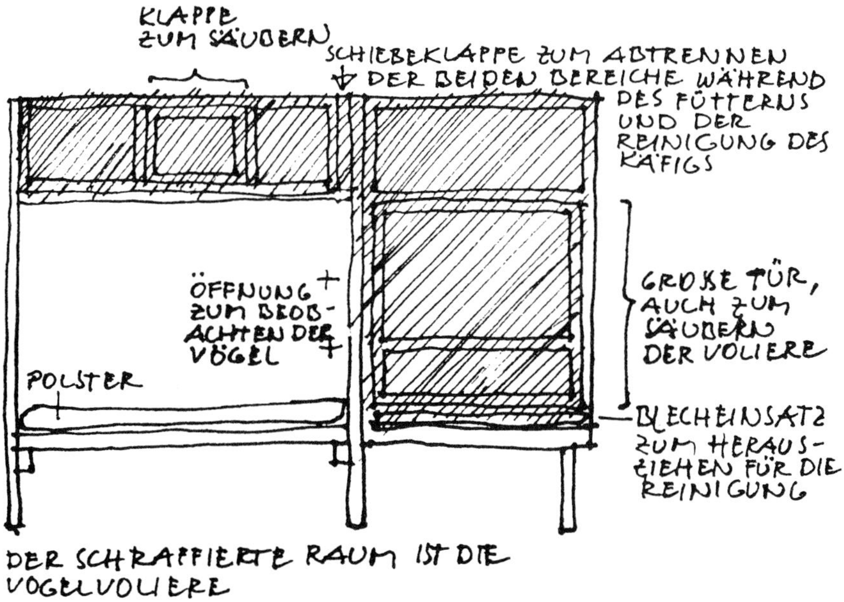
KLAPPE ZUM SÄUBERN
SCHIEBEKLAPPE ZUM ABTRENNEN DER BEIDEN BEREICHE WÄHREND DES FÜTTERNS UND DER REINIGUNG DES KÄFIGS
ÖFFNUNG ZUM BEOBACHTEN DER VÖGEL
POLSTER
GROSSE TÜR, AUCH ZUM SÄUBERN DER VOLIERE
BLECHEINSATZ ZUM HERAUSZIEHEN FÜR DIE REINIGUNG
DER SCHRAFFIERTE RAUM IST DIE VOGELVOLIERE

Wohnen – Heim – Heimat: Aus Geschichte und Gegenwart des Bauens für behinderte Menschen

„Heimlich und unheimlich kommen vom Heim, und Heimat kommt eben daher. Das Wort ist alt, uralt, so daß es sich nicht ableiten läßt; um so mehr kommt von ihm. Wir wohnen in vielen Häusern. Ob aber ein Haus nur ein Haus ist oder ob es zugleich ein Heim ist, ob es, da Haus und Heim nicht eins zu sein brauchen, ein Heim enthält, daran liegt viel. Ein Kind, das zu Bewußtsein kommt, spürt, daß das Haus weiter und fremder ist als das Heim, spürt die Unheimlichkeit des Hauses, von dem das Heim umschlossen ist, und es vermag genau die Grenzen anzugeben, die zwischen beiden liegen. Eine Treppe, ein Keller, ein Bodenraum, eine abgelegene Kammer sind ihm unheimlich. Es entdeckt, daß der Bereich des Heimlichen enger ist als der des Unheimlichen, so eng, daß er ringförmig, kreisförmig vom Unheimlichen umgeben ist. Deshalb bauen sich die Kinder kleine Häuser in das Haus ein, kleine Zimmer in die großen. Zunächst war, wie meine eigene Erfahrung und früheste Erinnerung ausweist, fast alles unheimlich für mich, den Ort ausgenommen, an dem sich die Mutter befand. Ein Kind, so heißt es, hängt an der Schürze der Mutter und wagt sich kaum von ihr zu entfernen. Langsam nur erweitert sich der Bereich des Heimlichen, aber das Unheimliche bleibt. Auch die Heimat ist von ihm umgeben und liegt innerhalb des Fremden und Unvertrauten. Unheimlich bleibt die Welt, in der der Mensch heimisch ist. Und heimisch muß er sein, wenn das Unheimliche draußen bleiben soll. Wenn ich als Kind in der Winternacht in meiner Kammer lag, der Sturm draußen pfiff und orgelte, die Äste der Eichen knirschten und ihre Zweige aneinanderschlugen, war mir wohl zumute. Ich sann darüber nach und spürte wohl, daß alles Heimliche von der Mutter her kam. Auch die Heimat kam von der Mutter. Wie konnte es anders sein. Die Schutzgeister des Hauses, die es heimlich und heimisch machten, saßen von jeher in seiner Mitte am Herd, und immer waren es Frauen."

(Friedrich Georg Jünger: Spiegel der Jahre. Stuttgart 1957, S. 268f.)

Der Alltag als Lernfeld

Alltag in der Anstalt

Die Hinwendung zum Alltag in sozialpädagogischer Theorie und Praxis scheint mehr als eine modische Strömung. Der große Wurf, der lange Marsch, der Geist der Utopie bestimmen, anders als noch vor einem Jahrzehnt, das zeitgenössische Bewußtsein nicht; Zukunft scheint, wenn überhaupt, in der „neuen Sensibilität" (H. E. Richter), nicht im großen Entwurf, sondern allenfalls in der Besinnung auf den eigenen und fremden Alltag und die handgreiflichen Gefährdungen alltäglichen Lebens zurückgewinnbar.

Wir möchten unsere Überlegungen zur Wohnfeldgestaltung in diesen Zusammenhang stellen, um sie nicht isolierter Betrachtung und Handhabung zu überantworten. Unter pädagogischen und therapeutischen Gesichtspunkten ist dies vielleicht am ehesten ihr systematischer Ort.

Als Reflexionsgegenstand eignet dem Alltag fraglos eine gewisse Sperrigkeit. Die Zugänge sind vielfältig und widersprüchlich. Das ist nicht nur im methodischen Zugriff, sondern ebenso vom Gegenstand her begründet. Was ist Alltag?, „alles oder nichts", wie noch im Grimmschen Wörterbuch 1854 vermutet? Zunächst einmal ist Alltag sicher das, was wir „alle Tage" tun, was wir tagtäglich leben: ein System von selbstverständlichen Handlungsweisen und Interaktionsformen, die, zur unbewußten Routine und Selbstverständlichkeit geronnen, unserem Leben eine selten zu Bewußtsein kommende, stabile Struktur geben. Die Problematisierung seiner Selbstverständlichkeiten indes verändert schon die Struktur des Alltags: „Das Alltägliche zur Sprache zu bringen, das heißt schon, es durch Deutlichmachen zu transformieren. Das Alltägliche transformieren heißt Neues produzieren" (Henri Lefebvre).

Die Struktur des Alltagslebens ist notwendigerweise gekennzeichnet durch ein Ineinandergreifen von Normierung und Impulsivität, eine Verschränkung von Ordnung und Spontaneität. Hier aber scheint ein fundamentaler Unterschied zwischen den Alltagswelten Behinderter in residentiellen sozialen Einrichtungen und Nichtbehinderten zu liegen: dort kann von einer derartigen Verschränkung weithin nicht die Rede sein. Rigidität dominiert Spontaneität weithin und in zunehmendem Maße. Nicht aufgrund schlechten Willens, sondern aufgrund von Organisationsstrukturen und Professionalisierungstendenzen, die unter dem Gesichtspunkt ihres Einflusses auf die Qualität des Alltagslebens Behinderter in residentiellen Einrichtungen näherhin zu beleuchten sind. Der Gestaltung des Alltags Behinderter als Lernfeld im Rahmen weitgehend normalisierter Lebensbedingungen ist im Vergleich mit Lernprogrammen in Schule und Therapie bisher wenig Aufmerksamkeit gewidmet worden. Mit dem Ausbau von Schule, Werkstatt und Therapie ist die Bedeutung des Heimalltags konzeptionell und praktisch als Förderfaktor in den Hintergrund getreten. Daß seine monopolartige Stellung aus früheren Zeiten gebrochen wurde, ist zu begrüßen; als bloßer Versorgungsbetrieb indes läuft der Heimalltag den Bemühungen in Schule, Werkstatt und Therapie zuwider.

Daß die auf gesellschaftliche Integration zielende Rehabilitation Behinderter überwiegend in Einrichtungen betrieben wird, die strukturell auf Absonderung hin angelegt sind, bezeichnet den paradoxen Ausgangspunkt integrativer Bemühungen. Die institutionelle Ausgrenzung Behinderter aus den Alltagsbezügen des „Normalbürgers" gehört zu den fragwürdigen Traditionsbeständen der Aufklärung, die, von ihren Ursprüngen im 17. Jahrhundert her, die soziale Landschaft Europas auf Jahrhunderte hin tiefgreifend veränderte: „Der Aufstieg des Zeitalters der Vernunft, des Merkantilismus und des aufgeklärten Absolutismus vollzog", wie Klaus Dörner treffend herausstellt, in Europa „eine rigorose Raumordnung: alle Formen der Unvernunft, die im Mittelalter zu der *einen* Welt gehört hatten (...) werden aus der Vernunftwelt, d.h. aus der zivilen Arbeits-, Sitten- und Verkehrswelt ausgegrenzt". Dieser historische Sachverhalt könnte rein akademischem Interesse überantwortet werden, wenn nicht die Voraussetzungen der Ausgrenzung Behinderter aus den Alltagsbezügen des „Normalbürgers" nach wie vor lebendig wären und dabei mit eben den Vorstellungsmustern argumentiert würde, die gleichsam im Schatten der Aufklärung entstanden. Auch heute werden – nicht nur in der Laien-, sondern auch in der Fachöffentlichkeit – vor allem „vernünftige" Gründe für den Fortbestand und die weitere Ausgestaltung der Absonderung Behinderter in auf Dauerunterbringung angelegten Spezialeinrichtungen von der Frühförderung bis zum Heim für blinde alte Menschen ins Feld geführt.

Die institutionelle Ausgrenzung Behinderter, die deren Alltag von dem der „Normalbürger" distanziert, ist keineswegs auf die klassische Anstalt beschränkt, sondern läßt sich ebenso in neugegründeten, hochdifferenzierten Verbundsystemen ausmachen. Zu erwähnen ist hier etwa die Werkstatt für Behinderte mit angeschlossenem Wohnheim, eigenem Fahrdienst, freizeitpädagogischem Bereich etc.: ein wiederum geschlossenes, weithin autarkes System. Diese institutionelle Ausgrenzung erfährt durch einrichtungsinterne materiale Maßgaben, Handlungsstrukturen und Interaktionsmuster Verschärfungen, die wir beispielhaft an Ausschnitten einer alltagsweltbezogenen Erhebung verdeutlichen möchten, die wir im Jahre 1978 im Rahmen eines umfangreichen Organisationsentwicklungsprogramms in einer großen, traditionsreichen Einrichtung für geistig und seelisch Behinderte durchgeführt haben. Aus diesem Prozeß der Institutionsberatung ist auch das zweite Wohnfeldprojekt, über das wir in diesem Arbeitsbuch berichten, hervorgegangen.

Die Untersuchung kann nicht als repräsentativ für die Gesamtheit Behinderter, die in stationären Einrichtungen leben, gelten, macht aber, wie wir meinen, deutlich, wie fundamental sich deren Alltag vom Alltag sogenannter Normalbürger unterscheidet.

In dieser Einrichtung lebten 1978, zum Zeitpunkt der Erhebung, 282 behinderte Männer und Frauen, davon waren etwa zwei Drittel als geistig behindert diagnostiziert, ein Drittel als psychisch krank. Von diesen hatten 15% keine Angehörigen mehr. Ein Befund, der die Betreuer außerordentlich überraschte. Sie hatten aus den geringen und größtenteils stark formalisierten Angehörigenkontakten auf einen wesentlich höheren Anteil von Bewohnern ohne Angehörige geschlossen. Nicht weniger überraschend für die Betreuer waren die aus den Heimakten zusammengestellten Daten über den Schulbesuch und die vor der Heimeinweisung ausgeübten Berufstätigkeiten der Bewohner: 52% hatten die Volksschule besucht, 7% weiterführende Schulen und 36% Sonderschulen; 17% hatten eine Berufsausbildung absolviert, 77% standen vor der Heimaufnahme in regulären Beschäftigungsverhältnissen. Schulbildung und Berufstätigkeit, die den sozialen Status weitgehend bestimmen, waren innerhalb des hier untersuchten Hilfesystems weitgehend irrelevant: die entsprechenden Daten waren weder bekannt, noch spielten sie etwa für die Strukturierung des Berufsalltags, des Wohnfeldes oder der Freizeit eine Rolle. Die Diskrepanz zwischen diesen Daten und den aktuell erfahrenen Defiziten der Bewohner in der Beherrschung basaler Kulturtechniken und Alltagsfertigkeiten wurde von den Betreuern ganz überwiegend als Ausdruck der bei der Heimaufnahme diagnostizierten psychischen Störung oder Behinderung interpretiert, nicht als Produkt zum Teil jahrzehntelanger Hospitalisierung, deren fürsorglich-bevormundenden Charakter Selbständigkeit im Alltagshandeln trotz gegenläufiger pädagogischer, bzw. therapeutischer Zielsetzungen dysfunktional erscheinen läßt.

Alle Bewohner lebten streng nach Geschlecht getrennt, obwohl immerhin 7% eigene Kinder hatten, 5% verheiratet gewesen waren und immerhin 4 Bewohner noch zum Zeitpunkt der Erhebung verheiratet waren. Die auch ihnen aufgenötigte zölibatäre Lebensweise gewann durch zusätzliche Einschränkungen hinsichtlich der Besuchsregelungen quasi klösterliche Züge: Treffs mit männlichen Besuchern, die nicht zu den Angehörigen zählten, waren – wenn überhaupt – in den Frauenhäusern und -stationen nur zu festgelegten Zeiten und in allgemein zugänglichen Aufenthaltsräumen erlaubt. Aber auch die denkbare Alternative hierzu – Besuch im individuellen Rückzugsbereich – erwies sich als weitgehend unrealisierbar: 52% der Behinderten leben in 3–4-Bett-Zimmern; 20% in 5–9-Bett-Zimmern, nur 28% in Einzel- oder Doppelzimmern, wie sie die Heimmindestbauverordnung verschreibt. Zwei Drittel der Bewohner waren mit der Wohnsituation unzufrieden, im übrigen Drittel dominierte resignative Zufriedenheit, die ein Bewohner so zum Ausdruck brachte: „So zu wohnen, ist Gewohnheit“.

Die zum Teil jahrzehntelang erfahrene Dissonanz zwischen Wunsch und Wirklichkeit reduzierte das Wünschen: Ein „Zimmer mit Waschbecken“ schien als Fixpunkt der Hoffnung auf; ein „Einzelzimmer wäre ein Traumzimmer“, wie eine Bewohnerin der Anstalt versicherte. 20% der Befragten gaben an, daß ihnen von den Einrichtungsgegenständen des Zimmers, in dem sie schliefen (lebten?), nichts gehörte; der Besitz der anderen: ein Wecker, ein kleines Radio, Zimmerpflanzen, ein Kassettenrecorder, ein Regal, das aber bei einem Heimbewohner seit über zwei Jahren, wie ein Mitglied der Heimleitung erklärte, „wegen beabsichtigter Baumaßnahmen noch nicht angebracht werden konnte“. Auf der Wunschliste standen eigene Möbel obenan: Regale, Tische, Sessel, Sofas, ein eigener abschließbarer Schrank, Bettvorleger, Tapeten, Gardinen, ein farbiger Wandanstrich, eigene Bettwäsche. Die detaillierten Wunschkataloge der Bewohner zeigten deutlich das Bestreben, über Besitz und Eingriffsmöglichkeiten in die Gestaltung des Wohnbereichs ein Mindestmaß an Individualität zu verwirklichen.

Die hier in Ausschnitten vorgetragenen Daten aus der Lebenswelt Behinderter, die den Alltag als Lernfeld in erheblichem Maße vorstrukturieren, werden *nicht* mitgeteilt, *obwohl* sie banal sind, sondern *weil* sie banal sind und eben deshalb aus den gehobenen Wahrnehmungsmustern und Denkfiguren konzeptioneller Bemühungen und theoretischer Reflexionen ausgeblendet bleiben. Auf der Suche nach den Ursachen und Bedingungsfaktoren dafür, daß Integrationsbemühungen Behinderter derart „alltäglich“ unterlaufen werden, scheinen folgende Aspekte überprüfenswert:

1. Nicht hinreichend bewußt scheint uns in der Behindertenarbeit weithin die Notwendigkeit, die beiden auf den ersten Blick widersprüchlichen Grundsätze, auf denen jede Arbeit mit Behinderten von der Körperpflege bis zur Berufsberatung basiert, zu vermitteln: den

Marti Faber
Auf dem Anstaltsflur, I

Besonderungsgrundsatz einerseits und den Normalisierungsgrundsatz andererseits. Hierin spiegelt sich im Prinzip nichts anderes als die grundlegende Widersprüchlichkeit aller zwischenmenschlichen Beziehungen, die zwischen den beiden Wahrnehmungspolen und daraus abgeleiteten Gestaltungskriterien für zwischenmenschliche Beziehungen oszillieren: „Jeder Mensch ist anders" und „alle Menschen sind gleich". Beziehungen gelingen nur in der Vermittlung dieser polaren Wahrnehmungsmuster. Eines der zentralen Probleme professioneller Hilfe für Behinderte besteht in der Schwierigkeit, eigene Ähnlichkeiten mit Behinderten aufzusuchen und Behinderte untereinander nicht hinsichtlich ihrer Bedürfnisse, Verhaltensmerkmale und Einstellungen als mehr oder weniger gleich wahrzunehmen. Probleme der Wahrnehmungsdifferenzierung bestimmen maßgeblich das Spektrum sozialer Distanz zwischen Behinderten und Betreuern und lassen sich mit einiger Berechtigung als Ursache dafür vermuten, daß der uniformen Armseligkeit des Alltags Behinderter so gleichgültig begegnet wird.

2. Nicht nur in der Rehabilitation, aber auch hier sind die Gebilde, in denen wir leben, meist zu groß. Vieles spricht für die Vermutung H. v. Hentigs, daß „die Frage der Größenordnung sozialer Organisationen in den kommenden Jahrzehnten zu *der* entscheidenden Frage unserer Zivilisation" wird. Das Größenproblem gilt keineswegs nur für die aus dem 19. Jahrhundert überkommenen Anstalten, sondern ebenso für zahlreiche Neugründungen, wie der Vergleich mit skandinavischen Erfahrungen bestätigt. Auch dürfen die im letzten Jahrzehnt meist im Zusammenhang mit Werkstätten entstandenen zahlreichen Wohnheime für Behinderte nicht darüber hinwegtäuschen, daß nach wie vor die Mehrzahl der auf residentielle Einrichtungen angewiesenen Menschen mit geistigen und seelischen Behinderungen in Großeinrichtungen lebt. Die defizitären Alltagsstrukturen, die in der angeführten Untersuchung zum Vorschein kamen, haben eine ihrer Ursachen in der Größe und der daraus resultierenden Organisationsstruktur. Die Einrichtungsgröße hat unmittelbar Einfluß auf die Gestaltung von Entscheidungsprozessen; sie begünstigt deren Zentralisierung und unangemessene Versachlichung. Drängende emotionale Probleme denaturieren auf langen Entscheidungswegen regelhaft zu sozialbürokratischen „Vorgängen", die nach Aktenlage entschieden werden. Auf den antitherapeutischen Effekt dieses organisationsabhängigen Deformationsprozesses hat insbesondere Bruno Bettelheim aufmerksam gemacht. Über entsprechende Erfahrungen haben wir auch im Zusammenhang mit dem ersten Projekt, das wir hier vorstellen, zu berichten. Offenkundig ist schließlich auch der Zusammenhang zwischen Organisationsgröße, Organisationsstruktur und Anspruchsnivellierung. Individuell abgestimmte, persönlich vereinbarte und verantwortete Ausgehzeiten etwa lassen sich in kleineren, dezentral organisierten residentiellen Diensten ungleich leichter realisieren, ohne das Organisationsinteresse an Sicherheit und Ordnung zu verletzen, als in großen, zentralisierten Institutionen. Deren Steuerung erzwingt generelle Regelungen als Antwort auf höchst individuelle Ansprüche und Bedürfnisse. Dabei kaschiert ein abstrakt und generalisierend gehandhabter Gleichbehandlungsgrundsatz das Bedürfnis nach Komplexitätsreduktion: 200 gleiche Sitzgelegenheiten, Bettstellen, Nachtschränke – die Gegenstandsliste ließe sich beliebig fortsetzen und auf nahezu alle Wohn- und Alltagssituationen beziehen – unterlaufen die zur sozialen Rehabilitation gehörende Befähigung zu unterscheiden, auszuwählen, sich zu unterscheiden. Orientierungslernen, Diskriminationstraining versanden in abgehobener Förderbetriebsamkeit: wozu Farben unterscheiden lernen, wenn im eigenen Wohnbereich nicht einmal der Wandanstrich zur Disposition steht?

3. Mit der fortgeschrittenen Institutionalisierung der Bildungs- und Förderbemühungen in Schule und Therapie ist der Einfluß der Mitarbeiter im außerschulischen Lebensraum Behinderter im Blick auf Bildungs- und Förderaufgaben zurückgedrängt worden. Nicht zufällig zeichnen sich die einschlägigen Empfehlungen der Träger- und Fachverbände der Behindertenarbeit durch Inhaltsarmut und mangelnde konzeptionelle Stringenz aus. Das mittlerweile breit entwickelte Unbehagen gegenüber „inflationären" therapeutischen Angeboten artikuliert selten die Probleme, die sich aus mangelnder situativer Passung künstlicher Lernarrangements ergeben; es äußert sich dafür eher in diffuser Abwehr gemutmaßter Überforderung. Förderbemühungen stehen in der Behindertenarbeit weitgehend unbefragt

Marti Faber
Auf dem Anstaltsflur, II

häufiger in einem für schulisches Lernen typischen simulativen „als-ob-Kontext" als zwingend erforderlich.

4. Die Professionalisierung und fachliche Differenzierung der Arbeit sowie die damit einhergehende Rückführung des ursprünglich komplexeren Rollenrepertoires professioneller Helfer auf Ein-Rollen-Funktionen wie Heimerzieher, Freizeitpädagoge, Elternberater, hauswirtschaftlicher Mitarbeiter, Musiktherapeut etc. verschärft den angedeuteten Sachverhalt. Sie schafft innerhalb residentieller sozialer Dienste absonderliche Alltagssituationen. Die Funktion residentieller Einrichtungen nicht nur als Arbeits-, Unterrichts- und Versorgungsbetrieb, sondern vor allem auch als Ort gemeinsamen Lebens kommt dabei zu kurz. Jeder Pädagoge mit einiger Berufserfahrung weiß, daß die Auflösung multifunktionaler Rollen- und Interaktionsmuster im Grunde falsch ist –, die meisten aber lassen es geschehen angesichts der Komplexität der Aufgabe und der übermächtigen Tendenz großer Systeme, sich in dynamische Subsysteme mit ausgeprägten, schwer integrierbaren Eigeninteressen auszudifferenzieren. Der Wunsch nach Absicherung und Entlastung von kaum noch überschaubaren Verantwortlichkeiten und Abhängigkeiten tritt hinzu. Zusammengenommen bewirken diese Entwicklungen, daß der Alltag Behinderter aus dem Blickwinkel des „Normalbürgers" absonderlich erscheint und residentielle soziale Dienste als „ultima ratio" der Unterbringung stigmatisiert werden.

Lernen im Alltag

Den Alltag als Lernfeld bewußt zu erschließen meint dagegen, Möglichkeiten intensiverer Erfahrung und Auseinandersetzung nicht in therapeutisch überformte Arrangements auszulagern, sondern jedes Element der alltäglich erfahrenen dinglichen und personalen Umwelt auf ein kontinuierlich reflektiertes Bewußtseinsniveau zu heben. Der gesamte Alltag – vom Wecken über die Morgentoilette, den Weg zur Werkstatt oder zur Schule, die Zubereitung und Einnahme der Mahlzeiten bis hin zur Gestaltung des Übergangs zur Nachtruhe – gewinnt solchermaßen eine durchdachte Funktion im Rahmen der Rehabilitationsziele. Konkreter: das gemeinsame Frühstück von Behinderten und Betreuern wäre daraufhin zu überprüfen, ob es hinsichtlich der räumlichen Bedingungen, der Gebrauchsgegenstände, des sinnesbezogenen stimulierenden Ambiente, der Handlungsabläufe und Interaktionsstrukturen Möglichkeiten zur Entwicklung von Erlebnisfähigkeit, Selbstfindung, Kommunikationsfähigkeit, Selbständigkeit, Umweltorientierung, Gestaltungsfähigkeit, Leistungsfähigkeit und Mündigkeit beinhaltet.

Für den Alltag als Lernfeld sind einige Gestaltungsprinzipien genereller Art zu berücksichtigen, die in der Weiterführung des Normalisierungskonzepts anhand der Kriterien für die Gestaltung eines therapeutischen Milieus neue Wege erschließen:

1. Die Gestaltung des dinglichen Ambiente kann nicht allein vom gegenwärtigen Verhalten und Erscheinungsbild der Behinderten her erfolgen. Veränderte räumliche Bedingungen ermöglichen ein verändertes Verhalten bei Behinderten *und* Betreuern. Neues ist nicht an sich besser: Oftmals sind neu eingerichtete Wohnräume für Behinderte wenig mehr als eine mit Plüsch und Chrom kaschierte verdinglichte Variante kustodialer Versorgungsmuster. Die Dominanz passivierender Sitzgelegenheiten etwa bietet nicht mehr Aktivierungsimpulse als der klassische Wachsaal der Psychiatrie. Das Fernsehgerät hat in diesem Kontext weniger unterhaltende als kustodiale Funktionen. Es sorgt vor allem für Ruhe.
2. Jedes Lebensalter hat spezifische Interessenschwerpunkte. Lernen im Sinne der Auseinandersetzung mit der Umwelt und der Aufnahme neuer Erfahrungen ist auch bei Behinderten bis ins hohe Alter hinein möglich. Deshalb sind für die Gestaltung des Alltags altersspezifische Gesichtspunkte zu berücksichtigen. Die Tatsache, daß in vielen Behinderteneinrichtungen – in extremer Form auch in der von uns untersuchten Einrichtng, aus der hier einige Befunde mitgeteilt wurden – für geistig oder seelisch behinderte *Erwachsene* ein kindliches Ambiente geschaffen wird, z.B. verzüglich Kinderlieder in der Schallplattensammlung, Puppen und

Steiff-Tiere als Geschenke der Betreuer an Behinderte, Kreisspiele aus dem Kindergartenrepertoire und Mickey-Mouse-Filme als Freizeitangebot, hat weniger mit der Behinderung als mit der Rollenzuschreibung des Behinderten als eines „ewigen Kindes" zu tun. Demgegenüber sind Wohnwelten und Alltagsstrukturen zu entwickeln, die den besonderen Bedürfnissen und Ausdrucksformen der Kindheit, der Jugend, des mittleren Alters und des alten, nicht mehr berufstätigen behinderten Menschen Rechnung tragen.

3. Alltagsstruktur und Wohnfeld sollten Neugierverhalten herausfordern und zu differenzierter, parallel sich entfaltender Betätigung anregen. Dieser Gesichtspunkt spricht eher für Räume ohne Mittenbetonung, die nicht offen daliegen und auf einen Blick überschaut werden können, sondern dezentral angelegt sind, Winkel, Kojen, Nischen und Höhendifferenzierungen aufweisen. Dies ermöglicht nicht nur differenzierte Raumerfahrungen im Nahbereich, der bei behinderungsbedingt eingeschränkter Mobilität an Bedeutung gewinnt, sondern regt darüber hinaus zu Erkundungen im Nahbereich an: man ist eher geneigt, dahin zu gehen, von wo ein Geräusch kommt, dessen Herkunft dem Blick zunächst entzogen bleibt, als dorthin, wo alles Geschehen ohnehin offen vor Augen liegt.
4. Vielfältige Formen der Betätigung und Selbstversorgung wie Nähen, Werken, Bügeln etc. sollten nicht in eigenen und ausschließlich zu diesem Zweck eingerichteten Räumlichkeiten stattfinden, sondern im Zentrum des Wohnbereichs, analog zum Haushalt des „Normalbürgers", der ja in aller Regel auch nicht über eigene Bügelzimmer, Nähstuben, Bastelräume etc. verfügt. Überhaupt verdienen alle Räume innerhalb einer sozialen Einrichtung, für die es in normalen Wohnungen keine Entsprechung gibt – Eingangshallen, Festsäle, Andachtsräume, Arztzimmer, Dienstzimmer, Besucherzimmer, Isolierzimmer, Leichenräume –, unser größtes Mißtrauen, wenn das Normalisierungsprinzip ernstgenommen werden soll. Möglichkeiten zu spontaner Betätigung sollten im Zentrum, nicht an der schwerer erreichbaren und in vielfältiger Weise distanzierenden Peripherie verortet sein. Als Orientierungsrahmen bietet sich hier, durchaus quer zu einem vordergründigen Verständnis des Normalisierungskonzepts liegend, eher die dem vorindustriell-bäuerlichen Lebensbereich zugehörige multifunktionale Wohnstube oder der Gemeinschaftsraum innerhalb von Wohngemeinschaften an, als das auf Konsumption und verbale Kommunikation begrenzte Wohnzimmer, das sich, historisch gesehen, vom Salon herleitet.
5. Das dingliche Umfeld sollte durchschaubar und manipulierbar sein, um Orientierung, Sicherheit, Selbständigkeit und Geborgenheit zu fördern. An einfachen, nicht mit verdeckter Mechanik ausgestatteten technischen Einrichtungen lassen sich einfache Ursache-Wirkungs-Zusammenhänge sinnlich erfahren. Dies kann im einzelnen durchaus ein bewußtes Zurück hinter den fortgeschrittensten Stand der Haushaltstechnologie bedeuten.
6. Der Grundsatz, ganzheitliche Handlungsstrukturen statt disparater Handlungssegmente erfahrbar werden zu lassen, sollte nicht nur das schulische Lernen, sondern auch die strukturierten Alltagserfahrungen Behinderter bestimmen. Es stellt sich in diesem Zusammenhang die Frage, ob die nicht selten als Ausdruck geistiger Behinderung gewertete Bruchstückhaftigkeit von Handlungen möglicherweise auch auf die Vorgaben zurückzuführen ist, von denen das Versorgungssystem bestimmt ist. Jede alltägliche Routinehandlung ist von vorbereitenden und nachsorgenden Aktivitäten umlagert. Ganzheitlichkeit wird in dem Maße erfahrbar, in dem die einzelnen Handlungselemente in einer Hand liegen. Das gilt für das Essen und Trinken genauso wie für komplexere Selbstversorgungstätigkeiten: man kauft zum Beispiel ein Oberhemd, wählt es unter verschiedenen Angeboten entsprechend den eigenen finanziellen Möglichkeiten aus, stößt auf Anerkennung oder Ablehnung bezüglich der getroffenen Wahl, deponiert das Hemd im Schrank, bis man es schließlich anlegt, trägt es, entdeckt dann die ersten Schmutzspuren, legt das Hemd ab, entscheidet sich vielleicht aber auch, es doch noch einen Tag länger zu tragen, bringt es in die Wäscherei oder wäscht, trocknet und bügelt es selbst, um es – nun abstrakter gesprochen – wieder dem Ausgangspunkt des Selbstversorgungskreislaufs zuzuführen. Routiniertes Alltagshandeln, das, genauer betrachtet, eine Fülle von Entscheidungen, habitualisierten Handlungen und Fertigkeiten erfordert. Derselbe Vorgang reduziert sich im Rahmen eines umfassenden Versorgungssystems auf das Tragen des Oberhemds: von der zentralen Kleiderkammer ausgegeben, wird es

für eine bestimmte, reglementierte Zeit in Gebrauch genommen, um dann wieder in der zentralen Wäscherei zu verschwinden. Konkrete Erfahrungen sind so auf ein Minimum zurückgeschraubt, Entscheidungen weitgehend überflüssig. Das nimmt sich fraglos trivial aus. Aber, pädagogische Konzeptionen der Rehabilitation, die diese Trivialität nicht bewußt in den Blick nehmen, bieten kaum Gewähr dafür, den Anspruch behinderter Menschen auf ein möglichst selbstbestimmtes, sinnerfülltes Leben einzulösen.

Vorläufer von Heim und Anstalt: Spital und Ganzes Haus

Die Mehrzahl heutiger Behinderteneinrichtungen ist in zwei Traditionsstränge eingebunden, die vormodernen Wohn- und Lebensformen entsprechen: das mittelalterliche Spital und das sogenannte „Ganze Haus“, das bis ins 18. Jahrhundert allgemein, in einzelnen Landschaften und residualen ökonomischen Verhältnissen auch darüber hinaus, als Vorläufer der heutigen Familie, aber kaum damit vergleichbar, den Haushalt als Arbeits- und Lebenszusammenhang mit anders gearteter Privatheit und Öffentlichkeit umschrieb. Aus der Kenntnis dieser historischen Formen erst erschließt sich ein Verständnis der Eigentümlichkeit der weitaus größten Zahl residentieller Einrichtungen für Behinderte, die der, der sie zum ersten Mal wahrnimmt, in der Regel als Eigenwelt erlebt und beschreibt, um damit auf die Distanz hinzudeuten, die sie von den vorherrschenden Formen heutigen bürgerlichen Wohnens abhebt.

Damit ist noch keine wertende Feststellung getroffen. Wie auch? Die vorherrschenden bürgerlichen Wohnmuster sind zu brüchig und fragwürdig geworden; normal sind sie nur im statistischen Sinn und vorbildlich gewiß nicht. Das zeigt sich nirgends deutlicher als in der funktionalen „Entmischung“ moderner Städte, die nach dem 2. Weltkrieg wohnungsbaupolitisch forciert worden ist. Das Ergebnis, pathogene Schlafstädte, Ballungszentren ohne Urbanität und tote Innenstädte außerhalb der Einkaufszeiten, wird allenthalben beklagt. Rückgängig zu machen ist die so überaus gründlich vollzogene Entmischung kaum, mit Sicherheit nicht in dem Tempo, mit dem sie betrieben worden ist, auch wenn die Rücknahme dieser Entwicklung in den sich abzeichnenden Strukturen einer nachindustriellen Gesellschaft hier und da als Möglichkeit aufscheint.

Wohnen und Arbeiten waren in der vormodernen, nicht industriell geprägten Gesellschaft eins und dementsprechend räumlich ungeschieden. Bis zur Industrialisierung war nicht die auf engste Verwandtschaftsbeziehungen gegründete Familie im heutigen Sinne vorherrschende Lebenseinheit, sondern das „Ganze Haus“. An seiner Spitze stand der „Hausvater“. Seine durch Besitz, Recht und Tradition bestimmte Beziehung zu den übrigen Haushaltsmitgliedern läßt sich zutreffend als patriarchalisch kennzeichnen, mochte dieser „Hausvater“ nun Handwerksmeister oder Kaufherr im städtischen Lebensbereich, adeliger Grundherr oder Vollbauer im ländlichen Raum sein. Was heute noch patriarchalisch genannt wird, entlehnt von dort die Gebärde, bedient sich solchermaßen vormoderner Formen, ohne sie mit Inhalt füllen zu können; auch der rechtliche Hintergrund, der diese Beziehung einstmals regulierte, ist längst verblaßt. Die bis zur Revolution von 1918 geltenden Gesindeordnungen sind den Zeitgenossen kaum noch erinnerlich, heutiges Familien- und Arbeitsrecht gibt für patriarchalische Beziehungsmuster keine materielle Basis mehr her.

Zum „Ganzen Haus“ gehörte neben dem „Hausvater“ die „Hausmutter“, die für die Hauswirtschaft im engeren Sinne zuständig war, ferner die mitarbeitenden Familienangehörigen, einschließlich der Kinder, für die es eine von produktiver Arbeit und Teilhabe an der Selbstversorgung „befreite“ Kindheit im heutigen Sinne nicht gab. „Last and least“ folgten die Hausbediensteten, die Handwerksgesellen und das Gesinde der ländlichen Tagelöhner. Die Arbeits-, Wohn- und Lebensgemeinschaft des „Ganzen Hauses“, die durchaus fünfzig Personen und mehr umfassen konnte, lebte nicht nur unter einem Dach, sie teilte in der Regel auch dieselben Räume miteinander. Räumliche Nähe beim Arbeiten, Essen, Feiern, ja selbst Schlafen, wurde nicht als Problem empfunden, stellte die strenge ständische Stufung innerhalb des „Ganzen Hauses“ nicht in Frage. Auch ergaben sich aus der zwangsläufigen Vertrautheit nicht, wie wir aus heutiger Sicht vermuten könnten, emotional bestimmte persönliche Bindungen. Die Beziehungsstrukturen des „Ganzen Hauses“ ergaben sich nicht aus der räumlichen Nähe und Vertrautheit, sondern allein aus Herkunft und Stellung im ökonomischen Zusammenhang. Sie waren alltäglich erfahrbar, etwa in der Sitzordnung bei Tisch. Dies belegt beispielhaft die Ordnung der bäuerlichen Stube, wie sie von K. Baumgarten (1980, 146) rekonstruiert worden ist:

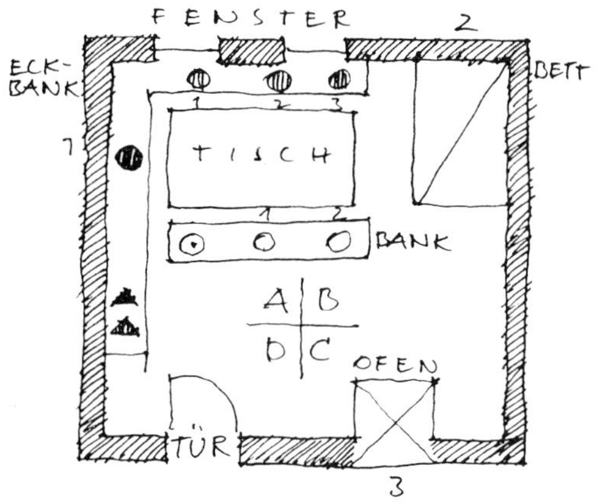

1. *Tischordnung:*
   - ● Sitz des Bauern
   - $●_1$ Sohn oder Großknecht
   - $●_2$ Mittelknecht
   - $●_3$ Kleinknecht
   - ○ Bäuerin
   - ○○ Kinder/Mägde
   - ▲▲ Tagelöhner, ungebetene Gäste, Bettler
2. Bett für Bauer, Bäuerin, Kleinkinder.
3. Der Ofen und die „Hölle“ darüber oder daneben als warmer Ruheplatz, zugleich als Ort feierabendlicher Betätigung wie Korbflechten, Löffelschnitzen und Geräteausbesserung.

A	B	Raumzonen mit unterschiedlicher Funktion und sozialer Wertigkeit von A nach D abnehmend.
D	C	

Nach allem, was wir wissen, kann der heute als maßgeblich eingeschätzte Zusammenhalt der Familie auf der Grundlage inniger Gefühlsbindungen – idealiter überhaupt nur auf dieser Grundlage – für die damalige Zeit nicht als Norm angenommen werden. Nicht zuletzt scheint die hohe Kindersterblichkeit allzu enge Gefühlsbindungen aus Gründen seelischer Ökonomie verhindert zu haben, aber auch der Prozeß des Zueinanderfindens, der Eheschließung, war, weil wesentlich ökonomisch gestimmt, ein anderer. Persönliche Vertrautheit dagegen bestand nicht nur innerhalb der Mauern des „Ganzen Hauses“, sondern auch zwischen den Häusern in einem Ausmaß, das so heute allenfalls noch in den Mittelmeerländern und auch dort nur in den noch nicht industriell geprägten Arbeits- und Lebenszusammenhängen anzutreffen ist. Offenheit nach außen gehört zur vorbürgerlichen Sozialität. Die Grenzen zwischen Öffentlichkeit und Privatheit sind nicht nur im räumlichen Sinne fließend; sie werden aber hier, beim Einbezug von Straße und Platz in das häusliche Leben, besonders sinnfällig.

Die Angehörigen des „Ganzen Hauses“ der vorbürgerlichen Zeit lebten in Räumlichkeiten mit Allzweckcharakter. Arbeit und Gewerbe, Feier und geselliges Gespräch, Essen und Schlafen, das alles fand in denselben Räumen statt, die für die verschiedenen Betätigungen und Bedürfnisse noch kaum spezialisiert waren. Sie gingen zumeist ohne Flur ineinander über. Teilhabe am Leben aller Hausgenossen war die Regel, nicht die Ausnahme; Rückzugsbereiche als Ausdruck eines Bedürfnisses nach Privatheit und Intimität entwickelten sich, historisch gesehen, erst spät. Sie gingen von der Schlafkammer aus und blieben lange Zeit darauf beschränkt. Das Mobiliar war wirklich noch mobil; selbst Betten waren bis ins 16. Jahrhundert hinein noch vielfach zerlegbar und wurden dort aufgeschlagen, wo man sie brauchte. Herrschaft und Gesinde schliefen bis zur frühen Neuzeit meist im selben Raum.

> „Rumet uz di Schämel und di Stüele
> Heiz di schragen vürder tragen
> Hiute sul wir tanzens werden müeder“,

sang Neidhart von Reuenthal um 1240, und das „grand lever du roi“, das die Morgentoilette Ludwig des XIV. in den Rang eines Staatsschauspiels hob, war nicht nur Ausdruck neuer, absolutistischer Herrschaftsgebärde, sondern zugleich auch zeremonielle Stilisierung der altgewohnten Teilhabe aller an allem.

Im 18. Jahrhundert hat sich dann jene spezifisch bürgerliche Lebensform herausgebildet, von der sich modernes Wohnen heute herleitet, und die das „Ganze Haus“ zunächst in den Städten, später auch auf dem Lande abgelöst hat. Haushalt und Arbeitsstätte wurden getrennt, die Wohnung hatte nur mehr den Zweck, die Kleinfamilie zu beherbergen; privates und öffentliches Leben schotteten sich zunehmend gegeneinander ab, viele Funktionen, die unter dem Dach des „Großen Hauses“ nebeneinander und ineinandergreifend erfüllt worden waren – Erziehung, Bildung, Krankenpflege, Ort für Geburt und Tod – werden ausgelagert. Mit der Auslagerung der Selbstversorgung und der Wechselfälle des Lebens kehrt die Langeweile ein.

Erhalten hat sich der Typus des „Ganzen Hauses“ dagegen in der Versorgung Behinderter, allerdings maßgeblich variiert durch den zweiten Traditionsstrang, der sich aus dem mittelalterlichen „Hospiz“ oder „Spital“ herleiten läßt und in die residentiellen Versorgungssysteme das hineinträgt, was wir als „Anstaltsstruktur“ bezeichnen. Klassisch ausgeprägt finden wir die Form des „Ganzen Hauses“ in den Gründungen der südwestdeutschen Rettungshausbewegung, besonders im Lebenswerk Gustav Werners (1809–1887). Die von ihm gegründeten „Bruderhäuser“, in denen, nach heutiger Terminologie, geistig behinderte Menschen, Körperbehinderte, psychisch Kranke, verhaltensauffällige und sozialbenachteiligte Menschen Aufnahme fanden, vereinen Arbeit und Wohnen nicht nur dort, wo die zugehörige Landwirtschaft als Grundlage weitgehender Selbstversorgung und Unabhängigkeit von Staatshilfe wie auch unregelmäßig fließender mildtätiger Unterstützung dies nahelegt, sondern auch unter Einbeziehung fabrikmäßiger Arbeit (Maschinen- und Papierfabrik). Zum „Ganzen Haus“ in diesem Sinne gehören als Vorsteher „Hausvater“ und „Hausmutter“, deren Angehörige, die mitarbeitenden „Hausgenossen“, die sich, ähnlich den „Gutleut“-Bruderschaften, Beginen und Begarden des späten Mittelalters, die vergleichbare soziale Dienste versahen, mit ihrer gesamten Habe in das Haus einbrachten, und die von Gustav Werner so genannten „halben Kräfte“, worunter er Menschen versteht, die am Leben des Hauses und an der Arbeit gleichermaßen teilhaben, aufgrund ihrer Behinderungen aber hier wie dort beschützender Hilfe bedürfen. Die Lebensform, die so entsteht, läßt sich wohl am ehesten als unbedingte Konvivialität umschreiben.

Die meisten Bruderhäuser wurden in Bauernhöfen eingerichtet. Wohn- und Lebensform entsprachen damit weitgehend den Gegebenheiten des sozialen Umfelds. Für die Zentraleinrichtung in Reutlingen, am Rande der Altstadt gelegen und mit einer Maschinenfabrik verbunden, galt dieser Grad der Normalisiertheit in den Wohnbedingungen nur bedingt. Vergleichbare Einrichtungen aus der Mitte des 19. Jahrhunderts waren von der Wohnform her betrachtet ähnlich „normalisiert“ wie die Mehrzahl der Gustav Wernerschen Bruderhäuser. Später erst bestimmen dann landesherrliche Danaergeschenke – aufgehobene Klöster und aufgegebene Herrensitze – das Erscheinungsbild residentieller Einrichtungen für behinderte Menschen. Da die Voraussetzungen fehlen, die ehemals herrschaftlichen Stätten adäquat zu beleben, entfalten sich dort nahezu zwangsläufig Anstaltsstrukturen.

Das Leben in den „Bruderhäusern“ ist hausöffentlich, nicht intim, und infolge der vielfältigen Beziehungen zur pietistischen Volksbewegung in Südwestdeutschland, öffentlich auch darüber hinaus. Privatheit ist in den Einrichtungen eigentlich nicht vorgesehen. Aber die Konvivialität als konkretes Sozialverhältnis auf spirituellem Fundament, die den Patriarchalismus vormoderner Zeit aufnimmt, steht schon zu ihrer Gegenwart quer, erst recht zur Zukunft, in der sich soziale Hilfe, wie andere Dienstleistungen auch, als arbeitsrechtlich bestimmtes Tauschverhältnis durchsetzt. Die Idee der unbedingten Konvivialität, die dem „Ganzen Haus“ im Sinne Gustav Werners zugrunde liegt, überlebt den Gründer nicht, weder in den eigenen Einrichtungen, noch dort, wo der Impuls auch aufgegriffen worden war. Sie scheitert hier wie ein knappes Jahrhundert zuvor, wo Johann Heinrich Pestalozzi in Stans Ähnliches versucht hatte.

Nach vielerlei erziehungstheoretischen Kannegießereien scheint uns die eigentliche Bedeutung des Stanser Projekts erst in jüngster Zeit von Klaus Mollenhauer in der notwendigen Deutlichkeit herausgestellt worden zu sein. Das, was wir unter dem Stichwort „Ganzes Haus“ zu fassen und am Beispiel Gustav Werners deutlich zu machen versucht haben, beschreibt er im Blick auf das Stanser Projekt so:

„Wenn schon die Lebensformen keinen pädagogischen Sinn mehr hergeben, dann muß die Grundlage für eine verantwortbare Erziehung im kleinsten und unverzichtbaren Element aller pädagogischen Verhältnisse gefunden werden. Das ist nun nicht etwa die abstrakte Konstruktion der Interaktionsstruktur zwischen Erwachsenem und Kind, sondern ein konkretes Sozialverhältnis: eine ‚Haushaltung'. Nur diese nämlich vermag noch die wesentlichen Elemente einer Lebensform zu repräsentieren, und zwar deshalb, weil sie nicht auf bloße Beziehungen gebaut, sondern – durch die materiellen Probleme der gemeinsamen Existenz – inhaltlich bestimmt ist. Daß in dieser Reduktion, die zugleich eine Art Entgegensetzung gegen herrschende Verhältnisse im ganzen ist, ein utopisches Moment enthalten ist, hat Pestalozzi sehr wohl gesehen: ‚Sie waren außer der Welt, sie waren außer Stans, sie waren bei mir, und ich war bei ihnen'" (Mollenhauer 1983, 75).

In unserer Zeit erst gewinnt die Idee der spirituellen Konvivialität neue Konturen: in den Häusern der „L'Arche-Bewegung" Jean Vaniers und den anthroposophischen Lebensgemeinschaften der Camphill-Bewegung, die auf den heilpädagogischen und sozialen Impuls Rudolf Steiners zurückgehen und im Lebenswerk des anthroposophischen Arztes und Pädagogen Karl König zuerst Ausdruck gefunden haben.

Bestimmend indes für die Mehrzahl residentieller Einrichtungen für behinderte Menschen wurde in der 2. Hälfte des 19. Jahrhunderts und blieb in vieler Hinsicht bis heute die Struktur der Anstalt. Sie ist in eine Tradition eingebunden, die folgende Vorformen aufweist: Pandocheum, Heiltempel und Valetudinarium aus vorchristlicher Zeit, Xenodocheum, klösterliches oder bischöfliches Hospiz aus der Zeit der früher Kirche, das mittelalterliche kirchliche, später auch städtische Spital, die Pesthäuser des späten Mittelalters, die Armen-, Zucht- und Arbeitshäuser der frühen Neuzeit, die Erziehungsanstalten des 18. Jahrhunderts (Spener, A. H. Franke, später dann vor allem prägend der frömmelnde Militarist v. d. Recke-Volmarstein) und schließlich die Krankenanstalten und psychiatrischen Landeskrankenhäuser des 19. Jahrhunderts, auf ehemals preußischem Gebiet Provinzial-, Heil- und Pflegeanstalten genannt.

Das *Pandocheum* ist das Gasthaus der Antike, es gewährt Kost und Herberge, gelegentlich auch Krankenpflege gegen Entgelt für Reisende. Ein übel beleumundeter Ort in der Regel, der nur wenig mehr Sicherheit bot als die Straße. Sein christliches Gegenbild ist das *Xenodocheum,* das Schutz, Gastfreundschaft und Pflege unentgeltlich bietet; alles in allem ein überzeugender Ort tätiger Nächstenliebe und Mission in heidnischer Umwelt.

Der griechische *Heiltempel,* der dem Gott Asklepios geweiht war (bedeutsame Tempelstätten befanden sich in Epidauros, Kos, Knidos und Pergamon) bot Heilung in traumhafter Begegnung mit der Gottheit im Tempelschlaf und ihre daran anschließende arzt-priesterliche Ausdeutung. Stationäre Krankenpflege bot der Heiltempel nicht. Die gewährte das *Valetudinarium,* eine römische „Erfindung", wo offensichtlich Kuren mit medizinischer Indikation dem Wunder- und Wallfahrtsbetrieb der älteren Heiltempel vorgezogen wurden. Es versorgte in der frühen Form eines Krankenhauses diejenigen, die auf häuslich-familiale Krankenpflege nicht rechnen konnten: Soldaten, die an den Grenzen des römischen Reichs stationiert waren (für Neuß und Xanten sind Valetudinarien überliefert) und Sklaven der großen Gutsbetriebe.

Die Einrichtung von *Hospizen* (Xenodocheen) bei Hauptkirchen und Klöstern geht in die Zeit der frühen Kirche zurück. Das *Hospiz* nahm Hilfsbedürftige aller Art auf, es war Pilgerherberge, Krankenhaus, Altersheim, Armenanstalt, Witwen- und Waisenhaus in einem. Basilius der Große, Bischof von Caesarea, schreibt 375 die Einrichtung von Hospizen für alle Klöster vor. Während im Westen zunächst kleine Hospize mit etwa 12 Betten am häufigsten waren, entwickelten sich im Osten des römischen Reichs und seinen Nachfolgestaaten große und spezialisierte Einrichtungen. Anregungen für größere und spezialisierte Hospize gingen später auf Impulse der Kreuzfahrer zurück, die diese Form im Osten kennengelernt hatten (Johanniter, Templer). Bedeutsam für den vorliegenden Zusammenhang ist die Forderung des Heiligen Basilius, die Lebenssphären der Kleriker und Insassen in den klösterlichen Hospizen außerhalb der gottesdienstlichen und pflegerischen Verrichtungen strikt zu trennen. Dieses Strukturmerkmal hat sich über alle Zeitbrüche hinweg in der anstaltsmäßigen Versorgung bis in die Gegenwart hinein ebenso erhalten wie die zumeist religiös überformte Disziplinierung der Insassen durch eine Strukturierung des Alltags, die auf Formen klösterlichen Lebens zurückgeht.

Einer der nachhaltigsten Zwänge für die Kapazitätserweiterung der Hospize im Westen ging von den Seuchen und Pestepidemien aus, die Europa seit dem 14. Jahrhundert heimsuchten. Sie erforderten Sondereinrichtungen außerhalb der üblichen Wohnquartiere, die in einzelnen Fällen, wie etwa beim Mailänder Lazaretto, die Gestalt riesiger Quarantänelager aufwiesen. *Pest-* und *Leprosenhäuser* brachten das Phänomen der räumlichen und gesellschaftlichen Absonderung hervor, die später so generalisiert wurde, als sei Devianz jedweder Art ansteckend. Nicht nur „das Irrenhaus hat", wie Michel Foucault meint, „den Geruch des Pesthauses geerbt", auch Armenhaus, Waisenhaus, Siechenhaus und Krüppelanstalt übernehmen dessen Stigma. Dies wohl nicht zuletzt deshalb, weil sie häufig in den Pesthäusern und Leprosorien, die nach dem Abebben dieser Epidemieformen in Europa im 17. und 18. Jahrhundert leerstanden, eingerichtet worden sind.

Armut und Behinderung gehören im Kontext residentieller Einrichtungen schon im Mittelalter zusammen. Noch im 19. Jahrhundert liegt in den meisten Städten die Aufsicht der nunmehr durchgängig getrennten Einrichtungen für Kranke, Waisen, Arme und Irre in der kommunalen Armenverwaltung in einer Hand. Insofern ist bis ins 19. Jahrhundert hinein die Entwicklung residentieller Dienste für im heutigen Sinne behinderte Menschen stets im Zusammenhang mit den generellen Mustern gesellschaftlichen Umgangs mit Devianz und Armut zu sehen.

Der im 14. Jahrhundert einsetzende Verfall der mittelalterlichen Gesellschaftsstrukturen beseitigt die Vorrangstellung residentieller Armenfürsorge in der Form klösterlicher und stiftskirchlicher Hospize. Die beginnende Neuzeit bringt – mit maßgeblicher Unterstützung der Reformation – zunächst die Kommunalisierung der Armenfürsorge, später ihre repressive Funktionalisierung unter ordnungspolitischen Gesichtspunkten in staatlicher Regie. Die *Zwangsanstalten* des Absolutismus – Hôpital Général in Frankreich, Workhouse in England, Tucht- und Spinhuis in den Niederlanden, Zucht-, Arbeits-, Armen-, Werk- und Manufakturhaus in Deutschland – treten die Nachfolge des mittelalterlichen Hospitals an. Bei aller Verschiedenheit im einzelnen, die sich besonders in Deutschland aufgrund der territorialen

Zersplitterung im Unterschied zum zentralisierten Frankreich ausmachen läßt, stimmen diese neuartigen Einrichtungen in wesentlichen Merkmalen überein: Sie sind Disziplinaranstalten, nicht nur tendenziell oder nebenher, wie das auch für die mittelalterlichen Hospize gegolten haben mochte, sondern ausdrücklich. Sie kommen damit – Dialektik des Fortschritts – einem neu entstandenen Bedarf nach, der sich aus der Ablösung der bis dahin üblichen Todes- und Körperstrafen durch Freiheitsstrafen ergab. Diese neue Aufgabe hat die Herausbildung allgegenwärtiger Kontrollmechanismen zur Folge. Sie drückt sich in der baulichen Gestalt der neuen Institutionen aus: Funktional-additive Raumgliederung, Isolation gegenüber der Außenwelt, Überschaubarkeit der räumlichen Binnenstruktur, Isolationsräume für interne Sanktionsmaßnahmen, räumliche Isolation der Insassen voneinander und von den Betreuern. In der Folge dieser baulichen Maßnahmen oder im Verbund mit ihnen entstehen weitere Kontrollmechanismen und Zwangsregularien, die die Insassen – Bettler, abgeurteilte Verbrecher, Arbeitsscheue,

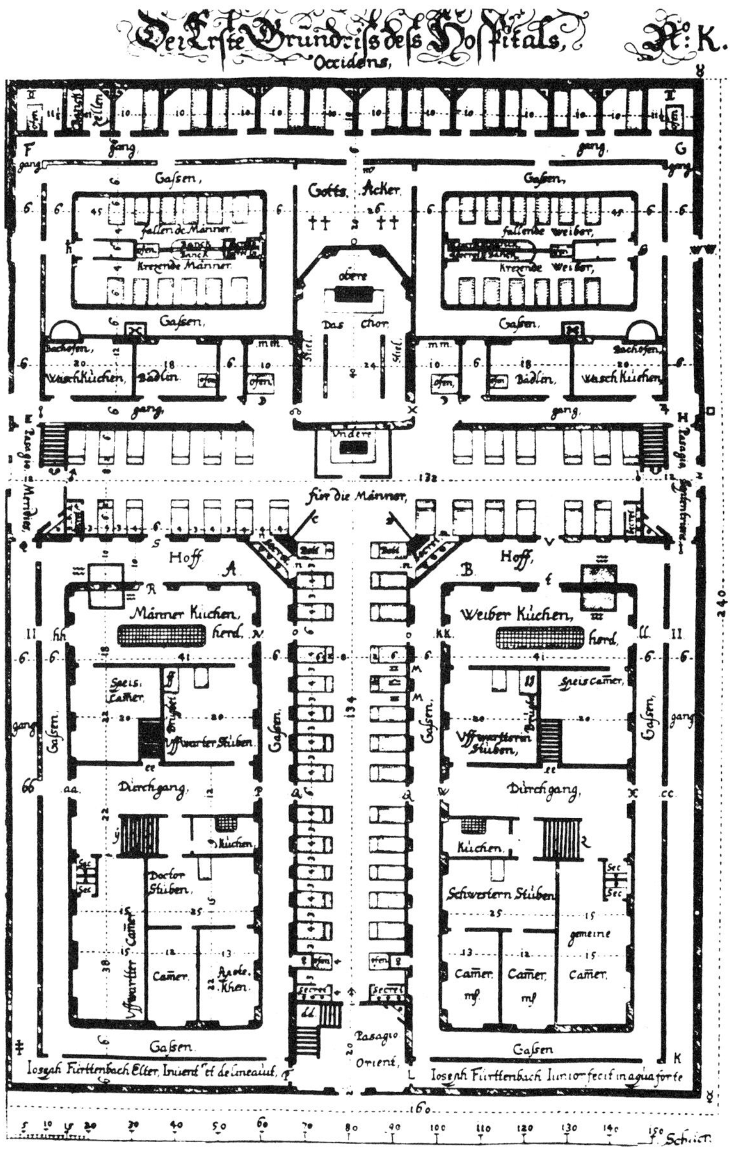

„Hospitals-Gebäw". Idealentwurf Joseph Furttenbach inventor, Joseph F. junior fecit in aquaforte, 1655.

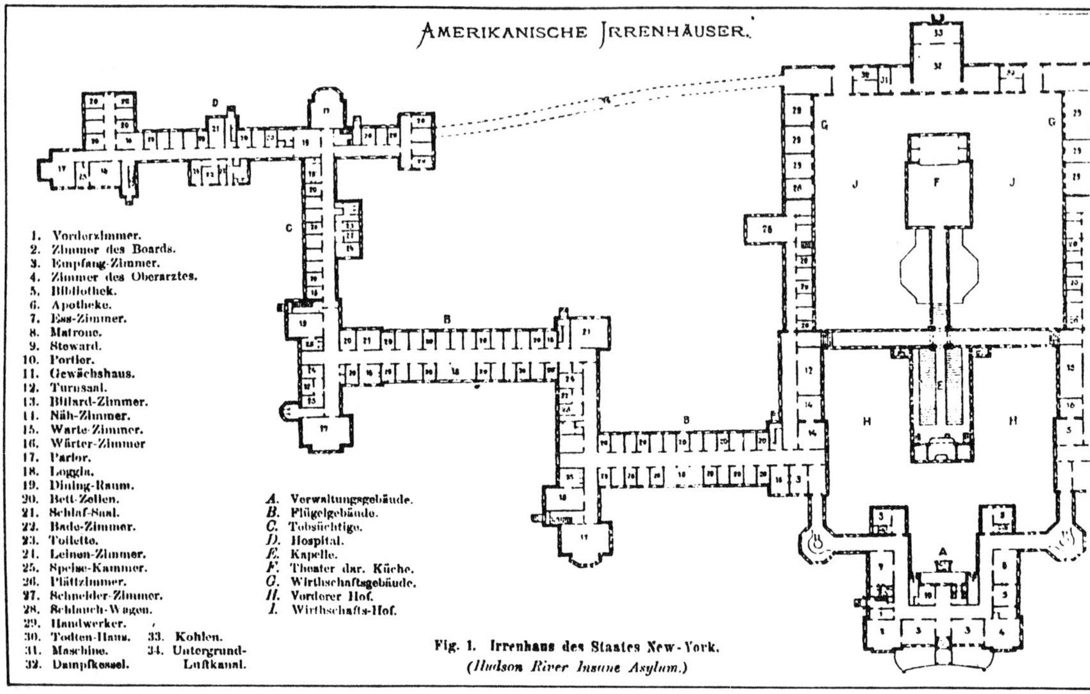

Fig. 1. Irrenhaus des Staates New-York. (*Hudson River Insane Asylum.*)

Extremes Beispiel für das Prinzip additiver Funktionalität.

Gebrechliche, Krüppel, Witwen, Waisen, Sieche, Irre – von ihrer bisherigen Lebenswelt radikal trennen. Ein Anstaltsreglement, das den Insassen einer fremdbestimmten Alltagsstruktur unterwirft, treibt seine Entindividualisierung voran. Alle alltäglichen Routinehandlungen werden einem rationalen Plan und der Aufsicht unterworfen: Weckzeit, Morgengebet, Einnahme von Mahlzeiten, Abendgebet, Arbeitsbeginn und Arbeitsende sind festgelegt. Die Lebenswelt der Insassen ist von der Lebenswelt der Betreuer strikt getrennt. Die Struktur der absolutistischen Zwangseinrichtungen entspricht in allem den Kriterien, die Goffman für die totale Institution herausstellt. Daß diese Merkmale nicht überall und jederzeit vorfindbar waren, ändert nichts an ihrem funktionalen Charakter. Sie sind Instrumente der Disziplinierung, zwangsarbeitsmäßigen Ausbeutung, gesellschaftlichen Ausgrenzung, Abschreckung und Kontrolle der aus der bürgerlichen Vernunftwelt herausgefallenen Menschen.

Aus der Masse der Armen und Devianten taucht der Behinderte als eigentümlich wahrgenommene Gestalt erst im späten 18. Jahrhundert auf. Die Differenzierung residentieller sozialer Dienste nach Behinderungsformen ist im wesentlichen ein Ergebnis der Aufklärung. Auf dem Neuhof, der ersten sozialpädagogischen Einrichtung, die Johann Heinrich Pestalozzi schuf, befanden sich (1777/78) auch zwei geistig behinderte Kinder, die, wie er berichtet, „anders dem Tollhaus aufgeopfert" worden wären: Ebenfalls 1778 gründete Samuel Heinicke in Leipzig die erste Taubstummenanstalt. Nach 1820 werden dann, infolge staatlichen Desinteresses an Fürsorgeaufgaben, vor allem von kirchlichen Kreisen in freier Trägerschaft differenzierte Einrichtungen geschaffen; Rettungshäuser für gefährdete und verwahrloste Kinder und Jugendliche, Krüppel-, Taubstummen-, Blindenanstalten sowie Einrichtungen für Fallsüchtige (Epileptiker). Die Entwicklung der Einrichtungen für Geistigbehinderte kann dabei in gewisser Weise als beispielhaft für den gesellschaftlichen Umgang mit Behinderten insgesamt gesehen werden. Die ersten Einrichtungen waren in aller Regel klein – in der Gründung Haldenwangs in Wildberg lebten 24 Behinderte, Gustav Werner begann seine Arbeit in Reutlingen mit 10 Behinderten –, von der Anlage her gemeinwesenintegriert, auf Konvivialität angelegt und am Vorbild des „Ganzen Hauses“ orientiert sowie von einem hochgestimmten pädagogischen Optimismus getragen. Obwohl so bezeichnet, entsprechen sie, typologisch betrachtet, der Anstalt früherer und späterer Zeit nicht. Die Entwicklung zur komplexen Großeinrichtung setzt erst ab 1860 ein und bestimmt dann bis etwa 1960 den Charakter residentieller Dienste für Behinderte. Wolf Wolfensberger führt diese Entwicklung, die sich nicht nur in Deutschland, sondern in allen westlichen Industrieländern mit gewissen zeitlichen Verschiebungen vollzieht, auf paradigmatische Veränderungen in der Sicht des Behinderten zurück. Für die USA beschreibt Wolfensberger (1974) in historischer Analyse folgende Phasen:

1. Förderperiode ab 1850: Der geistig Behinderte wird als förderungsfähig angesehen und in kleinen, gemeinwesenorientierten Einrichtungen mit schulischer Förderung über einige Jahre aufgenommen, um auf ein möglichst normales Leben „draußen“ vorbereitet zu werden.
2. Mitleidsperiode ab 1870: Der Behinderte wird als armes, leidendes Geschöpf angesehen, das vor den schädlichen Einflüssen der Gesellschaft geschützt werden muß. Als Folge dieser Auffassung vollzieht sich die Versorgung, die eher auf Pflege als auf Förderung angelegt ist, auf Dauer weitgehend isoliert in für vergleichsweise wirtschaftlicher gehaltenen großen Anstalten in zumeist ländlicher Abgeschiedenheit mit der Tendenz zur Infantilisierung der Behinderten.
3. Beschuldigungsperiode ab 1880: Der Behinderte wird als ein eigentlich „nichtmenschliches Wesen“ betrachtet, das nur vegetiert und daher viele Bedürfnisse und Rechte normaler Menschen nicht ausleben oder beanspruchen kann. Diese Auffassung führt vor allem zu abgesonderten, spartanisch ausgestatteten und „idiotensicheren Anstalten“, in denen alles darauf abgestimmt ist, Zerstörungen und Schäden durch die Behinderten zu vermeiden und die Kosten seiner Unterbringung möglichst gering zu halten. Die Anstalten sind als tendenziell autarke Selbstversorgungsbetriebe, in denen der Behinderte soweit irgend möglich durch eigene Arbeit zum Unterhalt beiträgt, konzipiert. Der Behinderte wird indes nicht nur als ökonomische Belastexistenz betrachtet, sondern zunehmend auch als genetische Bedrohung, weil durch ihn erblich die gesamte Gesellschaft degenerieren kann. Die Gesellschaft muß also vor ihm geschützt werden. Diesem Schutz dienen lebenslange Aussonderung. Heiratsverbote, Zwangssterilisierung und in letzter Konsequenz seine physische Vernichtung.
4. Periode des Eigenlebens der Anstalten ohne neue Zielsetzungen ab 1920.
5. Normalisierungsperiode ab 1960: Allmähliche Neuorientierung der residentiellen Dienste nach dem Normalisierungsgrundsatz gegen den Widerstand des bestehenden Versorgungssystems.

„Das Mädchenhaus der Blödenanstalt ‚Wittekindshof‘ zu Volmendingen bei Oyenhausen ist das Beispiel einer mit äusserst sparsamen Mitteln durchgeführten Bauanlage; sie wurde 1888 von Held errichtet.

Wie der Erdgeschossgrundriss in Fig. 275 zeigt, entbehrt das Haus gänzlich eines Flurganges; der Verkehr wird im Erdgeschoss durch den Speisesaal, im I. Obergeschoss durch die Lehrzimmer vermittelt, wenn diese Räume nicht für ihren eigentlichen Zweck benutzt werden.“

(Handbuch der Architektur, 1903)

Fig. 275.

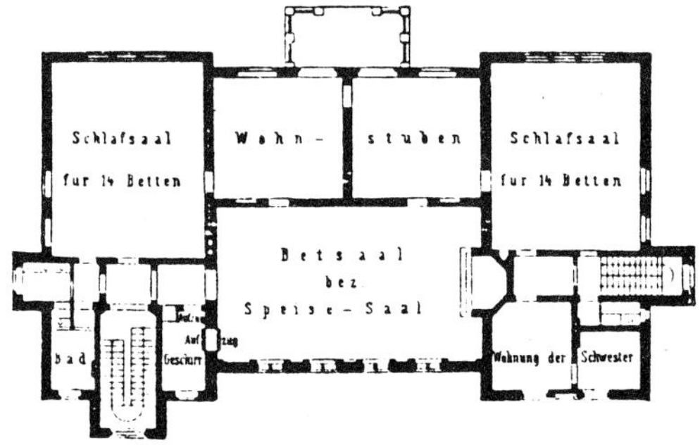

Mädchenhaus der Blödenanstalt »Wittekindshof« bei Oyenhausen.
Erdgeschoss.
Arch.: *Held.*

Diese auf amerikanische Verhältnisse bezogene Periodisierung läßt sich mit gewissen Einschränkungen unter Berücksichtigung zeitlicher Verschiebungen durchaus auf deutsche Verhältnisse übertragen, wo die erste, sogenannte Förderperiode schon vor 1850 einsetzt, während die dritte Periode über 1920 hinausweist, ja gerade in diesem Jahr mit der Schrift von Binding und Hoche „Die Freigabe der Vernichtung lebensunwerten Lebens", die das Euthanasieprogramm des NS-Staates ideologisch vorbereitet, eine einschneidende Verschärfung erfährt. Die vierte Phase reicht mit eindeutigen Rekursen auf strukturelle Elemente und ideologische Versatzstücke der Mitleidsperiode bis zur Mitte der 60er Jahre, erst von da an kann, wenngleich unter Einschränkungen, von einer allmählichen Neuorientierung der Behindertenhilfe unter dem Gesichtspunkt der Normalisierung der Lebensbedingungen und der gesellschaftlichen Integration gesprochen werden. Maßgeblich bestimmt wird diese Neuorientierung von den Elternvereinigungen, in Deutschland von der „Lebenshilfe", die wiederum im weitesten Sinne als Teil der damals virulenten internationalen Bürgerrechtsbewegungen zu sehen sind.

Die Periodisierung der Hilfen für geistig Behinderte unter dem Gesichtspunkt handlungsleitender Paradigmen läßt sich durchaus treffend auf andere Handlungsfelder übertragen. Der gesellschaftliche Umgang mit physisch Kranken, Körperbehinderten, Verwahrlosten und Verhaltensauffälligen unterliegt analogen Entwicklungsmustern. Was die Zukunft bringt, ist durchaus ungewiß. Golden jedenfalls hat man sie sich ebensowenig vorzustellen wie die Vergangenheit, eher unsicher und von neuer Stigmatisierung bedroht. Differenzierteste Früherkennung und Gentechnologie schaffen ethische Probleme, die die normative Kraft des Menschen wahrscheinlich überfordern: Welche „Mängel" wird das „Mängelwesen" Mensch dem noch ungeborenen Mitmenschen in Zukunft zugestehen, als „lebenswert" anerkennen?

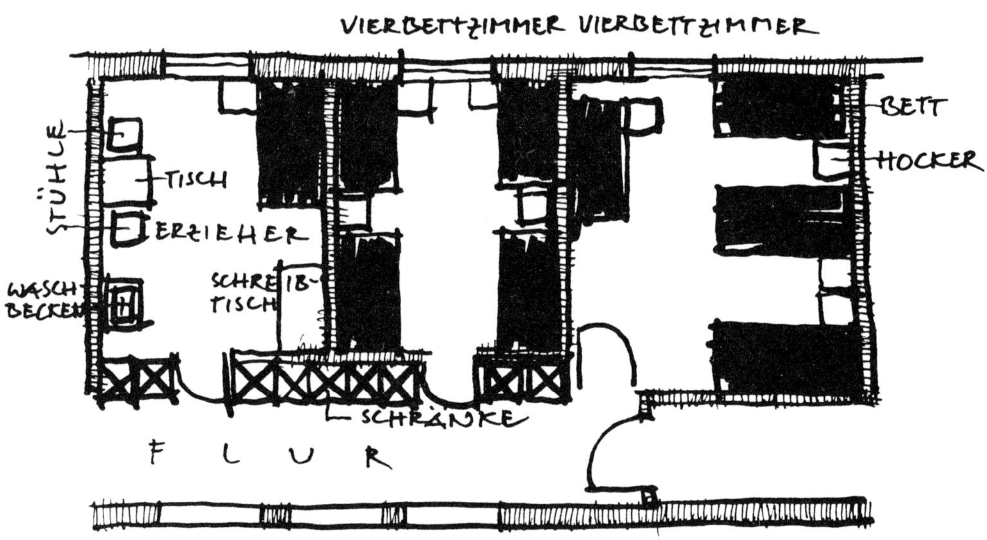

Standardgrundrisse für Räume in Heimen, wie sie vor zehn Jahren im Geistigbehindertenbereich als Neuheit gegenüber den Schlafsälen begrüßt wurden. Wenn auch inzwischen ein oder zwei Betten weniger in den Räumen stehen, ist die Qualität dadurch doch nicht besser geworden. Waschbecken sind selten installiert, die Schränke stehen immer noch auf den Gängen, denn so wurden sie konzipiert ... Dem Erzieher wird Personalität zugebilligt. Er darf sich sogar unbeobachtet waschen.

Aus einer Muster-Hausordnung für Heil- und Pflegeanstalten (1868)

„Für die Dauer ihres Aufenthalts in dem Krankenhause haben die Kranken nachstehende Bestimmungen zu befolgen:

1. *Die Kranken sind den Anordnungen der Direction, der Aerzte und der Beamten des Hauses in jeder Hinsicht Gehorsam schuldig. Ausserdem haben sie die ihnen von dem Krankenwartpersonal gegebenen Anleitungen in Betreff ihres Verhaltens unbedingt zu befolgen.*
2. *Bevor ein neu aufgenommener Kranker die Hauskleidung erhält und das für ihn bestimmte Bett einnimmt, muss er sich der für nöthig erachteten Reinigung unterwerfen.*
3. *Jeder Kranke hat dasjenige Geld, welches er bei seiner Aufnahme mit sich führt, oder welches ihm während seines Aufenthalts in der Anstalt zugeht, sobald der Betrag 1 Thlr. übersteigt, gegen Quittung an die Anstaltskasse entweder selbst oder durch den Abtheilungsinspector, geringere Beträge aber an diesen gegen eine Empfangsbescheinigung zur Aufbewahrung abzuliefern.*
6. *Jeder Kranke muss das ihm angewiesene Bett ohne Widerrede einnehmen und jeden etwa späterhin angeordneten Wechsel desselben sich gefallen lassen. Eigene, namentlich Federbetten, zu benutzen, kann nicht gestattet werden.*
7. *Für alle in der Anstalt befindlichen Kranken ist eine Hauskleidung vorgeschrieben, welcher sich Jeder bedienen muss.*
11. *Nicht bloss in den Krankenstuben, sondern in der Anstalt überhaupt muss Jeder sich ruhig und gesittet benehmen, sich alles unanständigen Geräusches, es sei durch Singen, Pfeifen, Zanken, Thürwerfen oder dgl., enthalten, sich gegen die Krankenväter, Hausdienstleute und Mitkranken bescheiden betragen und den letzteren, wenn sie schwächer sind, etwa nöthige Hülfleistungen nicht versagen.*
12. *Wenn Aerzte oder andere Beamte der Anstalt die Krankenzimmer betreten, muss jeder nicht in seinem Bette befindliche Kranke sich sofort an seine Lagerstelle begeben und während der Anwesenheit der gedachten Personen sich ruhig verhalten.*
13. *Das Tabakrauchen ist den Kranken in der Anstalt nirgends erlaubt. Karten- und alle anderen Spiele sind untersagt.*
15. *Ohne besondere Erlaubniss des Arztes darf kein Kranker sich auf den Gängen und Erholungsplätzen aufhalten.*
18. *Die männlichen und weiblichen Kranken bleiben auf den Erholungsplätzen von einander gesondert. Besuchende Personen dürfen mit den Kranken auf den für diese angewiesenen Plätzen nicht verweilen.*
19. *Kein Kranker darf ohne Erlaubniss des Arztes die Kirche besuchen. Jeder muss daselbst ruhig sein und darf die Andacht der Versammlung auf keine Weise stören.*
20. *Glaubt ein Kranker Ursache zu einer Klage zu haben, so wendet er sich zunächst an den ihn behandelnden Assistenzarzt oder an den Abtheilungsinspector, und wenn er sich über diese zu beschweren haben sollte, oder wenn er seine Klagen von diesen nicht für gebührend berücksichtigt und erledigt hält, an die Anstaltsdirection.*
27. *Wer gegen diese Vorschriften handelt und die Ermahnungen und Zurechtweisungen der Aerzte, Beamten und des Wartpersonals nicht beachtet, wird, wenn der Krankheitszustand es irgend erlaubt und der Kranke nicht als Gefangener zu behandeln ist, sogleich aus der Anstalt entfernt. Ausserdem ist die Direction vermöge der ihr zustehenden Hauspolizeigewalt befugt, angemessene Disciplinarstrafen zu verhängen.“*

Ein Wohnheim der achtziger Jahre: Entwurfskritik

Das Jahrzehnt zwischen 1970 und 1980 ist in der Behindertenhilfe durch eine beachtliche Bautätigkeit geprägt; sie betrifft die Bestandssanierung ebenso wie die Neuerrichtung von Wohnstätten. Ein einheitliches Konzept indes ist für diesen Zeitraum nicht auszumachen. Selbst in einer so grundlegenden Frage wie der angemessenen Größe von Behindertenwohnstätten besteht, gemessen an dem, was in den siebziger Jahren baulich realisiert worden ist, offenkundig keine Übereinstimmung. So ist die von der *Weltgesundheitsorganisation* schon vor über einem Jahrzehnt empfohlene drastische Reduzierung der „Bettenzahlen" in stationären Komplexeinrichtungen nur zögernd aufgegriffen worden; nicht wenige Einrichtungen haben in diesem Jahrzehnt, das günstige Voraussetzungen für einen Neubeginn bot, den Platzbestand nicht nur gehalten, sondern noch erheblich erweitert. Auch ist die Diskussion darüber, was über die rechtlichen Vorschriften hinaus, die im „Heimgesetz" und in der „Heimmindestbauverordnung" ausgewiesen sind, Wohnen im beschützten Raum bedeutet, nur zögernd in Gang gekommen. Die Bochumer Wohnstättenstudie von 1972 gilt trotz ihrer Mängel, die nicht zuletzt in der Reduktion der Problematik auf Wohn*formen* zu sehen ist, immer noch als nicht überholtes Standardwerk.

Wohnheim für 27 geistig Behinderte in Düsseldorf-Gerresheim, Gudastraße 6

Bauherr
Lebenshilfe für geistig Behinderte e.V.
Heidelberger Straße 85, 4000 Dusseldorf 1

Planung
Professor Karl Wimmenauer, Dipl.-Ing. Architekt BDA, Dusseldorf
mit Margret Balkow, Architektin, Dusseldorf

Inneneinrichtung
Margret Balkow, Architektin, Dusseldorf

Bauleitung
Rolf Thiele, Bauingenieur, Meerbusch

Baubetreuung
Dietmar Hopp, Frechen

Baustatik
Dipl.-Ing. Jürgen Buscher und
Dipl.-Ing. Heinz Dische, Dusseldorf

Baugrunduntersuchung
Dipl.-Ing. J. Dietrich und
Dr. Ing. G. Leonhardt, Düsseldorf

Vermessung
Dipl.-Ing. H. Brandau, Düsseldorf

Haustechnik
Planungsgemeinschaft Haustechnik, Dusseldorf

Baubeschreibung

Auf dem 1.340 qm großen Grundstück in Dusseldorf-Gerresheim, Gudastraße 6 wurde ein Wohnheim für 27 alleinstehende arbeitsfähige geistig Behinderte nach den gültigen Richtlinien gebaut.

Störungsfreies Wohnen für die Behinderten und für die Nachbarn ist besonders bedacht worden.

Das Grundstück fällt nach der Gartenseite (Osten) um eine knappe Geschoßhöhe ab. Diese Hanglage ist ausgenutzt, das Gebäude ist zur Gudastraße zweigeschossig; nach Osten öffnet sich das Untergeschoß in ganzer Höhe zum Garten hin. Hier sind -sicht- und schallgeschützt- die Gemeinschaftsräume mit Bewirtschaftung untergebracht; ein offenes Forum für Spiel und Aktion stellt die Verbindung zwischen Haus und Garten her.

Der Garten hat begehbare Rasenflächen und ist mit Obstbäumen bepflanzt. Ein Gartenweg mit 6% Gefälle führt von der Straße her zum Forum und zu den Gemeinschaftsräumen hinunter.

Der Bau ist in L-Form angelegt und wird in Straßenhöhe von der Nordwestecke her diagonal erschlossen. Der Eckturm (mit Treppe und Aufzug für Körperbehinderte) bringt die zweigeschossige Wohnbebauung der Gudastraße zum Abschluß.

In der Mitte der beiden oberen Geschosse sind Gruppenräume angeordnet. Von hier aus werden die Wohn-, Schlafräume (je zwei Gruppen von Einzel- und Doppelzimmern) — teilweise mit Naßzellen — erreicht. Leiter- und Betreuerzimmer sind im Eingangsbereich untergebracht.

Die **Bauweise** ist — abgesehen von der sorgfältig geplanten Installierung — einfach und bringt keine besonderen statischen und technischen Probleme:

Mauerwerksbau, zum Forum hin aufgelöst in Stahlbeton — Stützensystem; tragende Innenwände; normale Spannweiten und Öffnungen; Kaltdach. Außen- und Sichtmauerwerk rotbunt (vorgeblendet); Fenster und Fensterbrüstungen = Holz bzw. Holzverschalung. Gemeinschaftsräume im Gartengeschoß: Wände Sichtmauerwerk rotbunt (dto. Eingangsbereich im Erdgeschoß); Fußboden: Tonplatten rotbunt; Decke (wie auch in den oberen Gruppenräumen): Sichtbeton. Naßräume, Küchen usw.: plattiert. Objekte in normaler Ausführung. Übrige Räume: verputzt und hell gestrichen, Teppichboden.

Wege: Betonsteine; Forum: Fußboden aus Ziegelpflaster

Ein bemerkenswerter Impuls, die „Wohnfrage“ in der Behindertenhilfe stärker in das Bewußtsein der Öffentlichkeit zu rücken, ging 1981 von der Bundesvereinigung Lebenshilfe aus, die ihre zentrale Studientagung im Jahr der Behinderten unter das Thema „Humanes Wohnen – seine Bedeutung für das Leben geistig behinderter Erwachsener“ stellte. Ausgehend von den Erfahrungen voraufgegangener Tagungen erhoffte sich die Lebenshilfe auch hier „Akzente zu setzen“ und „Entwicklungen entscheidend zu beeinflussen“. Im Rahmen dieser Tagung hat der Architekt Prof. Karl Wimmenauer in einem Beitrag „Zur architektonischen Gestaltung der Binnen- und Außenstruktur des Wohnbereichs geistig behinderter Menschen“ den Entwurf eines Wohnheims vorgestellt, den wir hier diskutieren möchten.

Aus der Vielzahl in Frage kommender Pläne von Behinderteneinrichtungen, die uns in den letzten Jahren vorgelegen haben, möchten wir diesen Plan herausgreifen, weil er nach Anlage und impliziten Vorstellungsmustern durchaus beispielhaft ist. Zudem hat der Plan aufgrund seiner Darstellung im Rahmen der Lebenshilfetagung in der Fachöffentlichkeit erhöhte Aufmerksamkeit beansprucht und ist durch die entsprechende Veröffentlichung der Lebenshilfe

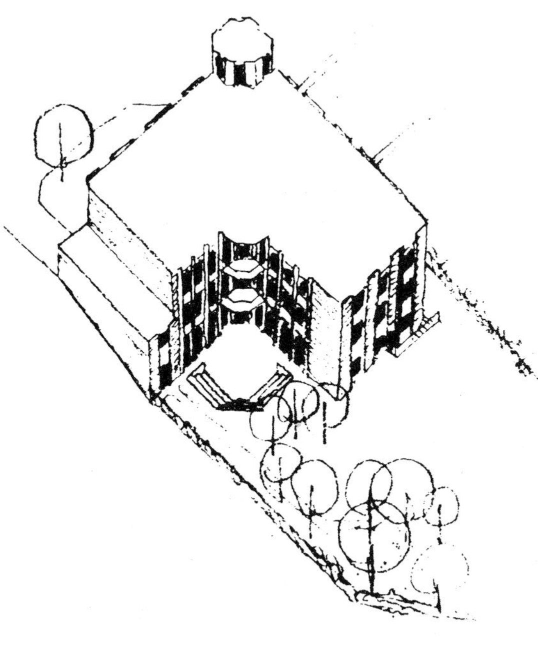

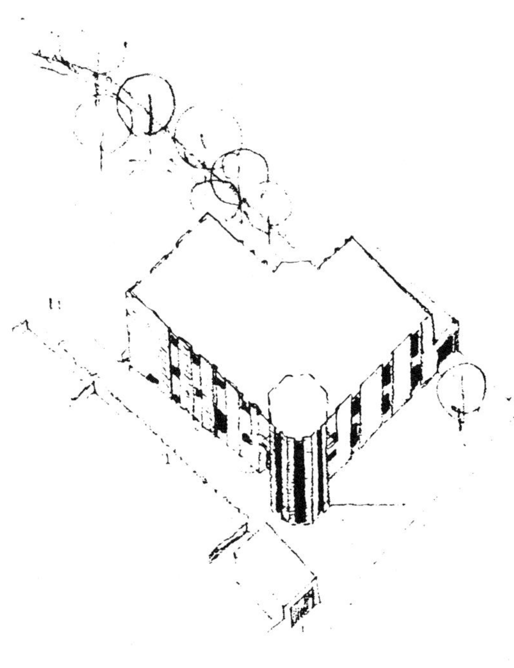

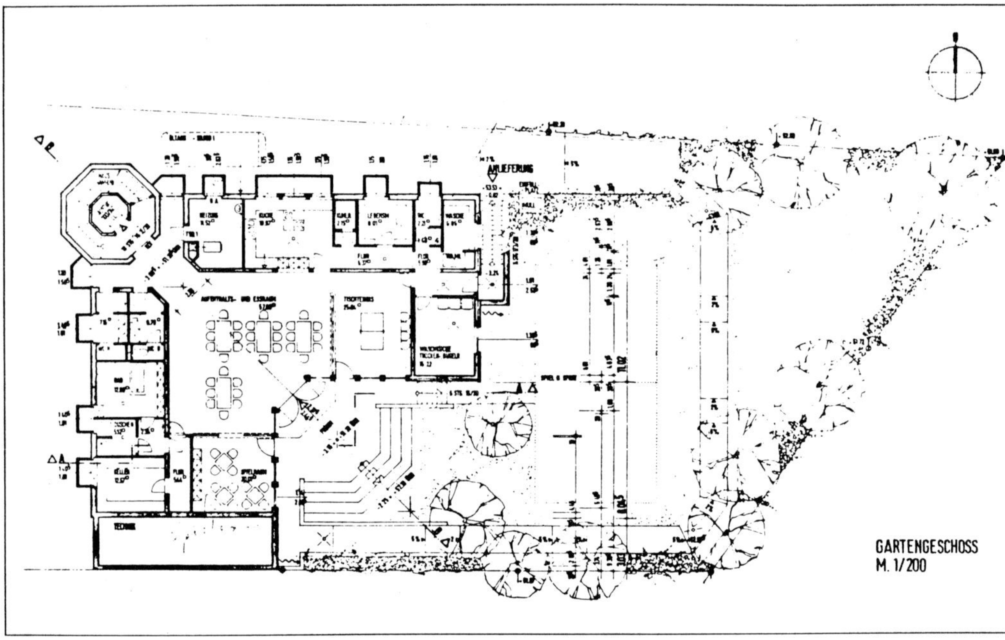

einschließlich der konzeptuellen Begründung jedermann zugänglich. Auch dieser Gesichtspunkt hat unsere Auswahl mitbestimmt. Daß wir gleichwohl nicht beabsichtigen, den Entwurf Wimmenauers zu einem „autorisierten" Planungsmodell der Lebenshilfe hochzustilisieren, versteht sich, wie wir meinen, von selbst.

Wir zitieren aus dem einleitenden Referat Wimmenauers:

„Der Architekt hilft den Schwachen und Behinderten am besten, wenn er seine Hauptaufgabe darin sieht, die einschränkenden Bestimmungen so phantasievoll-raumbildend wie möglich auszulegen und förderliche Bestimmungen wie Anordnung von Mindestbewegungsflächen und Zusatzraum bis zum Äußersten auszunutzen, ohne im geringsten gegen die Vorschriften zu verstoßen oder das genau festgelegte Raumprogramm zu überziehen. Ökonomie und Schönheit schließen sich nicht aus, lebendige Auslegung macht Vorschriften geradezu schön. Weit hemmender als Bauvorschriften und Normbestimmungen können die Einreden einzelner Mitglieder von Laiengremien, Bauausschüssen und Fördervereinen sein. Diese Einreden machen manchmal die kunstvoll mit den Bestimmungen in Einklang gebrachte Entwurfsidee des Architekten zunichte, so daß nur noch ein dünnes Relikt des ursprünglichen Entwurfsgedankens übrig bleibt. Den Bauausschüssen sei daher im Interesse einer guten Planung für die späteren Bewohner Zurückhaltung in der Beurteilung des Entwurfs empfohlen." (Lebenshilfe 1982, 200).

Was Archimedes recht ist, sei Wimmenauer billig: Zerstört ihm seine Kreise nicht! Uns erinnert diese Empfehlung an den Geniekult des beginnenden 19. Jahrhunderts: Architektur als Kopfgeburt; erhaben und einspruchsfrei zu halten, nicht als Produkt langwieriger und widersprüchlicher Interaktionen zwischen Planern, Betreuern, Bewohnern, Angehörigen und sachkundigen Vertretern der öffentlichen Hand.

Einspruch hätte sich unseres Erachtens schon frühzeitig gegen die Entwurfsgestalt geltend machen sollen. Sie entspricht dem Kriterium der Umweltstimmigkeit nicht. Die Architektur leistet damit nicht den ihr möglichen Beitrag zur Integration in das Umfeld. Von der ortsüblichen Bauweise – mehrgeschossige Wohnhäuser mit Satteldach und Dachgauben – weicht die Wohnheimkonzeption erheblich ab. Dazu trägt vor allem der mächtige Treppenhausturm bei, der nach Position und Gestaltung dem Passanten wie auch den Anwohnern eher Fremdheit als Vertrautheit signalisiert. Die Formensprache der Umgebung wird nicht aufgenommen. Der Eindruck

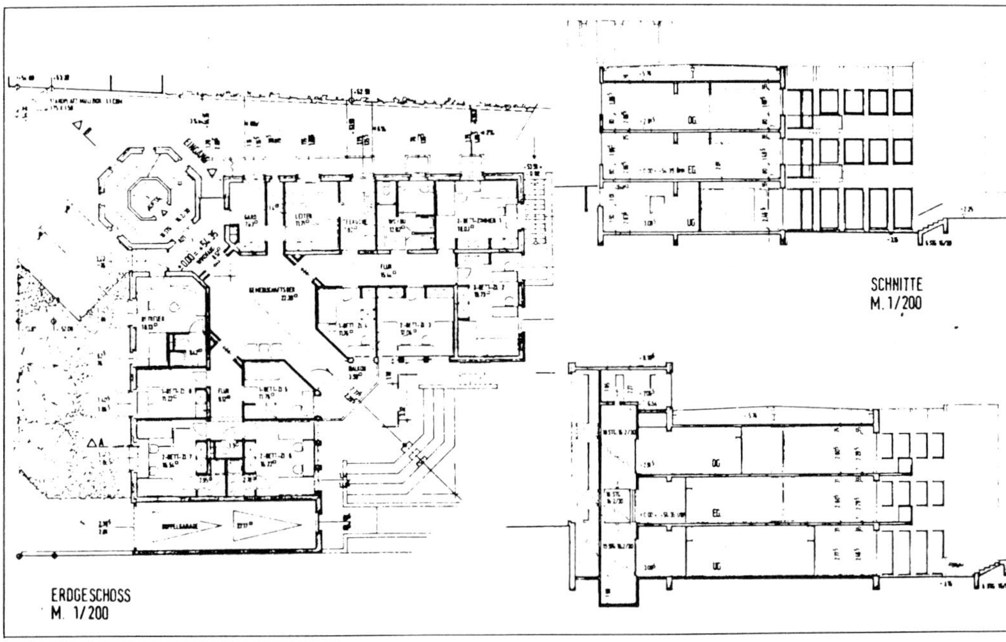

mangelhafter Umfeldintegration wird durch die vertikale Betonung der Fenster und das rotbunte Sichtmauerwerk verstärkt. Die von Wimmenauer geforderte „Einhelligkeit" des Bauwerks ist solchermaßen sicher verwirklicht, allerdings um den Preis der hier dringend zu fordernden unauffälligen Einbindung in das Umfeld. Der gesamte Baukomplex erschließt sich vom Treppenhausturm her in der Diagonalen. Über die nicht nur gestalterische Problematik der Diagonalen ist in anderem Zusammenhang schon gesprochen worden. Hier sei zusätzlich nur angemerkt, daß sie sich in ihrer Verlängerung über Wohnbereich und Gartentreppe hinaus als dysfunktional erweist; sie erschließt nicht die Tiefe des Gartens, sondern läuft auf eine seitliche Begrenzung, Mauer, Hecke oder Zaun, zu.

Der dominante Turm ist dem Kreis angenähert; der Kreis symbolisiert in der Formensprache seit jeher Binnenzentrierung, aber auch Erhabenheit. Beides ist für ein Behindertenwohnheim nicht angezeigt, steht der gewünschten Integration, die baulich eher Öffnung zur Nachbarschaft hin zu signalisieren hätte, entgegen. Aber auch unter funktionalen Gesichtspunkten ist der Turm fragwürdig; seine banale Aufgabenstellung – Treppenhaus mit Fahrstuhl und seitlich „verdrücktem" Eingang – beansprucht eine Aufmerksamkeit, die ihm von seinem Stellenwert für das Wohnen her nicht zukommt. Die Konzeption des Wohnheims scheint insgesamt aus dem Turm abgeleitet, seine zentrale Stellung findet Parallelen im Sakral- und Festungsbau sowie in Bauten mit kustodialer Funktion, höchst selten aber im Wohnungsbau.

Die Gemeinschaftsräume sind, wie die Baubeschreibung ausweist, in rotbuntem Sichtmauerwerk gehalten, ein Gestaltungselement, das vorzüglich in Schulen, Gemeindehallen, Behördenbauten usw. anzutreffen ist und dort eher Öffentlichkeit der Räumlichkeiten signalisiert als Privatheit, die hier dringend zu wünschen wäre. Die Versorgungsdienste sind an die Peripherie gedrängt; wären sie, so wie im gelungenen privaten Wohnungsbau, auf den Wohnbereich bezogen, nicht additiv-funktional, sondern integrativ-konfluent, käme ihnen eine deutlichere „stimulierende Funktion" (A. Günzburg) für die Selbstversorgung zu.

Betätigungsangebote sind mit den Angaben „Tischtennis, Spiel, Aktion" ebenfalls aus den Wohnbereichen ausgelagert. Was ein eigens ausgewiesener Spielraum in einem Wohnheim für Erwachsene zu suchen hat, bleibt unergründlich. So leistet er falschen Vorstellungen über geistigbehinderte Erwachsene Vorschub. Was „Aufenthalt" in dem dafür vorgesehenen Raum über die

Einnahme von Mahlzeiten hinaus inhaltlich bedeuten könnte, ist von der baulichen Gestaltung her nicht zu erkennen. Die eher phantasielose Reihung von Tischen und Stühlen weicht von den Gestaltungsmustern, die dem traditionellen Speisesaal in Anstalten zugrunde liegen, allenfalls größenmäßig ab. Die Veränderung von Quantitäten allein schafft hier indes keine neue Qualität.

Der Gemeinschaftsbereich im Wohnstockwerk hat keine unmittelbare Verbindung zur Teeküche. Auch da fällt eine bedeutsame Stimulationsmöglichkeit aus. Für gemeinsame Kochunternehmungen der Bewohner ist sie sicherlich zu klein (7,82 m^2). Die dringend zu wünschende Selbstversorgung der behinderten Bewohner denaturiert solchermaßen zu einem gelegentlichen Freizeitvergnügen, denn die Küche im Untergeschoß wird, so wie sie angelegt ist, gesundheits- und gewerbeaufsichtsamtlichen Auflagen unterliegen, die den freien Zugang der Bewohner erheblich erschweren, wenn nicht gar ausschließen. Fraglich, ob, wie Wimmenauer meint, „lebendige Auslegung“ auch hier „Vorschriften geradezu schön“ machen kann.

Der räumliche Bezug der Teeküche zum Leiterzimmer leistet zukünftiger Zweckentfremdung als Vorzimmer oder Betreuerteeküche geradezu Vorschub. Die Gemeinschaftsbereiche in den Wohnstockwerken – wir gehen davon aus, daß Erd- und Obergeschoß planerisch identisch sind – lassen sich, wie die Flächenverhältnisse verdeutlichen, als Ausstülpung der Flure begreifen: Windfang 8,57 m^2, angrenzende Flure 15,44 m^2 und 9,12 m^2, Gemeinschaftsbereich 22,38 m^2. Die Flure sind ausschließlich Verkehrsfläche, sie können von ihrer Anordnung her nicht als Erweiterung des knapp bemessenen Gemeinschaftsbereichs betrachtet werden.

Bei der Gestaltung der Zimmer der Bewohner fällt auf, daß offensichtlich bei allen zukünftigen Bewohnern davon ausgegangen wird, sie seien gleichermaßen abhängig von Versorgungsleistungen und gleichermaßen unfähig zur Selbstversorgung. So ist bezeichnenderweise in keiner Wohneinheit eine eigene Kochgelegenheit vorgesehen. Wünschenswert wären dagegen auch im Rahmen eines Wohnheims auf verschiedene Grade der Selbständigkeit abgestimmte Wohnangebote, die auch nicht nur so wie hier, „alleinstehende Behinderte“ als zukünftige Bewohner ins Auge zu fassen hätten.

Die Größe der Einzel- und Doppelzimmer hält sich im Rahmen dessen, was nach den Empfehlungen und Richtlinien der überörtlichen Kostenträger ohne Einsprüche und Widerstände durchzusetzen ist. Die Zimmer bieten Stellplatz für Bett, Schreibtisch und Schrank. Das größere Betreuungszimmer, das immerhin eine Sitzecke für Besucher aufweist, macht deutlich, was für die behinderten Bewohner mindestens zu fordern wäre: ein über basale Reproduktionsfunktionen hinausgehender individueller Rückzugsbereich.

Fazit: als modellhaft kann das Lebenshilfe-Wohnheim von K. Wimmenauer nicht bezeichnet werden, wohl aber als beispielhaft für verpaßte Chancen und unbefragte Einverständnisse über das, was als behindertengerechtes Bauen immer noch gilt.

Alternativen: Kleinsiedlung und Arbeiterwohnhäuser von E. Eiermann und H. Tessenow

Eine Bauweise, die in ihrer Einfachheit und Durchschaubarkeit für das Wohnen behinderter Menschen geeignet ist. Das Umfeld jedes Hauses dieser Kleinsiedlung böte vier Personen zur Betätigung genügend Möglichkeiten im Nutzgarten oder der Kleintierhaltung, und würde andererseits für die Bearbeitung keine zu hohen Anforderungen stellen.

Einfamilienhaus in einer Kleinsiedlung, gebaut 1946 von Prof. Egon Eiermann, 60 qm Wohnraum, Raumhöhe 2,20 m. Kellergeschoß roter Sandstein (alte Mauer), Wohngeschoß luftgetrocknete Ziegel, mit gebrannten Ziegeln verkleidet. Dachgestühl Nagelbinder. Dach 60 cm überstehend. Möglichkeit bequemen Wohnens für vier Personen durch geschickte Konzeption des Grundrisses (einge-

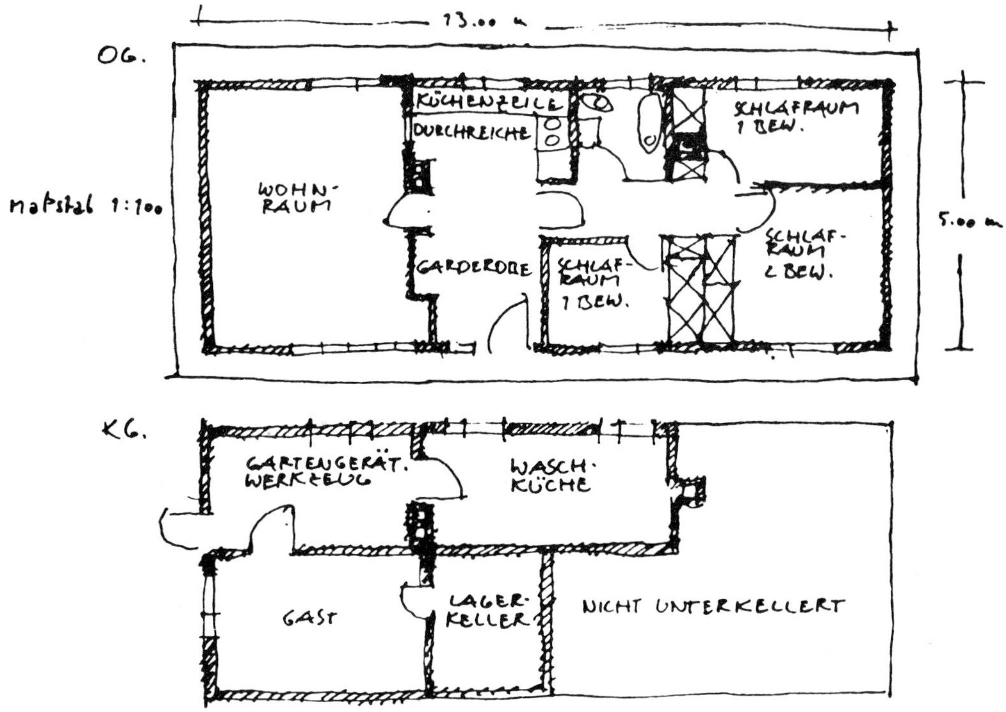

baute Schrankblöcke, nur eine Installationswand) und ebenerdigen Garten, der im Sommer erweiterten Wohnraum bietet.
(Die hier dokumentierten Einfamilienhäuser Eiermanns sind in der Architekturgeschichte weithin unbeachtet geblieben; zwischen den Buchener Nachkriegshäusern und den von Eiermann gestalteten Häusern des Horten-Warenhauskonzerns liegt kein konsequenter Entwicklungsgang, sondern ein Bruch, der beispielhaft verpaßte Chancen der Architektur nach dem 2. Weltkrieg beleuchtet).

Arbeiterwohnhäuser von Heinrich Tessenow

Der Baumeister Heinrich Tessenow (1876–1950) ist erst vor wenigen Jahren wiederentdeckt worden. Ausschlaggebend für seine Wiederentdeckung war vor allem die unerträglich gewordene Monotonie der als „International Style“ weltweit vertretenen Schablonenarchitektur ohne Rücksicht auf Landschaft, Klima, Kultur und soziale Situation, zu der auch Egon Eiermann mit seinen bekannteren Bau-

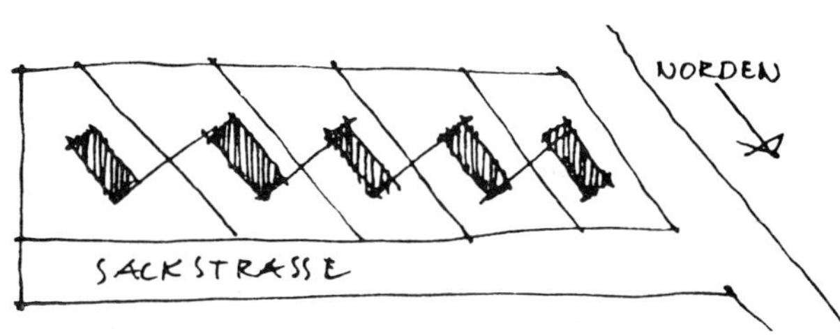

ten beigetragen hat. Zur Rückbesinnung auf die Anregungen Heinrich Tessenows führte auch die Suche nach Vorbildern für einen schlichteren, gleichwohl nicht seriell-typisierten und erschwinglichen Wohnheimbau.

Heinrich Tessenow kommt vom Zimmererhandwerk her, am Anfang steht nicht die künstlerische Ambition. Er hat sich stets als Baumeister, nicht als Architekt verstanden, der Begriff Baukunst, und alles, was sich daran an stilisierter Eigenwilligkeit emporrankte, war ihm zeitlebens zutiefst suspekt. Sein Interesse galt nicht der „großen“ Bauaufgabe, dem Monument, sondern dem sozialen Wohnungsbau, der Arbeiter- und Kleinstwohnung, die er allerdings als Kulturaufgabe begriffen hat: „Die Wohnung spiegelt den Menschen wider und genauso ist jede Kultur zuerst und zuletzt

Einfamilienhaus von E. Eiermann

Das Dach besitzt keine Traufe, damit man Regen und – im Winter – Eiszapfen beobachten kann. Gleichzeitig werden die Spalierbäume gewässert.

immer so, wie sie wohnt“, heißt es in einer frühen Schrift Tessenows.

Nicht die dem Bauernhaus entlehnte Behäbigkeit ist sein Ausgangspunkt, sondern die Negation der Mietskaserne in den Städten.

Tessenows Formensprache ist einfach, nicht ärmlich, aus dem Notwendigen und Zweckmäßigen abgeleitet: „Das Einfache ist nicht immer das Beste, aber das Beste ist immer einfach“, schreibt er 1909. Der Kanon der von ihm bevorzugten Gestaltungselemente, die sich in der Liebe zum Detail, zur handwerklich-soliden Arbeit und zur zweckmäßig einfachen Form verbinden, veranlaßt uns, auf Heinrich Tessenow als Vorbild auch für den Heimbau hinzuweisen. Zu diesen Gestaltungselementen gehören im Außenbau vor allem

- bergende, breit gelagerte Baukörper;
- Verzicht auf Ornament und Dekoration;
- Einbeziehung des Außenraums in die Gestaltung;
- Anlage des Außenraums als Betätigungsbereich (Garten, Werkstatt);
- einladende, überdachte Eingangsbereiche;
- keine Symmetrie, wohl aber Ausgewogenheit der einzelnen Bauglieder;
- tief herabgezogene, überstehende Dächer;

Aus: Wagerin, G.; Weiss, G.: Heinrich Tessenow, Essen 1976, S. 188

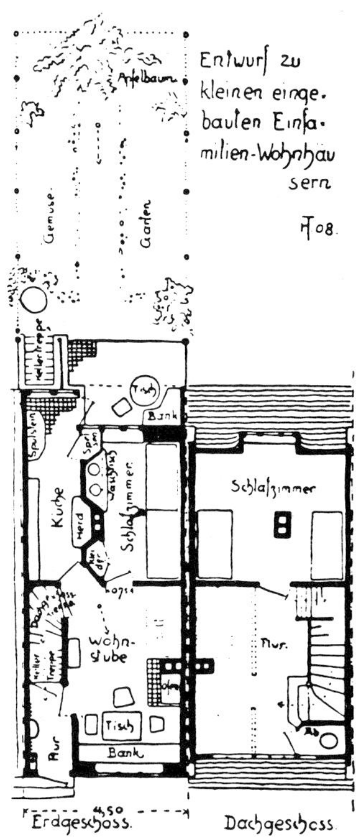

- Differenzierungen im Kleinräumigen, z. B. in den Hofsituationen, und
- Plastizität statt Flächigkeit der Gestaltung.

Im Innenraum gehören dazu:

- plastische Differenzierung der Wohnfläche durch Nischen, Erker, abgeteilte Ecken, im Wohnraum ansetzende Treppen, Podeste;
- Einbauten (Schränke, Regale etc.);
- wechselnde Fußbodenhöhen, relativ niedrige Zimmerdecken.

Tessenows Interesse richtet sich auf funktionale Ökonomie bei maximalem Gebrauchswert und minimalem Aufwand. Das Ergebnis ist nicht das Armenhaus, sondern ein Ort zum einfachen Leben, so, wie er für behinderte und schutzbedürftige Menschen zu wünschen ist.

Projekte der Wohnfeldgestaltung

„Würde eine neue Planung von Einrichtungen für den geistig behinderten Menschen erfolgen, die darauf aufgebaut ist, wie er ist, und nicht wie er sein wird, so wäre dies eine sichere Art, seiner Entwicklung eine Grenze zu setzen."

Anna Günzburg

Einführung

Bei Exkursionen im In- und Ausland, die wir zum Studium auch von Wohnsituationen unternahmen oder während Beratungen in Heimen und anderen Einrichtungen für behinderte Menschen ist uns die Diskrepanz zwischen unseren normalen Lebensbedingungen und denen von Heimbewohnern immer wieder aufgefallen. Das Gefälle von den Verwaltungshäusern und anderen Vorzeigestellen, wie sie aus dem Geist der Prospekte kommen, die als Visitenkarten von Einrichtungen verschickt werden, hin zu den Wohnstätten, in denen sich das Leben der Betroffenen abspielt, ist in vielen Einrichtungen bedrückend. Von den Stellen, zu denen viele schauen, bis dahin, wohin die wenigsten schauen, ist der Milieuunterschied erstaunlich groß. Dabei soll nicht bestritten werden, daß die zwischenmenschlichen Verhältnisse die erste, die gewichtigste Rolle spielen. Im komfortablen Verwaltungsgebäude können durchaus bis zur Unerträglichkeit Rivalitäten stattfinden, während in einer Behindertengruppe, die von Betätigung und beständigen Verhältnissen geprägt ist, auch in bescheidenen Räumen ein freundlicher Umgangston herrschen kann.

Vor allem modernen, neuen Bauen und Wohnen erscheint es uns allgemein, aber besonders für hilfebedürftige und schwache Menschen notwendig, daß sie in einer auf sie zugeschnittenen, sie meinenden Umgebung leben können, sowohl in gestalterischer als auch in menschlicher Hinsicht, daß also das Wohnen auf einer Ebene geschieht, die es den Bewohnern und den Betreuern möglich macht, gerne miteinander zu leben. Das bedeutet für uns, daß die Sterilität der Wohnsituation aufgehoben und statt dessen ein differenzierter Lebensbereich geschaffen werden muß, der neugierig macht, der aber auch Rückzugsbereiche bietet, Schutz gewährt, der zu Betätigung anregt, stimuliert und Lust zum Leben macht, der also dazu beiträgt, daß man sich am Alltag, an der Gegenwart freut. Das kann durch entsprechende, auf die Bedürfnisse der Bewohner eingehende Gliederung ihrer Räume durch Einbauten erreicht werden.

Eine Frage, die wir uns kaum stellen: Würden wir die üblichen Wohnheimangebote für gut und richtig halten, wenn sie für uns oder eines unserer Kinder, das plötzlich durch Unfallschaden behindert worden ist, wären? Würden wir selbst dieses Arbeits-, Freizeit- oder Wohnleben führen wollen, das wir behinderten Mitmenschen oft ohne Zögern zumuten?

Nicht die Größe von Schlaf- und Speiseraum allein ist der entscheidende Faktor, sondern durch die Einbauten kann ein auf die entsprechende Gruppe gerichteter Zuschnitt erreicht werden. Nach unseren Erfahrungen hat es sich als besonders günstig erwiesen, diese Einbauten nicht durch Fachleute machen zu lassen, sondern gemeinsam mit Betreuern, möglichst auch Heimbewohnern, Studenten, interessierten Menschen die Bedürfnisse der jeweiligen Wohngruppe zu überlegen, mit ihnen zu bauen und so in Wohnmöglichkeiten umzusetzen. Die Improvisation, das Denken und Arbeiten, nicht nur nach einem Plan, sondern auch Umänderungen während des Arbeitsprozesses, das organische Wachsen der Einbauten sind die wichtigsten Voraussetzungen. Auf diese Weise ist gewährleistet, daß die Räume später so bewohnt und genutzt werden, wie man es sich wünscht, denn durch die gemeinsame Arbeit an den Einbauten, welche auch die Hausbewohner mit durchführen, kommen sie den Dingen, die sie selbst gebaut haben, nahe. Sie haben sie im Zustand von Balken und

Brettern immer wieder in den Händen gehabt, bis sie ihre endgültige Gebrauchsform erreichten, sie haben eine Beziehung zu ihnen aufgenommen während des Einbaues, die ihnen das Wohnen und Leben darin zur Selbstverständlichkeit werden läßt, die sie mitverantwortlich dafür macht.

Zuerst waren es Kindergärten, Anlaufstellen für schwierige Kinder – ein Kinderzentrum, Erziehungsberatungsstellen, Schulkindergärten –, auch Kinderheime, Sonderschulen, in denen Einbauten durchgeführt werden.

Schließlich bauten wir in einem Gruppenbereich für erwachsene anfallskranke Männer in B. 1980/81 und für 10 mehrfachbehinderte Männer und Frauen in R. 1981/82, wovon hier ausführlicher die Rede sein wird. Anschließend werden einige weitere unterschiedliche Wohnfeldprojekte skizzenhaft vorgestellt, um die Breite der Anwendungsmöglichkeiten aufzuzeigen.

1. Beispiel: Haus T. in B.: Wohngruppe für anfallskranke Männer

Projektentwicklung

Hervorgegangen ist das Projekt aus einem Fortbildungsvorhaben der Diakonischen Akademie, Stuttgart, Fortbildungsbereich Behindertenhilfe. Die Ausschreibung des Seminars lautete: *„Wohnen unter therapeutischen Gesichtspunkten – Anleitung zur kreativen Gestaltung des Wohnfelds Behinderter"*.

Exkursion: 28. bis 30. April 1980.
Fortbildungswoche: 28. Juli bis 2. August 1980.
Auswertungstagung: 1½ Tage im Winter 1980/81.

Ziel:
Wohnräume sagen über die Beziehung zwischen Behinderten und Betreuern oft mehr aus, als Programme und schriftliche pädagogische Konzepte. Wir möchten mit diesem Seminar die Möglichkeit bieten, die Sprache der Architektur

deutlicher verstehen zu lernen und entsprechend den Bedürfnissen Behinderter weiterzuentwickeln.

Dazu ist vorgesehen:

a) eine Exkursion in mehrere Einrichtungen der Jugend- und Behindertenhilfe, in denen die Gestaltung des Wohnbereiches unter therapeutischen und heilpädagogischen Gesichtspunkten erfolgte;
b) in zeitlichem Abstand dazu eine Fortbildungswoche, in der Gelegenheit gegeben ist, ein Wohnmilieu, das sanierungsbedürftig ist, planerisch und praktisch in der Zusammenarbeit von Kursteilnehmern, Mitarbeitern der Einrichtung und Bewohnern unter fachlicher Anleitung umzugestalten;
c) eine Auswertungstagung, in der Probleme der praktischen Umsetzung des Erlernten in das eigene Arbeitsfeld bedacht werden sollen.

Zielgruppe:

Als Teilnehmer sind Projektgruppen aus Einrichtungen der Behindertenhilfe geladen, denen

- *ein Mitarbeiter der Leitungsebene (Heimleiter, Erziehungsleiter o. ä.);*
- *mindestens ein Mitarbeiter aus dem Gruppendienst und*
- *ein Mitarbeiter aus der Abteilung, die für bauliche Veränderungen in der jeweiligen Einrichtung zuständig ist,*

angehört.

Fachliche Leitung: W. Mahlke (Würzburg), N. Schwarte (Stuttgart).

Außer der Wahl eines geeigneten Wohnbereichs, der die Gewähr für die Durchführbarkeit einer Projektarbeit mit einer Gruppe von etwa 15 bis 20 Interessenten aus der Behindertenhilfe bot, war als erste Aktion mit dieser Gruppe die Besichtigung von sozialen Einrichtungen erforderlich, die bereits eine vergleichbare Atmosphäre hatten, an der die Effizienz raumgliedernder Versuche festgestellt werden sollte.

Gleichzeitig sollten die Teilnehmer die eigene Bereitschaft eruieren, sich mit solcherart Raumgliederung, wie sie in den Einrichtungen ausgeführt war, zu identifizieren, bis hin zum Gedanken der Möglichkeit, sie in die eigene Wohnsituation zu übertragen. Vor der Durchführung des Projektes sollte jedenfalls jeder wissen, was ihm zugemutet werden würde an Auseinandersetzungen – mit Material und Werkzeugen, Formen, der Schaffung räumlicher Veränderungen, an Auswirkungen auf Licht, Farbe; der Wirkung von Strukturen, nicht nur im materialen, sondern auch im sozialpädagogischen Sinne.

Das Gespräch mit den Nutzern in Heimen, Kindertagesstätten, Erziehungsberatungsstellen, das Erlebnis der Unterschiedlichkeit solchen Milieus vom Gewohnten sollte zur Entstehung eines Denkhintergrundes führen, von dem aus die Übersetzung nicht nur auf die geplante Aktion, sondern auch auf die Veränderungsmöglichkeiten in denjenigen Einrichtungen, in denen die Teilnehmer arbeiten, gelingen könnte.

Eine der großen Behinderteneinrichtungen im norddeutschen Raum hatte sich für das erste Projekt beworben.

Am 20. 3. 1980 besuchten wir B., um die drei für Einbauten in Frage kommenden Häuser zu besichtigen und gemeinsame Überlegungen mit den Hausleitern anzustellen, welches Haus am geeignetsten sei.

Als erstes sahen wir uns das Haus G. an. Uns fielen die großen, undifferenzierten Räume mit riesigen hochglänzenden PVC-Flächen auf, die dürftig möbliert waren. Auf großen Fluren spielten junge Erwachsene an Spielgeräten. Sonst gab es keine Anzeichen von Betätigung und Betätigungsgelegenheiten. Andere Bewohner gingen ziellos umher oder saßen apathisch auf Gängen – eine verbreitete Erscheinung in Einrichtungen für Behinderte, die sicher nur zum Teil auf Behinderung, auf Krankheit und Medikamente zurückzuführen ist, sondern sehr wesentlich auch Überversorgung, Untätigkeit und mangelnde Stimulation spiegelt. Es schien uns schwierig, den Einbaukursus in diesem Hause durchzuführen, weil zur Zeit unserer Besichtigung der Hausleiter verreist war, wir also seine Einstellung und seine Vorstellungen zu einem Einbauprojekt nicht ermessen konnten.

Das zweite Haus, das uns zur Wahl stand, war Teil der psychiatrischen Klinik für Langzeitpatienten, ein großer, moderner Neubau mit Krankenhauscharakter: kühl, abweisend,

hygienisch. Zum Teil Schlafsäle für zehn Personen, ausgestattet mit weiß lackierten Eisenbetten, dazwischen Nachtkästen, am Fußende je ein Stuhl. Fünf Betten links der Tür, fünf Betten rechts der Tür. Der Fußboden eine freie spiegelblanke PVC-Fläche, gegenüber der Tür eine Fensterwand, aus der sich flutende Helligkeit in den Raum ergoß. Keine Möglichkeit zum Rückzug.
Im zweiten Stockwerk gab es Einzel- und Zweibettzimmer. Hier waren die Räume offensichtlich gerade erst frisch getüncht worden, alle in sehr hellen Pastelltönen. Im Gespräch mit einigen Patienten erfuhren wir, daß sie sich zum Teil dunklere, gedämpfte Farben gewünscht hatten, weil ihnen die Räume zu hell waren. Der Maler war noch im Haus und meinte auf unsere Frage, wer denn die Farben bestimmt habe, das hätten die Patienten getan. Die Hausleitung habe deren Mitwirkung angeordnet. Als wir ihm von dem Wunsch einiger Patienten nach gedämpfteren Farben sprachen, meinte er, davon verstünden sie nichts. „Wer hat denn nun letztendlich die Farben ausgesucht?“ fragten wir. „Ich“, meinte der Maler, „weil die doch nichts davon verstehen“. Einbauten in diesem Hause schienen uns nicht angezeigt. Das Haus war erst einige Jahre alt, von vornherein großräumig und undifferenziert geplant. Wir sahen keine Voraussetzung dafür, uns hier einzufügen, Differenzierung zu sagen, wo sie vom Charakter des Hauses her nicht gewollt war.

Das Haus T. in B. war ein großes älteres Haus, einst für begüterte Anfallskranke in großbürgerlichem Stil errichtet, mit drei Wohnstockwerken auf einem Wirtschaftserdgeschoß mit festsaalähnlichem Speiseraum. Das Haus war während unserer ersten Besichtigung und später, während der Einbauarbeiten, die dann dort stattfanden, in einem Modernisierungsumbau begriffen, trotz der drei Etagen erstaunlicherweise ohne Fahrstuhl, obgleich anfallskranke Männer und Frauen das Haus beziehen sollten.

Für Einbauten in einem der drei Stockwerke schien uns das Haus aus drei Gründen geeignet:

1. Der Hausleiter war an dem Vorhaben interessiert, was für uns eine notwendige Voraussetzung war, ebenso wie die Bereitschaft der Mitarbeiter, sich darauf einzulassen.
2. Die hohen Altbauräume boten gute Möglichkeiten zu differenzierten, auch höhenunterschiedlichen Einbauten.
3. Der Grundriß des in Frage kommenden Gruppenbereichs war außerordentlich geeignet, das Individual- und Gruppenleben der Bewohner zu verbinden, denn der große Wohnraum bildete den Mittelpunkt der Wohnung. Vier Türen führten unmittelbar von ihm zu Einzel- und Doppelzimmern, die wir ebenfalls in die Wohngestaltung einbeziehen wollten, um auf diese Weise den Bewohnern die Wahl zu geben zwischen
   a) Rückzug in den eigenen Raum,
   b) Öffnung des eigenen Raumes zum Wohnraum hin – also passive Teilnahme am Gruppengeschehen, oder
   c) aktive Teilnahme am Leben im Wohnraum.

Zur Verfügung gestellt wurde uns eine „Station“ im 2. Stockwerk. Günstig als Ausgangssituation war auch, daß die Bewohner des Gruppenbereichs bereits in anderen Häusern untergebracht waren, daß also die Räume leer waren und die bisher gebrauchten Möbel nicht mehr verwendet werden sollten.

Der erste Teil des Seminars, die Exkursion der Seminarteilnehmer, mußte aus zeitlichen Gründen auf Einrichtungen beschränkt bleiben, welche an zwei Tagen im Gebiet zwischen Röhn, Steigerwald und Spessart zu erreichen waren, ohne daß durch die Angstrengung ständiger Besichtigungen und die Aufnahme von Neuem Überforderungsmüdigkeit aufkam. Es wurden Wohnheime, ein Kinderspielzentrum, Kindertagesstätten und Behindertenschulen ausgewählt; alles Einrichtungen, welche durch Betonung räumlicher Gliederung und Eigenart Anregungen zum Bedenken der Einbauten in B. zu vermitteln vermochten. Eigene Arbeiten – Glasfenster und keramische Wandflächen – mit Aussagen zwischen Pädagogik und Kunst sollten zusätzlich zu Gespräch und Seminararbeit den Denkhintergrund, das Menschenbild der Initiatoren verdeutlichen.

Eine Reise der behinderten Herren mit ihren Betreuern nach W. und in die Umgebung ähnlich der Exkursion der Kursteilnehmer fand kurze Zeit danach statt. Sie war von entscheidender Bedeutung, um den Betroffenen, den späteren Bewohnern der Räume, anschaulich und direkt das Konzept für Raum-

Fenster eines alten Bauernhauses. Es geht uns nicht darum, Antiquitäten zu bewahren oder nostalgische Stimmungen zu erzeugen, sondern um eine Orientierung an der Dichte und Lebendigkeit, wie sie vormoderne Wohnsituationen ausstrahlen können und die es mit unseren Mitteln zu erreichen gilt.

gliederungen vorzustellen und dabei zu erläutern, daß immer der Betätigungsbereich und die Stimulation zur Betätigung das wesentliche Kernstück darstellt. Das ist von allen Beteiligten erkannt und als Zielgedanke auch für B. anerkannt worden. Desweiteren haben wir auf Wunsch der Einrichtung vor Baufachleuten und anderen leitenden Mitarbeitern einen Vortrag mit Dias über unsere Arbeit in dieser Richtung gehalten, um zu zeigen, daß die Wohnqualität und der Anreiz zur Betätigung bei Behinderten intensiviert und in eine differenzierte Bahn gebracht werden muß, um ihr Dasein erfüllter, im ganzen lebenswerter und liebevoller bedacht zu machen.

Die Ausgangssituation

Die Bewohner

Es leben hier sieben anfallskranke Männer im Alter zwischen 28 und 51 Jahren. Fünf von ihnen erleiden in mehr oder weniger großen zeitlichen Abständen epileptische Anfälle, zwei Männer sind von ihrem Anfallsleiden weitgehend befreit, leben hier aber wegen ihrer Verhaltensauffälligkeiten. Allen Bewohnern gemeinsam ist eine lange „Heimkarriere“. Zum Zeitpunkt ihrer Heimaufnahme boten sich Alternativen zu einer „vollstationären“ Versorgung kaum an. Heute wären – auch aufgrund medizinischer Fortschritte, vor allem aber aufgrund einer sich allmählich abzeichnenden Veränderung in der Sicht Behinderter – Alternativen denkbar, die eine stärkere Integration in ein „normales“ gesellschaftliches Umfeld ermöglichten. Aufgegeben ist diese Perspektive indes nicht, auch wenn ihre Verwirklichung aufgrund der Heimsozialisation erschwert ist; trotz aller integrativen Bemühungen. Dazu der Bericht eines Bewohners:

„Ich bin jetzt 48 Jahre alt und lebe seit meinem 14. Lebensjahr hier in T. Meine Eltern lebten in E. Dort habe ich bis dahin gewohnt, und dort bin ich auch zur Schule gegangen, bis ich in die Anstalt kam. Die Anfälle wurden damals häufiger und stärker, und meine Eltern glaubten, daß ich hier gut behandelt werden könnte.

Zunächst meinten sie auch, daß ich nur kurze Zeit hierbleiben müßte. Durch die Medikamente nahmen die Anfälle dann mit der Zeit ab. Ich habe hier gleich versucht, mit dem Hausmeister draußen im Garten zu arbeiten; Unkraut zu ziehen, zu fegen, zu harken, zu graben. Während der folgenden Jahre habe ich dann immer im Garten und im Haus gearbeitet. Wenn ich mich nicht irre, habe ich damals in meinem jetzigen Zimmer oder in dem Nebenzimmer gewohnt. Zu der Zeit standen dort allerdings noch fünf Betten in jedem Zimmer. Im Laufe der Jahre wurden dann erst ein und dann noch ein Bett aus diesem Zimmer herausgenommen. Später habe ich dann auch in verschiedenen anderen Zweibettzimmern gewohnt, aber immer auf dieser Etage. Zwischendurch bin ich auch mal in der Klinik gewesen, wenn die Medizin neu eingestellt werden mußte. Ich finde es gut, daß wir heute kleinere Gruppen haben und nicht mehr so viele Bewohner auf einem Haufen hocken.

Mein richtiges Zuhause ist aber in E., da, wo meine Mutter, mein Bruder mit Familie und meine übrige Verwandtschaft wohnt. Hier in T. ist mein zweites Zuhause. Wenn es mit meiner Gesundheit weiter besser wird, möchte ich doch gerne, daß ich wieder nach E. zu meinen Angehörigen ziehen kann."

Nicht alle haben diese Perspektive über die jahrzehntelange Heimzeit hinweg so konkret aufrechterhalten: die Verbindungen zur Herkunftsfamilie sind bei einigen auf seltene Besuche reduziert. Die Angehörigen können oder wollen sich eine Alternative zur Heimunterbringung nicht vorstellen.

Allen Bewohnern gemeinsam ist, daß sie in der Bewältigung des Alltags auf kontinuierliche Hilfe angewiesen sind. Die Betreuer sind sich darin einig, daß es darauf ankommt, den Charakter der Hilfe schrittweise zu verändern. An die Stelle umfassender Fremdversorgung soll die kontinuierliche Entwicklung und Unterstützung aller Impulse zur Selbstversorgung treten. Das ist allemal leichter gesagt als getan und gelebt. Auch das ist den Betreuern bewußt. Das Hilfesystem ist traditionell auf umfassende Versorgung angelegt; aktivierende Hilfe ist in jeder Hinsicht anspruchsvoller und aufwendiger als klassisch fürsorgliches Handeln.

Bei den Bewohnern steht das Anfallsleiden im Vordergrund der Behinderung; seine medikamentöse Beeinflussung bleibt trotz großer Fortschritte problematisch: bestimmte Formen der Epilepsie trotzen auch den modernen, differenzierten Behandlungsmethoden. Anfallsbedingte Stürze können zu schweren Verletzungen, vor allem des Kopfes, führen, die unter Umständen weitere Behinderungen nach sich ziehen. Kritische Anfallshäufungen können lebensbedrohlich werden. Andererseits kann der Preis für Anfallsfreiheit beträchtlich sein: die sedierende Wirkung der Medikamente beeinträchtigt in manchen Fällen die Möglichkeiten zu einer aktiven Auseinandersetzung mit der Umwelt, zu ihrer Aneignung in einem selbstbestimmten Lebensalltag. Durchgängig ist die anfallsbedingte Behinderung von anderen Behinderungen begleitet: Sprachentwicklungsbehinderungen, die stärker die Möglichkeiten des Ausdrucks und der Kommunikation beeinträchtigen als die des Verständnisses, daraus wiederum resultieren Kontaktstörungen, hinzu treten zumeist vom Gehirn ausgehende Bewegungsstörungen.

Die hier zur Kennzeichnung der Ausgangssituation vorgenommene Aneinanderreihung auffälliger Schädigungen und Beeinträchtigungen darf indes nicht den Blick auf die gesunden Anteile verdrängen, auf die Wünsche, Hoffnungen, Bedürfnisse und Selbstverwirklichungsmöglichkeiten, die der gesunde mit dem behinderten Menschen teilt. Der Blick auf das gemeinsam Verbindende setzt in der Gestaltung beschützender Lebensräume für Behinderte mehr Phantasie und fördernde Impulse frei als der Blick auf das, was trennt. Dieser Ausgangspunkt des Nachdenkens bestimmt alle weiteren Schritte; bezogen auf das Wohnen steht im einen Fall am Ende das Wohnhaus, modifiziert um einige zusätzliche behinderungsspezifische Einrichtungen, die die Bewältigung des Alltags erleichtern, im anderen Falle die Anstalt, deren absondernder Charakter auch durch noch so gut gemeinte Bemühungen um ein wenig mehr Wohnlichkeit und Normalität nicht aufzubrechen ist.

Die Betreuer

In der Gruppe arbeiten 2 bis 3 Betreuer. Ihr Aufgabengebiet ist komplex. Im Mittelpunkt steht die Hilfe zum gelungenen, erfüllten Alltag, nicht die gezielte, auf isolierte Defekte oder „Verhaltensdefizite" ausgerichtete Therapie. Die Erwartungen, die sich an die Betreuer richten, sind anspruchsvoll und widersprüchlich. Nach wie vor sind Heimgruppen, auch dann, wenn es sich um erwachsene Behinderte handelt, konzeptionell auf familienähnliche Strukturen hin orientiert. Aber gerade das, was Familie oder vergleichbare Lebensgemeinschaften ausmacht – ein gewachsenes bzw. vorgegebenes Bezugssystem, generationsübergreifende Stabilität, Unauflöslichkeit der Beziehungen – „mein Kind, mein Bruder, meine Mutter" etc. –, hoher Intimitätsgrad, rechtlich geschützte Unantastbarkeit – fehlt der Heimgruppe. Die Betreuer erbringen eine berufliche Leistung in professioneller Distanz: was für die Bewohner Lebensraum, „Zuhause" ist, ist für die Betreuer nur Arbeitsplatz. Sie gehören insofern nicht zur Gruppe. Das Bezugssystem der Gruppe ist nicht vorgegeben oder gewachsen, sondern künstlich, geplant. Die Beziehungen sind austauschbar, arbeitsvertraglich geregelt, öffentlich gewährleistet, nicht intim. Gleichwohl besteht der Anspruch zu „beheimaten", ein Zuhause zu bieten und Geborgenheit zu vermitteln wie in der Familie.

Die Komplexität der Aufgabe und die Widersprüche zwischen Rahmenbedingungen und Anspruch machen verständlich, weshalb die Arbeitsperspektiven der Betreuer, soweit sie sich auf die Gruppe beziehen, blaß anmuten: „Ich möchte mit meiner Arbeit dazu beitragen, daß sich die Bewohner hier wohlfühlen können, bezogen auf die äußeren Bedingungen in der Gruppe wie auch auf die Atmosphäre insgesamt. Weiter sehe ich meine Aufgabe darin, vorhandene Fähigkeiten aufzugreifen, um sie zu erhalten, sowie Dinge mit den Bewohnern gemeinsam zu tun, die neue Erfahrungen für sie beinhalten. Ich möchte den einzelnen darin unterstützen, seine Situation, in der er als Behinderter in dieser Einrichtung lebt, zu erkennen und sich damit auseinanderzusetzen. Ich möchte die Bewohner nicht versorgen, sondern zu mehr Selbständigkeit und Eigenverantwortung führen."

Der Tageslauf von Herrn M. aus der Sicht eines Betreuers

„Der Tag beginnt für Herrn M. morgens um 6.00 Uhr. Nach dem Waschen und Anziehen geht er gegen 7.00 Uhr zum Frühstücken. Das Frühstück steht von 7.00 bis 8.30 Uhr bereit. Unterschiedliche Aufstehgewohnheiten und unterschiedliche Arbeitszeiten der Bewohner haben zu dieser Zeiteinteilung geführt. Die Frühstücksrunde ist auch für den Mitarbeiter, dessen Dienst um 7.00 Uhr beginnt, ein guter Einstieg. Auch für die hauswirtschaftliche Mitarbeiterin, die u. a. die Reinigung der Räume besorgt, beginnt der Tag in dieser Runde. So können Gespräche stattfinden, da alle Personen, die in dieser Gruppe arbeiten oder wohnen, hier zusammenkommen. Einige der Bewohner brauchen in dieser Zeit Hilfestellungen, z. B. bei der Auswahl der Kleidung, beim Anziehen, beim Rasieren, beim Bettenmachen etc.

Die Arbeitszeit beginnt für Herrn M. um 8.00 Uhr. Er arbeitet gemeinsam mit einigen anderen Bewohnern und mit dem Hausmeister im Garten und im Haus. Auch für die anderen Gruppenmitglieder ist in den Werkstätten und Regiebetrieben zwischen 8.00 und 8.30 Uhr Arbeitsbeginn.

Die meisten Bewohner nehmen das Mittagessen im Speisesaal des Hauses ein; die anderen essen in der Kantine der verschiedenen Werkstätten der Anstalt. Gegen 17.00 Uhr kommt Herr M. von der Arbeit zurück. Das Abendessen nimmt er in der Gruppe ein. Die Zubereitung des Abendbrots findet in der Gruppe statt – die Materialien stellt die zentrale Küche des Hauses zur Verfügung.

Zur Gestaltung des Abends gibt es innerhalb des Hauses folgende Möglichkeiten:

- Einmal wöchentlich Gruppengespräch (Teilnahme aller erwünscht);
- ein Bibelabend wird wöchentlich angeboten;
- eine Arbeitsgruppe trifft sich wöchentlich, um an Problemen und Themen zu arbeiten, die teilweise in Form von Sprechmotetten, z. B. innerhalb eines Gottesdienstes, in die Öffentlichkeit getragen werden;
- im Spätdienst kann der Mitarbeiter Wünsche aufgreifen oder Angebote machen;
- alle drei Wochen kommt der Pastor zu einer Gesprächsrunde in die Gruppe.

Außerhalb des Hauses, im Bereich der Anstalt, bestehen verschiedene Freizeitangebote: Sportverein, Schachverein, Laienspielgruppe, Kirchenchor, Behindertenvertretung, Volkshochschule, CVJM.

Darüber hinaus ist es dem Mitarbeiter im Spätdienst auch möglich, Aktivitäten außerhalb des Hauses anzubieten wie Kinobesuch, zum Essen ausgehen, Theaterbesuch, Stadtbummel, Spaziergänge, Kegeln, Musikveranstaltungen.

Herr M. verbringt die Abende am liebsten in Gesellschaft. Häufig trifft er sich mit einigen anderen Heimbewohnern im Eßraum. Man unterhält sich, hört Musik, trinkt Kaffee oder Tee. Herr M. gehört zu den ‚Nachtraben'. Er geht gewöhnlich erst gegen 23.00 Uhr zu Bett."

Es fällt auf, daß Selbstversorgung und Betätigung im häuslichen Bereich in diesem Tagesablauf nur eine untergeordnete Rolle spielen. Gewiß, Herr M. kann einkaufen gehen oder Salat anpflanzen, aber notwendig ist das nicht. Der tägliche Kleinkram berührt diesen Heimalltag nicht: Knöpfe annähen müssen, das Hemd noch bügeln, die Dachrinne reinigen, den Rasen mähen, den Flur tapezieren, Kartoffeln einkellern; diese ungezählten Kleinigkeiten, die den größten Teil der Nichtarbeitszeit des „Normalbürgers" ausfüllen, Struktur geben, nicht über einen Leisten zu schlagen sind, und eben deshalb erst individuelle Lebensgestaltung ermöglichen, bleiben hier peripher.

Hierzu assoziiert man eher Kuraufenthalt und Pensionsbetrieb als „Heim und Herd"; der Alltag zerfällt in Arbeit und Freizeit, genau das aber sollte er nicht. Das Bemühen um Selbstversorgung, Verselbständigung der Bewohner bleibt – so ist zu befürchten – solchermaßen angestrengte Pädagogik, ihm fehlt das einzig tragfähige Motiv: Notwendigkeit. Auffällig ist schließlich auch, daß in den Freizeitangeboten konsumptive Momente und verbale Kommunikation dominieren. Produktive, manuelle oder auch auf Selbstversorgung zielende Betätigung, bleibt randständig. Die vielen Gesprächskreise und angeleiteten Runden, die hier angeboten werden, verweisen eher auf die im Pietismus wurzelnde Tradition der Anstalt oder auf das Wochenprogramm einer aktiven Gemeinde als auf ein familienähnliches Alltagsleben.

Das Haus

T. wurde vor über 80 Jahren als Pflegehaus für „Anfallskranke erster Klasse" auf dem Gelände der Anstalt errichtet. Trotz mehrfacher Umbauten hat es seinen ursprünglichen Charakter nicht verloren. Erst der neueste Umbau, in dessen Rahmen auch das hier dargestellte Projekt steht, hat die Wohnsituation grundlegend verändert: an die Stelle eines weithin uniformen, an Krankenstationen orientierten Wohnangebotes sind differenzierte Angebote getreten. Den 84 Bewohnern stehen jetzt Einzel- und Doppelzimmer sowie drei Wohnungen für Paare im Haus zur Verfügung.

Vor dem Umbau wohnten 18 Personen auf einer Etage in vier Einzel-, vier Zweibett- und zwei Dreibettzimmern. Es waren zwei Gruppenräume, ein Eßzimmer, ein Waschraum, ein Bad, zwei Toiletten und ein Dienstzimmer vorhanden. Alle Räume zusammen bildeten die „Station". Die Station wurde durch das Treppenhaus in zwei Abschnitte geteilt. Die Umbauten zielten darauf, den Bewohnern eine angemessenere Wohnsituation zu schaffen. Jede Gruppe sollte ihren persönlichen Charakter haben, entsprechend der Individualität der Menschen, die dort wohnen und arbeiten. Ein erstes Ziel bestand darin, im Hause eine möglichst große Anzahl von Einzel- und Doppelzimmern zu schaffen und sie so auszustatten, daß sich in ihnen individuelle Formen der Alltagsgestaltung und des Wohnens realisieren lassen. Das hieß u. a., durch die Hereinnahme von Waschgelegenheiten und Stauraum für die persönliche Habe im Individualbereich Voraussetzungen für Intimität zu schaffen.

Es schien angezeigt, auf den alten „Stationsetagen" je zwei Gruppenwohnbereiche mit Einzel- und Doppelzimmern einzurichten. Jede Gruppe sollte einen eigenen Sanitärbereich, eine eigene Küche und einen gemeinsamen Wohnraum haben. Durch Bettenreduzierung, durch den Ausbau eines Balkons und die Abtrennung eines Einzelzimmers von einem großen Raum konnten die nötigen Räume geschaffen werden.

Vor Beginn des Projekts stellte sich der Wohnbereich so dar:

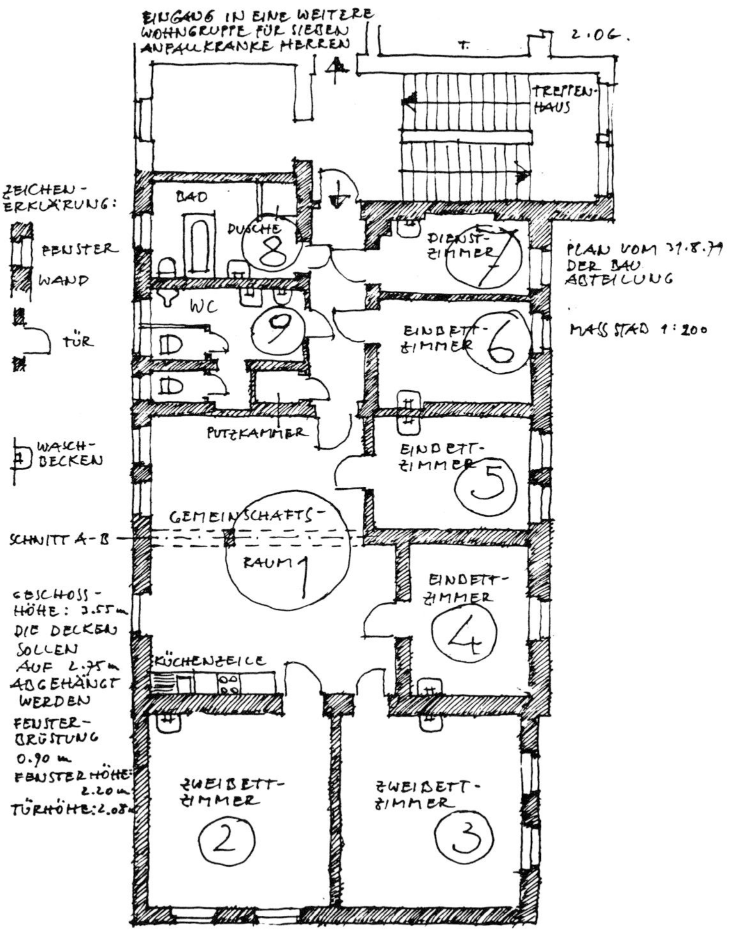

(Zeichnung des Grundrisses der Ausgangssituation)

Der Plan

„– Der Maßstab muß dem einzelnen Menschen entsprechen.
– Die Räume sollen irregulär gestaltet werden.
– Die Gänge sollen nicht zu breit sein und nicht ohne Unterbrechung durchlaufend.
– Unerwartete Nischen, Ecken, Treppen sollen sich natürlich ergeben.
– Die einzelnen Schlafzimmer sollen verschieden gestaltet und eingerichtet sein.
– Das Kochen der Mahlzeiten soll in der Wohnheimküche geschehen.
– Das Wohnheim soll das Aufbewahren von Eßwaren und Zutaten und auch das richtige Umgehen mit den Abfällen gestatten.
– Auswahlmöglichkeiten räumlicher Art wie auch für Gegenstände sollen gegeben sein.

Wenn die bauliche Umwelt für den geistig behinderten Menschen nach den Überlegungen und Erwägungen gestaltet wird, die wir angestellt haben, dann wird sie zumindest seine Förderung nicht mehr behindern. Woran wir aber immer denken müssen:

Heute dürfen wir nicht für ihn wie er ist gestalten, sondern für ihn wie er sein wird.“

(Anna Günzburg: Bauen und Umweltgestaltung für geistig Behinderte, 1981)

Hier sind noch einmal die Ziele für die Einbauten in der 2. Etage des Hauses T., wie sie sich für uns zu Beginn des Projektes darstellten:

1. Der Wohnraum sollte den Mittelpunkt der Wohnung bilden und zum Essen, Ausruhen und zur Betätigung geeignet sein, wozu

auch das Kochen gerechnet werden kann. Sonst ist in vielen Einrichtungen Passivität vorherrschend sowie die Unfähigkeit und der geringe Anreiz, den Wohnraum zu bewohnen, weil er sich durch ein zu geringes und uninteressantes Angebot darbietet. Hier war unser Prinzip die Betätigung, aktive Einbeziehung, Mitverantwortung durch Stimulation, auch das Herauslösen aus der Rolle des absoluten Versorgtwerdens. Zur Anregung von Mobilität und Betätigung hatten wir eine Vogelvoliere in die Mitte des Raumes geplant.

A Eine Ecke des Wohnraums war, abgeschirmt durch eine Wand, welche aus Nut- und Federbrettern bestehen sollte, als Werkbereich gedacht, in der ein oder zwei Personen geborgen sitzen und arbeiten und gleichzeitig das Geschehen im ganzen Wohnraum mitverfolgen konnten.

B Ein größerer Teil des Raumes, dessen Fenster zu einem Park mit altem Baumbestand hinausgehen, sollte mit einem fünfzehn Zentimeter hohen Podest versehen werden, auf dem eine Sitzbank, ein Tisch und verschiedene Sessel stehen sollten, so daß man ungehindert hinausschauen konnte.

C, D Der dritte Teilbereich war der Küchenzeile und dem Eßplatz vorbehalten. Ein Fernsehapparat im Gemeinschaftswohnraum wurde nicht eingeplant. Es sollte jedem Bewohner möglich sein, im eigenen Zimmer fernzusehen, dazu auch andere Bewohner zu sich einzuladen, jedenfalls aber ein eigenes Programm wählen zu können. Überdies beeinträchtigt der laufende Fernsehapparat jede parallele Aktivität und empfiehlt sich auch von daher nicht für einen Gemeinschaftsbereich, der zu mehr und anderem anregen soll als zum gleichschaltenden Gemeinschaftsempfang.

2. Während der große Wohnraum Möglichkeiten der Kommunikation und Betätigung für alle Bewohner bieten würde, sollten die Einzel- und Doppelzimmer individuellen Bedürfnissen dienen. Sie sollten kleine Wohnungen für ein oder zwei Personen bilden. Das Waschbecken sollte abgeschirmt werden vom übrigen Raum, uneinsehbar für den Mitbewohner oder eintretende Personen. Das Bett sollte Geborgenheit vermitteln, einen Rückzugsbereich darstellen; darum sollte es als Höhle, als kleiner Raum im Raum, oder als Nische gebaut werden, sollte Regale, Ablagemöglichkeiten, eine abgehängte Holzdecke als Betthimmel – gleichzeitig zum Verwahren eigener geliebter Dinge gedacht – bekommen.

Wenn das Leben im Heim so wie hier auf Dauer angelegt ist, sollte die Berücksichtigung individueller Wünsche und Bedürfnisse in der Raumgestaltung deutlich „Heimatrecht" signalisieren. Die in der Regel vorfindbare serielle Ausstattung sozialer Einrichtungen steht im krassen Gegensatz zu dem vielfach beschworenen Ziel, die dort untergebrachten Menschen „beheimaten" zu wollen.

Bewußt, in Absprache mit den Betreuern und den Bewohnern selbst, sollten an verschiedenen Stellen in den Räumen niedrige Podeste geschaffen werden, um den teilweise gehunsicheren Bewohnern die Möglichkeit zu geben, das Überwinden von Höhendimensionen ständig zu üben, was ihre Wachsamkeit dafür auch im Außenbereich und beim Treppensteigen in die zweite Etage aufrechterhält.

Solche in den Alltag „eingebauten" Herausforderungen scheinen uns angemessener, weil selbstverständlicher als ausgelagerte Gehsicherheitstrainings oder isolierte motorische Übungen. Diese Tendenz wird verstärkt, wenn derartige Podeste eindeutige funktionale Bezüge aufweisen; etwa derart, daß sie, vor einem Fenster gelegen, die Aussicht bequemer machen und das Gesichtsfeld weiten. Die heute in Behinderteneinrichtungen übliche Vermeidung von Stufen und anderen sogenannten Unfallquellen trägt weder zur Sicherheit der Benutzer bei, noch leistet sie einen Beitrag zur Integration in die Umwelt, die stufenlos nicht vorstellbar ist.

Durchgehend waren wir bemüht, besonderen Bedürfnissen und Eigenheiten einzelner Bewohner Rechnung zu tragen. Gespräche darüber sind fruchtbar, auch mit geistig behinderten Menschen. Das behutsame Gespräch bringt durchaus mehr Individualität und Persönlichkeit zum Vorschein als allgemein unterstellt wird. Das gerade in dieser Menschengruppe auf oberflächliches Abfragen hin anzutreffende allgemeine Einverständnis mit der vorgegebenen Wohnsituation erweist sich bei näherem Bedenken als brüchig, spiegelt resignative Zufriedenheit, wo das Wünschen nie geholfen hat.

Wir gehen davon aus, daß bestimmte räumliche Bedingungen auch entscheidend dazu beitragen können, problematisches Verhalten abzubauen. Im Zusammenhang mit Einbauten für ein autoaggressives, geistig behindertes Mädchen ist das näherhin ausgeführt. Im Blick auf die Wohngruppe in T. galt es, die Wohnsituation eines Bewohners zu bedenken, dessen Waschzwang offensichtlich durch die Wohn- und Sanitärsituation, eine Gemeinschaftswaschanlage, vor der Umgestaltung der Gruppe mitbedingt war, denn außerhalb der Anstalt, bei Verwandtenbesuchen oder Ferienaufenthalten war der Waschzwang wesentlich gemildert, gelegentlich sogar überhaupt nicht aufgetreten. Eine Besserung erhofften wir uns einmal durch den zur Tätigkeit einladenden Wohnraum, zum anderen dadurch, daß wir ihm den Bereich um das Waschbecken herum so freundlich und sorgfältig als möglich gestalteten, von seinem Bett aus aber kein direkter Zugang zum Waschbecken möglich war, sondern zwischen Bett und Waschbecken eine Wand gezogen wurde, damit er durch die Wand vom Blick auf das Waschbecken abgelenkt würde.

Drei Dinge sind es, auf die bei Einbauten dieser Art besonderer Wert zu legen ist: zum einen, daß nicht nur die Betreuer, sondern nach Möglichkeit auch die Bewohner einbezogen werden, für ihre Bedürfnisse zu denken und zu bauen. Im Haus T. fing selbst der behindertste der Herren, der unter starken Gleichgewichtsstörungen litt, nach anfänglicher Zurückhaltung am dritten Tag an, für sein Zimmer Bretter sägen zu helfen – mit 41 Jahren zum ersten Mal in seinem Leben –, dann die Position seines Bettes mit zu bedenken, später auch die Wand darin farbig zu streichen. Selbst wenn er nur wenig zu tun imstande war, so war es für seine Verhältnisse viel, und er begann, sein Zimmer zu lieben, so daß er bereits kleine Schlafpausen darin hielt, als es noch gar nicht fertig war.

Zum anderen ist Wert darauf zu legen, daß Individualräume und gemeinsamer Wohnbereich in Wechselwirkung aufeinander bezogen sind durch die kleinräumigen Situationen im persönlichen und die Vielfältigkeit im allgemeinen Raum.

Zum dritten ist festzuhalten, daß der Betätigungsbereich und die Stimulation zur Betätigung das Kernstück der Konzeption darstellen. Es meint dies nichts anderes als die konkrete Umsetzung so unbestrittener Förderziele wie Selbständigkeit, Eigenverantwortlichkeit und sinnerfüllte Teilhabe am gesellschaftlichen Leben in den Alltag.

Der Gemeinschaftsraum

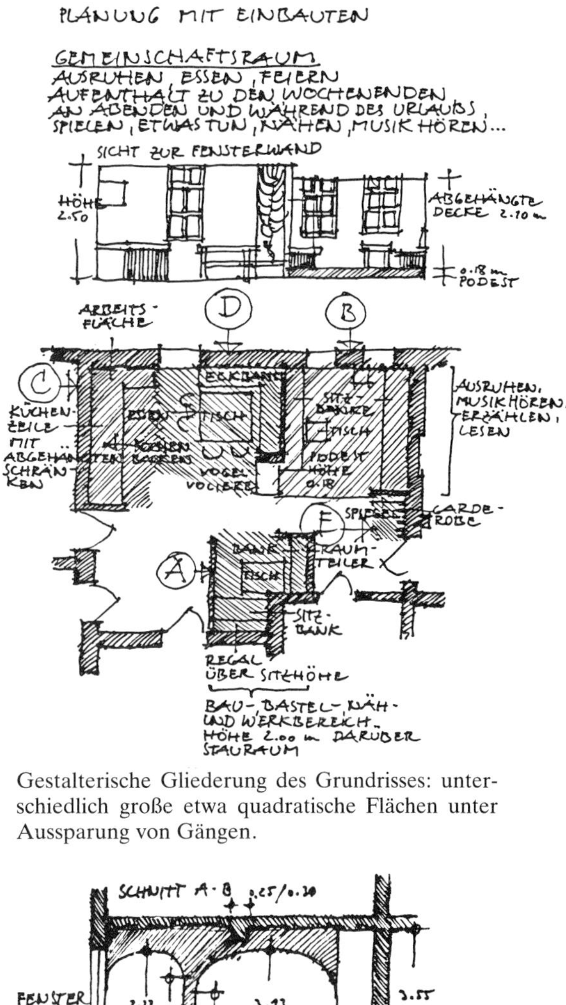

Gestalterische Gliederung des Grundrisses: unterschiedlich große etwa quadratische Flächen unter Aussparung von Gängen.

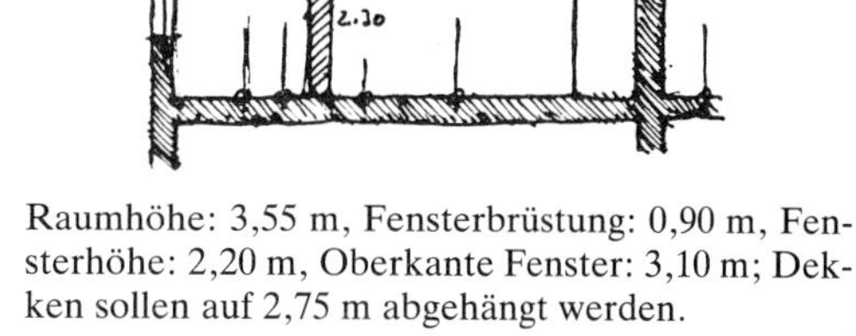

Raumhöhe: 3,55 m, Fensterbrüstung: 0,90 m, Fensterhöhe: 2,20 m, Oberkante Fenster: 3,10 m; Dekken sollen auf 2,75 m abgehängt werden.

Der Schnitt auf S. 131 vermag die bauliche Ausgangssituation in dem Raum, der als Gemeinschaftsraum vorgesehen war, zu klären:

Ein Pfeiler (40/25), von dem aus sich ein größerer Korbbogen ins Innere und ein schmalerer zur Fensterwand spannt. Spitzbogenfenster, die in der Zeit der Stilimitationen des ausgehenden 19. Jahrhunderts modern waren, konkurrieren mit den beiden schon für sich genommen divergierenden Korbbögen.

Es war während des Umbaus umstritten, ob diese zur Art des einstmals herrschaftlich herausgeputzten Hauses passenden, stark prägenden Architekturelemente weiter sichtbar bleiben oder durch abgehängte Decken ihre optische Wirkung verlieren sollten.

Ursprünglich war geplant, in den Räumen 1, 2, 5, und 8 Einbauten zu machen. Da aber zu Beginn der Aktion noch nicht geklärt war, ob durch den Gemeinschaftsraum (1) eine Feuerschutzwand gezogen werden müßte, stellten wir die Arbeiten an diesem Raum zurück und nahmen statt dessen die Räume 4, 6 und 7 hinzu. Drei Tage später jedoch begannen wir mit den Arbeiten am Gemeinschaftsraum (1), weil wir die Zusicherung erhielten, daß in den folgenden zwei Jahren keine Veränderung stattfinden würde, um die Effizienz der ganzen Konzeption zu erproben. Diese Zusicherung wurde später nicht eingehalten.

Die Gliederung der Decke im Gemeinschaftsraum war so vorgesehen, daß – abgesehen von einem etwa 0,70 m breiten Streifen zum Öffnen der Fenster – sich pergolaartige Abschnitte mit geschlossenen abwechseln. Am Eingang war die Abhängung der Decke gleich hoch wie im Gang geplant. Gang und Garderobeplatz sollten auf diese Weise miteinander verbunden werden und der Übergang vom Wohnraum zum Gang mit den anschließenden Sanitärräumen fließend erscheinen. Es war vorgesehen, durch unterschiedlich hohe Deckenteile die einzelnen Bereiche stärker zu betonen. Wir versprachen uns von diesem gestalterischen Spiel mit der Decke die Illusion von größerem Raum, eine optische Erweiterung durch Differenzierung.

Begünstigt wird grundsätzlich die Gliede-

rung eines Gemeinschaftsraumes in unterschiedlich große etwa quadratische Einzelbereiche in Anlehnung an die Funktionen

- Betätigung;
- Sitzen, Ausruhen, Beobachten, Betrachten, Gespräch, Gemeinsamkeit;
- Kochen und Essen (ein kleinerer, wiederum quadratischer Platz dient dem Essen);
- Eingangszone, Garderobe;
- Verkehrszone, gegeben durch die drei Türen zu den Individualräumen;
- Durchgang.

Während der Arbeit stellt sich die Vogelvoliere als Mitte des Gemeinschaftsraumes – auf durchgehender Sitzbank – dar.

Garderobe und Spiegel

Das Kernstück einer kleinen Garderobe rechts von der Eingangstür in R. 1 war ein Spiegel, so groß, daß man die eigene Gestalt ganz wahrnehmen konnte, einbezogen in einen dunklen, formal und farbig stimmigen Hintergrund, aber auch gehalten durch den Rahmen, so daß man sich also in einem Ausschnitt herausgehoben betrachten könnte, um so des eigenen Aussehens und überhaupt der eigenen Existenz immer wieder gewahr zu werden, den Sitz der Kleidung, den Zustand der Schuhe und die Frisur zu prüfen. Die Höhe für den Spiegel, der 0,55 m oberhalb des Bodens begann, betrug 0,80 m, so daß er bis etwa 1,75 m reichte, die Breite 0,50 m. Hochgesetzt war der Spiegel, weil die Gefahr bestand, daß er sonst leicht beschädigt würde und außerdem, weil durch die Distanz, die man haben muß, um sich ganz zu sehen, die Füße im Spiegelbild erst bei etwa 0,70 m beginnen. Der Spiegel stand also auf einem Konsolbrett. In das Spiegelbild hineinragend trugen Dinge zur Verdichtung bei, um Vordergrund zu schaffen. Denn in den Mittelpunkt rückt der Mensch erst dann, wenn Vordergrund und Hintergrund gegeben sind.

Holzknöpfe wurden auf der Türseite zum Aufhängen der Garderobe auf zwei Höhen angebracht, Rücksicht nehmend auf größere oder kleinere Bewohner oder kürzere und längere Kleidungsstücke. Allgemein hatte die Garderobe in den Einzel- und Zweibettzimmern ihren Platz. Deshalb mußte an dieser Stelle kein Aufwand getrieben werden.

Ein Zweibettzimmer

Das Konzept für das Zweibettzimmer bietet den beiden Herren – auch mit Gästen – durch die Eckbank mit Tisch auf einem Podest am Fenster gemeinsames Beisammensein, wie auch jedem der beiden seinen abgeschirmten Schlafbereich.

Das Bett am Fenster stellten wir uns für einen Herren vor, der, auch wenn er im Bett liegen muß oder will, an dem teilnehmen kön-

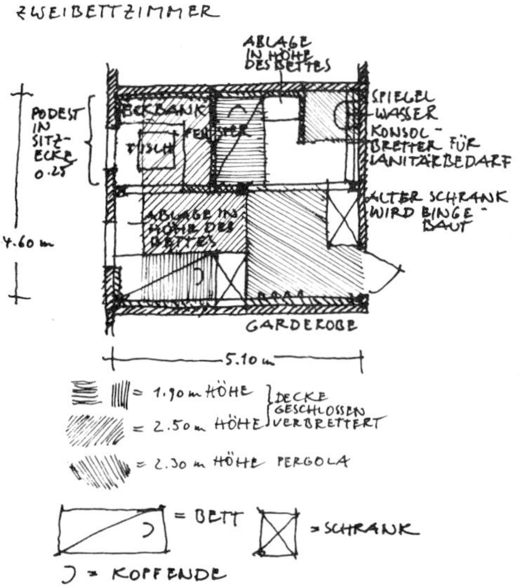

nen sollte, was sich in der Sitzecke ereignet. Das gemeinsame Waschbecken wurde gegenüber der angrenzenden Bettnische durch eine Zwischenwand abgeschirmt.

Die Decke war mit unterschiedlichen Höhen und wie im Wohnbereich im Wechsel geschlossen und als Pergola geplant. Regale waren vorgesehen, am Waschbecken wie an der Sitzecke, um als Raumteiler gleichzeitig zu gliedern, wie durch ihre Transparenz Ausschnitte und Durchblicke entstehen zu lassen.

Drei Einzelzimmer

1. Raum 4 für Herrn O.

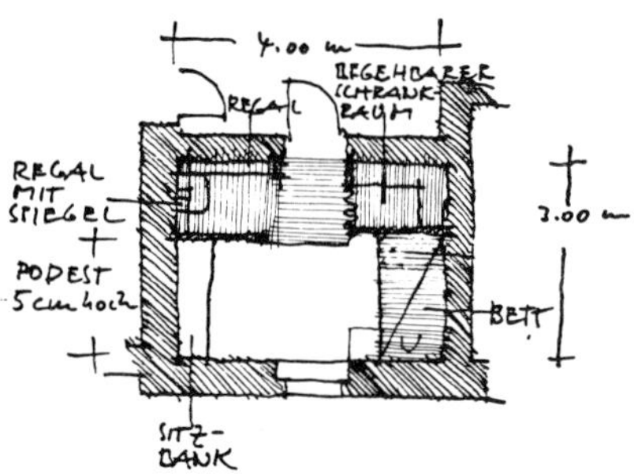

Erst zu Beginn der Projektwoche wurde dieser Raum in das Bauvorhaben einbezogen. Die Planungen entwickelten sich in vielen Gesprächen mit dem zukünftigen Bewohner. Er ist klein und zierlich gewachsen, sein Bedürfnis nach Kleinräumigkeit und Dichte entsprechend groß. Wir haben darauf im Detail einzugehen versucht. Vor dem Fenster des Raums liegt hinter einer mächtigen Kastanie der Zufahrtsweg zum Haus. Wir haben den zum Fenster hin gelegenen Sitzbereich auf ein Podest gestellt, damit Herr O. auch im Sitzen ohne Mühe hinausschauen kann. Herr O. hat, obwohl in schlechter körperlicher Verfassung, die ganze Projektwoche über mitgewirkt. Als Herr O. kurze Zeit später für einige Wochen im Krankenhaus der Anstalt stationär versorgt werden mußte, war seine größte Sorge, nach der Rückkehr verlegt zu werden. An Vergleichbares erinnerten sich seine Betreuer bei ähnlichen Anlässen aus früherer Zeit nicht.

Sitzbankdetail auf 5 cm hohem Podest mit gerundeten Ecken, um Verletzungsgefahren bei Anfällen vorzubeugen.

2. Einzelzimmer. Raum 5 für Herrn S.

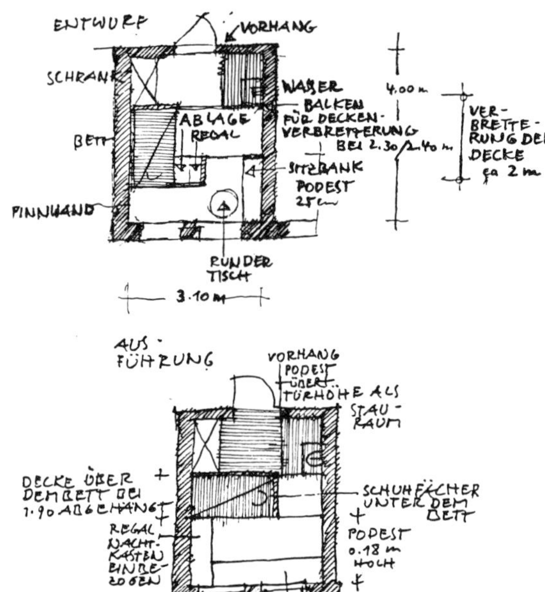

Bei Holzeinbauten ist die Veränderung des Gliederungskonzeptes während der Arbeit keine Affäre.

Der Raum ist rechteckig. Die Gliederung in einen Schlaf- und Sitzbereich und einen Vorraum mit Waschgelegenheit und Schrank erlaubt es, daß ein etwa quadratischer kleiner Wohnbereich entsteht, in den sich der Bewohner bei Bedarf zurückziehen und in den er auch jemanden einladen kann.

Das Bett wird bis zur Höhe des „Himmels" durch eine geschlossene Bretterwand gegen die Tür geschützt, um die Sicht auf den im Bett Ruhenden für jeden, der eintritt, zu verhindern und so die Intimität des Bewohners zu

Kleiner Waschraum innerhalb des Einzelzimmers, der später noch mit einem Vorhang versehen wurde.

wahren. Am Kopfende sollte eine Ablage mit einbezogenem Regal direkten Zugang zu den Dingen ermöglichen, die vor dem Einschlafen angeschaut und abgelegt werden, aber auch ein Wecker, ein Kassettenrecorder oder Plattenspieler könnte hier seinen Standplatz haben.

In der Fensterregion ist ein Podest von 18 cm Höhe vorgesehen, um den Blick hinaus ungehinderter freizugeben, aber auch um dem Raum etwas von seiner übermäßigen Höhe zu nehmen. Eine Sitzbank, die durch eine Wange zum Raum hin begrenzt ist, und ein rundes Tischchen sollen zum Verweilen einladen, auch für kleinere praktische Arbeiten zur Verfügung stehen, bei denen der Bewohner allein sein möchte.

Ungünstig, weil am Eingang plaziert, ist das Waschbecken. Ein Vorhang könnte gegen die Tür abschirmen. Anzustreben wäre die Umhängung des Waschbeckens neben die Tür, so daß statt des Vorhangs eine Bretterwand diese Aufgabe erfüllte.

3. Einzelzimmer. Raum 6 für Herrn W.

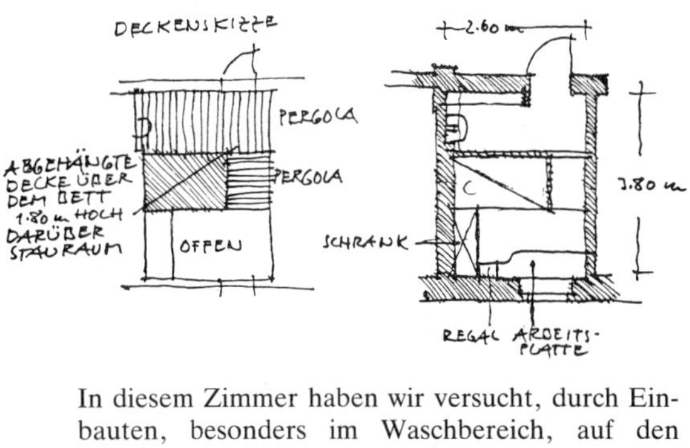

In diesem Zimmer haben wir versucht, durch Einbauten, besonders im Waschbereich, auf den Waschzwang des Bewohners einzugehen.

Das Dienstzimmer

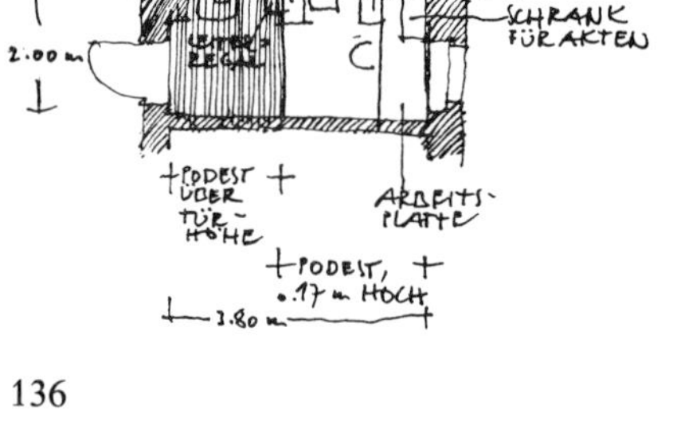

Ganz überwiegend sind Dienstzimmer in Heimen büroähnlich gestaltet. Das ist stimmig, sofern die Betreuung sozialbürokratisch angelegt ist. Wir wollten dieses Schema in T. durchbrechen, weil es weder dem Selbstverständnis des Betreuers noch der Konzeption des Wohnbereichs insgesamt entsprach. So wurden Schreibgelegenheit und Aktenregal entsprechend ihrer nachrangigen Bedeutung „kleingesetzt". Dafür wurde reichlich Raum für Gespräche in wohnlicher Atmosphäre geschaffen und über der Tür wurde ein Hochbett eingebaut. Es kann dem Betreuer, aber auch einem Gast dienen. Diesem Bett kommt an dieser Stelle neben seiner realen Funktion auch symbolische Bedeutung zu. Es knüpft an die frühchristliche Wurzel sozialer Dienste an: die Beherbergung derer, die Schutz und Obdach suchen. Es kam uns vor allem aber darauf an, diesem Raum einen weniger dienstlichen als einladend-wohnlichen Charakter zu verschaffen. Das Dienstzimmeer sollte nicht so sein, daß es den Betreuer nach Dienstschluß hinaus und heimwärts treibt. Warum sollte man nicht gelegentlich nach Lust und Laune auch am Arbeitsplatz übernachten – ohne „Nachtbereitschaft"?

Gegliedert wird dieser Raum durch zwei Podeste. Über den Eingangsbereich, in der Höhe des Türrahmens, spannt sich das Schlafpodest, das über eine Leiter, die gleichzeitig als Raumteiler dient, zu erreichen ist. Links im Eingangsbereich befindet sich eine Garderobe, daneben die Waschecke. Oberhalb des Waschbeckens ist die Wand bis zum Podest verbrettert und ein Spiegel, der von der Wand bis zur Leiter reicht, eingebaut. Das zweite Podest erhöht den Arbeits- und Sitzbereich um 15 cm. In Höhe der Fensterbank ist von Wand zu Wand eine Arbeits- und Schreibplatte eingebaut.

Eine Nische ist als Sitzecke bis zur Höhe von 1,85 m verbrettert; ein Regalbrett bildet den Abschluß. Sie besteht aus zwei gegenüberstehenden Bänken, wobei die eine Bank den untersten Tritt der Leiter bildet und die Verlängerung der zweiten Bank unter die Schreibplatte reicht und dort gleichzeitig als Boden des Aktenschranks dient. Über dem Aktenschrank schließt sich in der gleichen Breite ein Regal an. Zwischen den Bänken steht ein Tisch, der, aus dicken Bohlen gefertigt, bis an die verbretterte Wand reicht. Auf der gegenüberliegenden Wand ist eine 230 × 120 cm

Ausschnitt mit Sitzecke

große Anschlagtafel aus grün gestrichener Weichfaserplatte angebracht. Sie reicht von der Wand bis zum Hochpodest.

Die Decke ist über dem Schlafpodest direkt, sonst in Höhe von 3,00 m verbrettert. Die Wände sind mit Rauhfaser tapeziert und altweiß gestrichen.

Das Bad

Im Bad sollte der Bereich über der Badewanne und dem Waschbecken mit einem Himmel, einer niedrigeren Decke, ausgestattet werden. Als Auflager für diese durchgehende Bretterdecke sollten die bereits vorhandene Mauer der Duschkabine und dazu drei Holzstützen dienen, damit über die Reinigung hinaus Baden und Waschen auch zum Genuß und nicht nur als Pflichtübung absolviert werden. Ein in ein Regal integrierter Spiegel und Gegenstände, die dem Bade eine wohnliche Atmosphäre geben, sollten einbezogen werden. Eine Bank und entsprechende Haken nehmen die Kleidung während des Badens auf. Durch dunkle Fliesen am Boden und an den Wandflächen von gleicher Art und gleichem Format sollte auch dieser Raum mehr Geschlossenheit und Intimität aufweisen.

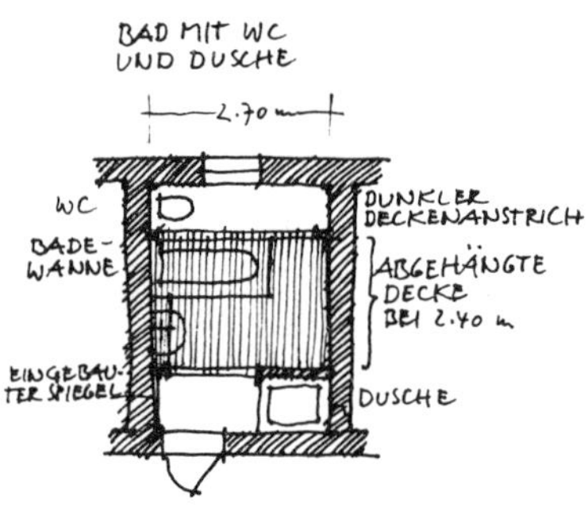

Ein Zielkonflikt zwischen Sicherheit und Ordnung

Wir dokumentieren den Konflikt nicht im Sinne einer Ableistung von Chronistenpflichten, sondern weil sich daran grundlegende Widersprüche zwischen Organisationsinteressen und Bewohnerbedürfnissen erhellen. Nicht immer gehen Konflikte so aus wie hier, aber immer machen sich an neuen Konzeptionen Widerstände gegen Veränderungen fest. Ein zentrales Problem besteht dabei darin, daß der Zielkonflikt zwischen Sicherheitsinteressen, wie sie etwa in Brandschutzbestimmungen oder der Heimbau-Mindestverordnung zum Ausdruck kommen, und dem Anspruch der betroffenen Bewohner auf Lebensqualität und normalisierte Lebensbedingungen überhaupt nicht als solcher erkannt wird. Der Zielkonflikt wird nicht auf dem Wege der Kompromißbildung ausgetragen, sondern allzuleicht mit der Unterordnung des einen Ziels unter das andere verkürzt. Dabei zählt dann weniger das Argument als die Durchsetzungsmacht; die aber liegt nicht in den Händen der Betreuten, sondern auf seiten der Organisation, die für Ordnung, Sicherheit und reibungslose Abläufe einsteht. Sicherheitsbestimmungen schlagen so in ihr Gegenteil um, Zielkonflikte denaturieren zu Verwaltungsvorgängen, die nach Aktenlage entschieden werden. Die geltenden Rechtsvorschriften lassen oft absolut inhumane Zustände, wie sie etwa im „Alsterdorf-Skandal“, aber nicht nur da zum Vorschein gekommen sind, zu. Selbst minimale Voraussetzungen für Lebensqualität sind kaum einklagbar. Aber die Brandschutzbestimmungen etwa waren auch in den Alsterdorfer Anstalten erfüllt. Die Schlangengrube – um das Bild aufzugreifen, das damals zur Charakterisierung der unmenschlichen Zustände die Runde machte – war mit Brandwachen umstellt, für den wenig wahrscheinlichen Fall des Feuerausbruchs waren alle Vorkehrungen getroffen; was in der Schlangengrube aber alltäglich vorging, blieb der Leitung der Anstalt über Jahrzehnte hin ein aufschiebbares „Anliegen“. Sanktioniert wurden nicht die, die für den Skandal Verantwortung trugen, sondern die, die den Skandal in die Öffentlichkeit getragen hatten: ein Zivildienstleistender – ihm wurde gekündigt – und ein Journalist der ZEIT, er wurde für seine Berichterstattung vom Presserat gerügt. Mit Absicht stellen wir den Konflikt, den wir hier darstellen, in diesen Zusammenhang. Allzuleicht mag sonst der Eindruck entstehen, im Streit um eine Feuerschutzwand ginge es um kleinliche Rechthaberei.

Bereits bei der Exkursion der Seminarteilnehmer in Einrichtungen der Jugendhilfe in Würzburg im April 1980 machte ein Mitarbeiter der Bauabteilung der Anstalt, der für die Modernisierung des gesamten Hauses verantwortlich zeichnete, auf die Bestimmungen der Bauordnung des betreffenden Bundeslandes aufmerksam. Danach können, anders als etwa in Bayern, im Heimsektor Holzeinbauten in allgemein zugänglichen Fluren nicht vorgenommen werden, falls dieser Flur den einzigen Fluchtweg darstellt. Anfang Mai bestätigte der zuständige städtische Brandschutzbeauftragte der Stadt B. die Bedenken des Mitarbeiters der Bauabteilung. Mitte Juni fand eine Ortsbesichtigung statt, bei der es darum ging, die pädagogischen Funktionen einer Grundrißgestaltung verständlich zu machen, bei der auf einen zentralen Flur verzichtet werden sollte. Den Vertretern des Brandschutzes erschien jedoch das pädagogische Konzept nicht so bedeutsam wie der vorbeugende Brandschutz.

Alternative Sicherheitsvorkehrungen, die die Abtrennung des Gruppenraumes vom Flur nicht notwendig gemacht hätten, waren entweder zu aufwendig (Außenbalkon) oder erschienen nicht ausreichend (Einbau von Feuer- bzw. Rauchmeldern). Eine Wand aus Glas oder Rigips sollte den Flur als Fluchtweg von dem allgemeinen Gruppenraum abtrennen. Der sich abzeichnende Zielkonflikt zwischen Rehabilitationskonzept und Sicherheitsbestimmungen ließ zunächst Ratlosigkeit aufkommen. In erster Linie mußte es jetzt darum gehen, die Entscheidung offenzuhalten. Die unterschiedlichen Argumente standen unvermittelt nebeneinander:

einerseits	andererseits
– Auflösung des anstalttypischen Flures.	– Notwendigkeit des Flures als direkter Fluchtweg im 2. Obergeschoß zwischen Individualbereich und zentralem Treppenhaus.
– Schaffung eines Wohnraumes als „Lebensmitte“ mit zugeordneten Individualbereichen.	– In Heimen und Krankenhäusern unterliegt die Grundrißgestaltung auch innerhalb eines Wohnbereichs den Bestimmungen des vorbeugenden Brandschutzes.
– Enge Verbindung zwischen Individualbereich und Gemeinschaftsbereich, um ein „Ineinanderfluten“ dieser beiden Lebensbereiche zu ermöglichen – differenzierter Rückzug, schrittweise Annäherung statt Abschottung der Bereiche.	– Trennung des Individualbereiches und Gemeinschaftsbereiches durch einen Flur als direkter Fluchtweg, wenn nicht ein zweiter Fluchtweg geschaffen werden kann.
– Zum Wohnraum als „Lebensmitte“ gehört ein integrierter Betätigungsbereich; mit einem raumgreifenden Fluchtweg schrumpft die Betätigung auf die Nahrungszubereitung. Kommunikationsmöglichkeiten in einer Sitzecke sind kein Äquivalent, wo die Möglichkeiten zur verbalen Kommunikation behinderungsbedingt sehr begrenzt sind.	Der Flurfluchtweg ist der zentrale Funktionsraum; in Heim und Krankenhaus sind Wohnmöglichkeiten von Grenzsituationen her zu bedenken (Brandkatastrophen etc.), um Sicherheitsrisiken zu minimieren. Dies entspricht dem öffentlichen Interesse.
– Brandschutzmaßnahmen sollten auch in Heimen nicht über das hinausgehen, was in normalen Wohnhäusern baulich gefordert ist. Erhöhte Risiken bei behinderten Menschen sollten nicht durch Baumaßnahmen, sondern durch intensivere menschliche Fürsorge aufgewogen werden.	– Apparative und bauliche Maßnahmen sollten Möglichkeiten menschlichen Versagens ausschließen, deshalb sind Fluchtwege Grundlage der Planung und „Wände und Decken sind wie allgemein zugängliche Flure, die als Rettungswege dienen, in Gebäuden mit mehr als zwei Geschossen feuerhemmend herzustellen“ (§ 39 Abs. 10 der Landesbauordnung).

AKTIVIERENDE HILFE
IST IN JEDER HINSICHT
ANSPRUCHSVOLLER
ALS KLASSISCH FÜRSORGLICHES
HANDELN.

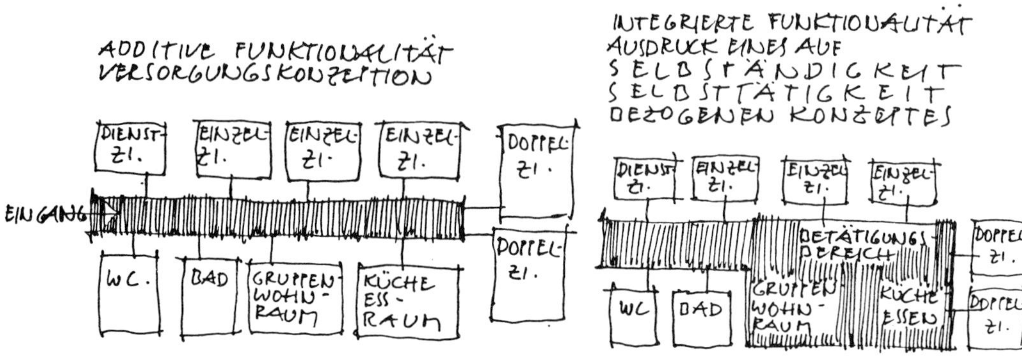
ADDITIVE FUNKTIONALITÄT
VERSORGUNGSKONZEPTION
DIENST ZI.
EINZEL ZI.
EINZEL ZI.
EINZEL ZI.
DOPPEL ZI.
EINGANG
DOPPEL ZI.
WC.
BAD
GRUPPEN WOHNRAUM
KÜCHE ESSRAUM
INTEGRIERTE FUNKTIONALITÄT
AUSDRUCK EINES AUF
SELBSTÄNDIGKEIT
SELBSTTÄTIGKEIT
BEZOGENEN KONZEPTES
DIENST ZI.
EINZEL ZI.
EINZEL ZI.
EINZEL ZI.
BETÄTIGUNGSBEREICH
DOPPEL ZI.
WC
BAD
GRUPPEN WOHNRAUM
KÜCHE ESSEN
DOPPEL ZI.

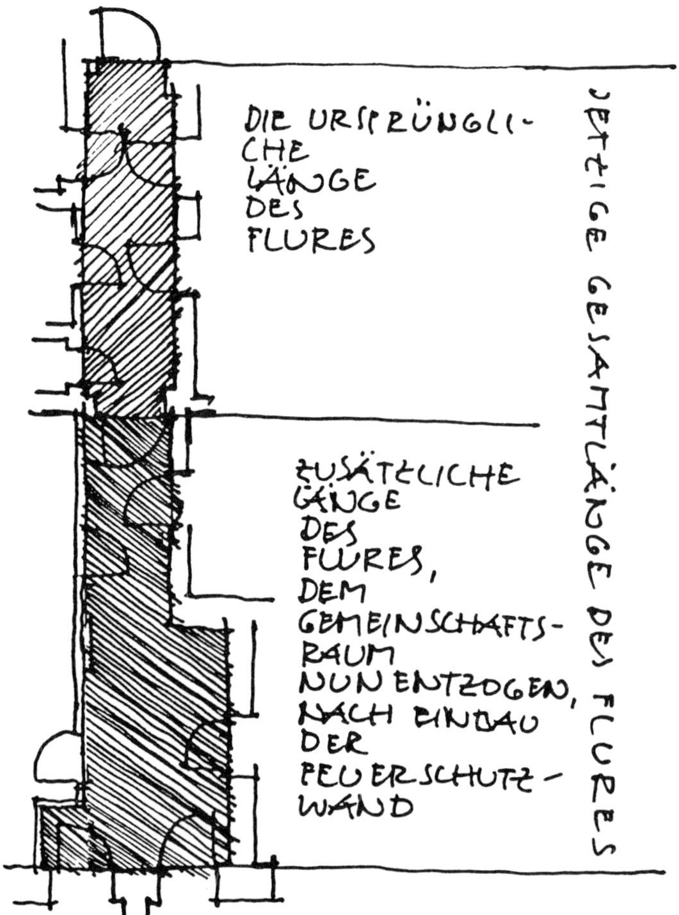
DIE URSPRÜNGLICHE LÄNGE DES FLURES
ZUSÄTZLICHE LÄNGE DES FLURES, DEM GEMEINSCHAFTSRAUM NUN ENTZOGEN, NACH EINBAU DER FEUERSCHUTZWAND
JETZIGE GESAMTLÄNGE DES FLURES

14 Tage vor Beginn der Werkwoche legt die Bauabteilung fünf alternative Vorschläge für die Gestaltung des Wohnbereichs mit Fluchtweg vor. Die Vorschläge werden analysiert. Die Analyse verdeutlicht das ursprüngliche Konzept.

VORSCHLAG NR. 1

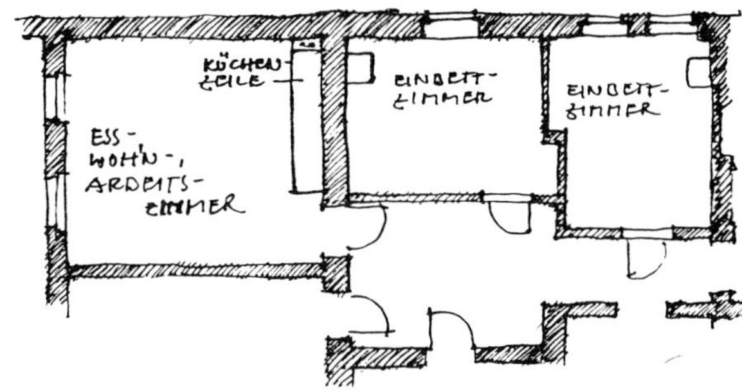

Die ersten Alternative verkleinert den Gemeinschaftsbereich vom 44,4 m^2 auf 23,95 m^2. Die großzügig differenzierte Raumsituation mit Betätigungsbereich, getrenntem Eß- und Sitzbereich wäre hinfällig. Das erweiterte Gangstück fordert hier wieder zum Sitzen, zum Beobachten der Kommenden und Gehenden, zur Untätigkeit auf.

VORSCHLAG NR. 2

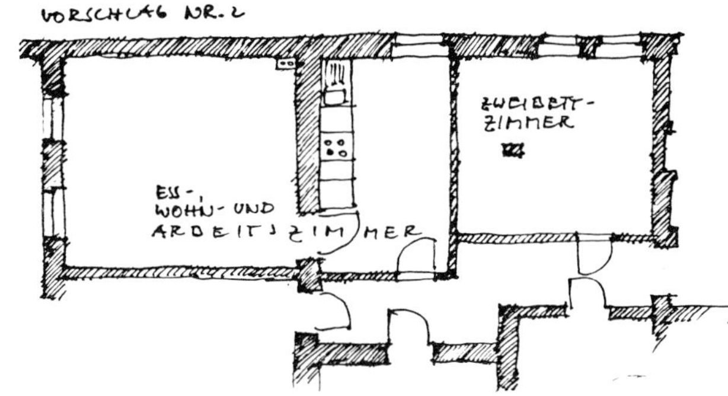

Hier ist die vorgeschlagene Fläche des Gemeinschaftsbereichs 37,40 m^2 groß. Das neu entstehende Zweibettzimmer würde 16,80 m^2 haben, eine Fläche, die nach den Bauvorschriften zu klein wäre.

Der Bereich der Betätigung beim Kochen wäre abgetrennt vom übrigen Wohnbereich, selbst das Essen könnte hier nicht stattfinden, was für Behinderte aber zu begrüßen wäre, damit sie an der Abfolge von Rohprodukt, Kochen, Essen, Abwaschen teilnehmen können, sich auch gern selbst beteiligen.

VORSCHLAG NR. 3

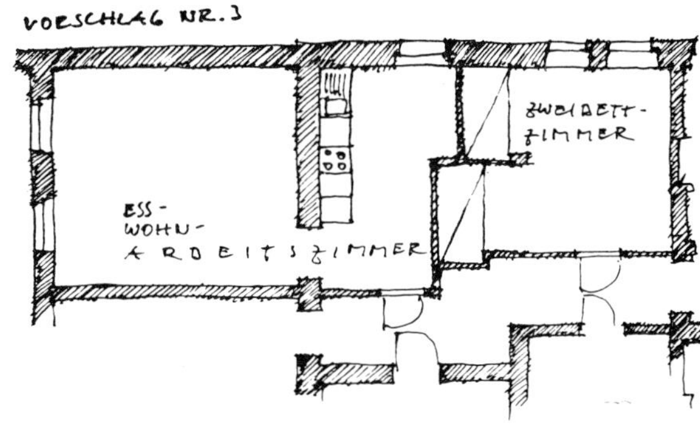

Variante von Vorschlag 2, ohne neue Aspekte.

VORSCHLAG NR. 4

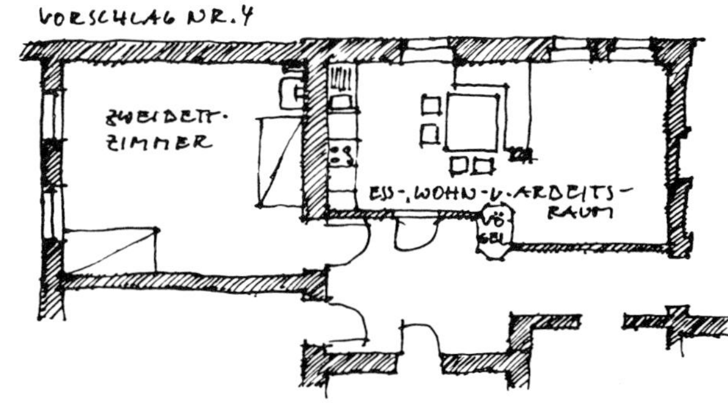

Der Gemeinschaftsraum wird von 44,4 m^2 auf 26,17 m^2 reduziert. Ein Betätigungsbereich ist nicht zu integrieren. Die Eingangstür zum Gemeinschaftsraum liegt im Küchen-Eß-Bereich, was bei Feuerausbruch sicher ungünstig wäre – besser wäre dann eine Tür im Wohnbereich, um schneller auf den allgemeinen Flur kommen zu können. Der Vogelkäfig bleibt zwar in verkleinerter Form erhalten, stellt aber nur noch ästhetisch die Verbindung zwischen Gang und Wohnbereich dar.

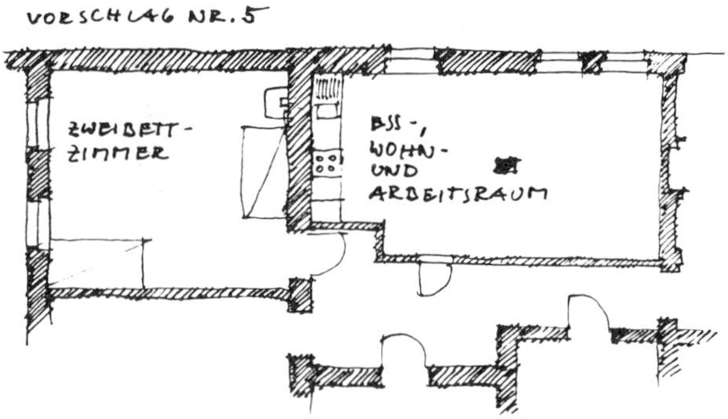

Variation von Vorschlag 4. Geringere Qualität als dieser, weil der Vogelkäfig wegfällt. Jetzt 29,20 m^2.

Die fünf Gegenvorschläge der Bauabteilung, wie der Gruppenraum anders einzurichten sei, um eine Feuerschutzwand einbauen zu können, die den Gemeinschaftsraum längs in zwei Teile teilt, konnten nicht angenommen werden, weil sie unserem Konzept widersprechen. In jedem der fünf Vorschläge verhindert die Brandschutzwand, daß zwischen Gemeinschaftsraum und Individualräumen ein direkter Zugang und Kontakt besteht. Außerdem muß das Angebot zur Betätigung angesichts des sehr zusammengeschrumpften Raumes wegfallen. Die Ordnung in einem solchermaßen kleinen Raum würde als vorrangig angesehen werden, begonnene Arbeiten könnten nicht liegengelassen werden, ohne die Mitbewohner mit ihren vielleicht anders gearteten Ansprüchen einzuengen. Der Gang würde durch die Feuerschutzwand beträchtlich verlängert werden, der gute Grundriß, der uns diesen Gruppenbereich für unsere Einbauten auswählen ließ, wäre in jedem Falle zerstört worden; die anstaltsübliche Situation – auf Gängen zu sitzen, um darauf zu warten, daß irgendetwas geschieht – wäre auch hier aufgetreten: passives Verhalten anstelle aktiver Teilhabe am Leben, Bewahrung statt Förderung.

Unser Vorschlag berücksichtigte den Betätigungsplatz im Wohnbereich an der Stelle, von welcher aus leicht Wasser von der Küchenzeile zu holen war; zum Malen, für Tonarbeiten, auch zum Reinigen.

Bei den Gegenvorschlägen fällt der Wohnbereich als zentraler Kommunikations- und Betätigungsbereich weg, er bleibt dann in jedem Falle ein abgeschlossener, zu Untätigkeit verleitender Raum, wie wir ihn auch im Nachbarhaus erlebt hatten, welches kurz vorher renoviert worden war, aber von den Bewohnern nicht angenommen wurde, eben weil er nicht in der Wohnmitte lag. Nach wie vor halten sich dort die Bewohner lieber auf dem Gang auf, der sie gegenüber dem allgemeinen Geschehen in die Zuschauerrolle drängt. Der neue Wohnraum dort soll nun, wie uns der Hausleiter sagte, seiner Unbrauchbarkeit wegen zu einem Zweibettzimmer umfunktioniert werden.

In den Vorschlägen sind die Individualräume abgeschnitten vom Gemeinschaftsbereich – wohl im Sinne des Feuerschutzes, jedoch entgegen der Betonung kommunikativen und tätigen Lebens, auf das Behinderte zur Stimulation, aber wesentlich auch zu ihrer Beruhigung, angewiesen sind.

Aus einem Begleitbrief zu den kommentierten Gegenvorschlägen:

„Lieber Herr S.,
... eben habe ich in der ‚ZEIT' einen Artikel über eine anthroposophische Dorfgemeinschaft für geistigbehinderte Erwachsene gelesen. Ich frage mich, wie lange wollen die kirchlichen Behinderteneinrichtungen noch hinter den Einrichtungen dieser kleinen Gruppe herhinken?

Wem kann man erklären, daß die Blamage minderwertiger Lebensbedingungen auf Sicherheitsvorschriften zurückzuführen ist? Das gilt nur Uninteressierten als Rechtfertigung (und Dummköpfen kann man es erzählen). Aber sonst kann man sich darüber nur empören.

Vielleicht lassen sich, in diesem speziellen Fall, vorgesetzte Menschen zum Intervenieren veranlassen. Ich kenne keinen wesentlichen Unterschied zwischen einem Direktor und einem Behinderten. Man kann beide leben lassen und beide mit einem Raum wie mit einer Axt erschlagen. Läßt man sie leben, sollte man sich überlegen, wie man es mit der Qualität ihrer Umwelt *hält, für wen der Raum wichtiger ist, ob für den Direktor – der einen geistigen Hintergrund hat oder haben sollte – oder den Behinderten, der auf den sinnlich stimulierenden, d.h. den differenzierten Raum, angewiesen ist.*

Wenn man das in der Anstalt nicht einsieht, will ich mit dieser Einrichtung nichts zu tun haben. Die Behinderten würden dann bei Ihnen als billige Ware gesehen, und nur zum Schein würde man sie ‚Herr' nennen.

Ich bitte Sie daher, lieber Herr S., zu versuchen, daß wir für unsere Unternehmung optimale Bedingungen erreichen. Für einen solchen Kurs sollte sich die Anstalt keine Halbheiten leisten, denn zu einem noch geringeren Prozentsatz würden sie dann von den Teilnehmern aus anderen Behinderteneinrichtungen in deren Häusern verwirklicht. Dafür Vorschub zu leisten, bin ich nicht bereit.

Ich weiß, daß Sie persönlich keine Mühe scheuen und bitte Sie, das Gesagte nicht als gegen Sie gerichtet zu sehen.

Mit freundlichen Grüßen
Ihr M."

Die Antwort des Leiters von Haus T.:

„Lieber Herr M.
... Ich selbst komme mir so ohnmächtig vor. Da sind auf der einen Seite die Sicherheitsbestimmungen und auf der anderen Seite soll ‚Wohnen unter therapeutischen Gesichtspunkten' stattfinden. Läßt sich wirklich nicht das eine mit dem anderen verbinden? Ich beobachte bei mir, daß ich spontan oder eingeübt so reagiere, als ob die Sicherheit Vorrang habe und tendiere unwillkürlich dahin, meine begründeten Wünsche zu reduzieren. Ich frage mich, woher das kommt. Liegt es daran, daß für therapeutisches oder auch nur schlicht menschliches Wohnen keine Vorschriften vorhanden sind, oder zu wenige wissen, was die Begriffe meinen? Wir haben in der Anstalt Sicherheitsbeauftragte; sie sind bestimmt wichtig. Genauso wichtig wären aber Beauftragte für menschliches Wohnen. Ich hatte für T. gehofft, daß wir so etwas wie ein kleines Modell würden, daß Wohnen anders erlebt und dadurch die Phantasie weiter angeregt würde. Können wir das jetzt noch? Einige Möglichkeiten sind sicher dahin. Ich möchte aber, daß wir weitermachen ...

Herzliche Grüße
Ihr S."

Noch zu Beginn der Projektwoche bestand Unklarheit, in welcher Richtung der Zielkonflikt gelöst werden würde. Während der Arbeitswoche fand deshalb zwischen der Seminargruppe und dem Leiter der Bauabteilung der Anstalt ein Gespräch statt. Der Vertreter der Anstaltsleitung sprach sich bei der Gelegenheit dafür aus, „das ursprünglich entwickelte innenarchitektonische Konzept zu verwirklichen, um dann zwischen der Direktion und den leitenden Herren der Feuerpolizei ein Gespräch mit dem Ziel anzuberaumen, eine einvernehmliche Lösung des Zielkonfliktes zu erreichen". Als Erprobungszeit wurden zwei Jahre in Aussicht gestellt. Das Ergebnis dieses Gesprächs war für alle Beteiligten ein Signal, die Gestaltungspläne für den zentralen Gruppenraum zu realisieren.

Dieses Gespräch zwischen Anstaltsleitung und Feuerpolizei fand zwei Monate nach der Projektwoche statt. Nach weiteren zwei Monaten unternahm die Direktion eine Ortsbegehung. Kurz darauf besuchten der leitende Betriebsarzt der Anstalt und der Leiter des Arbeitssicherheitsdienstes die umgestaltete Wohngruppe. Der Konflikt weitete sich auf ungeahnte Nebenschauplätze aus und gewann groteske Züge. Der für Hygienefragen zuständige Mediziner zog wegen der Vogelhaltung im Wohnbereich den zuständigen Vertreter des Veterinäramtes hinzu: Dr. med. vet. B. sah sich veranlaßt, die Voliere im Wohnbereich zu verbieten, machte aber freundlicherweise Vorschläge, welche anderen Tiere man in Haus T. und im Garten halten könne. Einige Wochen nach diesem negativen Bescheid reicht er einen Vorschlag nach, wie im Gruppenraum doch noch eine Voliere unterzubringen ist: verglast. Damit fällt die beabsichtigte akustische Stimulation fort. Der Leiter des betriebsärztlichen Dienstes, Dr. H., der über diesen Besuch der Anstaltsleitung Bericht erstattete, versäumte nicht, darauf hinzuweisen, vor welchem Hintergrund die Entscheidung des Veterinärs zu sehen war: „Herr Dr. B. hat nicht nur Verständnis für die Belange unserer Behinderten, er ist auch selbst in Gremien tätig, die sich mit Möglichkeiten zur ‚Verbesserung der Lebensqualität' – um das Modewort zu gebrauchen – von Behinderten beschäftigen". Aber es geht nicht nur um gefiederte Erreger, sondern ganz grundsätzlich „um Fragen der Hygiene und Sauberkeit zur Verhütung von Krankheiten, Seuchen und Ungezieferplagen, die seit den Zeiten von Lister (1827–1912), Semmelweis (1818–1865) und Pasteur (1822–1895) bekannt sind, (...) denn es ist nur eine Frage der Zeit, wann die nur gehobelten, sonst unbehandelten Holzoberflächen (...) zum Nährboden von Bakterien und Ungeziefer werden. (...) Damit ist eine notwendig werdende Tätigkeit des Kammerjägers vorprogrammiert; bleibt die Frage, wie sich die Entwesung (!NS) gestalten soll". Sonst bleibt da nichts zu fragen. Wenige Wochen später wird auf höchster Ebene entschieden: „Nach mehrmaliger und intensiver Beschäftigung mit der Problematik (...) kommt die Anstaltsleitung zu der Auffassung, daß der Einbau einer Zwischenwand zwischen dem Gemeinschaftsraum und den Einzelwohn- und Schlafräumen unumgänglich ist." Die Empfehlung des städtischen Branddirektors, der von der Wohnqualität der Einbauten beeindruckt war, die Wohngruppe doch einfach in eine normale Wohnung innerhalb eines Heims umzufirmieren, weil sich der vorbeugende Brandschutz grundsätzlich nicht darum kümmern müsse, was hinter einer Wohnungstür geschehe, wird nicht aufgegriffen. Es hätte sich dadurch der Status der Bewohner geändert: aus pflegebefohlenen Heiminsassen wären Mieter geworden. Eine für Anstaltsverhältnisse unter den Bedingungen des geltenden Sozialrechts offenbar zu komplizierte, abseitige Rechtsfigur.

Unmittelbar nach der Entscheidung der Anstaltsleitung verwandelten Handwerker der Anstalt das Projekt in einen Torso. Der Betätigungsbereich fiel weg. An die Stelle integrierter Funktionalität trat wieder additive Funktionalität: hübsch dekoriert mit Holz und Farbe; so, als sei es bei dem gesamten Projekt in erster Linie um Verschönerungsarbeiten gegangen, etwa nach dem Motto der Branche: „Holz ist wunderbar!".

Nachtrag

Bei der Auswahl des Projektortes hatten wir uns von der Überlegung leiten lassen, daß eine große Institution mit internationaler Reputation für ein Initialprojekt eher in Frage komme als eine kleine Institution, die sich gegenüber amtlichen Einwendungen und Auflagen schwerer durchzusetzen vermöchte. Diese Annahme erwies sich als falsch. Es scheint nicht nur der Anpassungsdruck von außen in großen Institutionen bis hin zur bereitwilligen Vorwegnahme durchzuschlagen, die interne Aufgabendifferenzierung und Arbeitsteilung sorgt auch dafür, daß Konflikte, die intrapersonal verarbeitet werden sollten, als interpersonale Konflikte zwischen Abteilungen ausgetragen werden. Da ist es dann legitim, Tierhaltung und Holzeinbauten ausschließlich aus der Semmelweis-Perspektive zu betrachten. Dafür ist man schließlich zuständig, und nur dafür. Lebenszusammenhänge werden effizient und arbeitsteilig zerlegt. Zu einem Ganzen fügt sich das nicht mehr. Das alle umschwebende „Wohl der Behinderten" zerbröselt in Versatzstücke entfremdeten Lebens.

Das Leben heute

Die Situation in R. 1 nach dem Einziehen der Feuerschutzwand

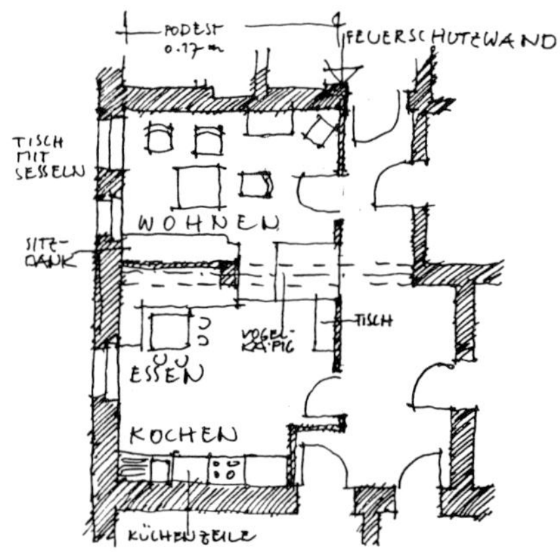

Eßraum und Küche sind vom Wohnraum abgesondert.

Durch die eingezogene Wand ist der offene Raum durchschnitten, das ursprüngliche Konzept zerstört.

Vom Flur aus führt eine verglaste Tür in den Bereich der Küche und des Eßplatzes, eine andere Tür in den Bereich zum Ausruhen, Musik hören ... Zwischen den beiden Bereichen ist eine Voliere und ein offener Durchgang. Der Eßbereich ist am wenigsten beeinträchtigt, da er, wie vorgesehen, gestaltet wurde. Über dem Eßplatz ist die Decke mit grünen Rigiphonplatten, die auf Holzleisten liegen, auf einer Höhe von 230 cm abgehängt. Die übrige Decke ist dunkelbraun gestrichen. Auf einer Höhe von 3,10 m wurde eine Pergola eingezogen.

Der Wohnbereich ist durch ein 20 cm hohes Podest hervorgehoben. Die beiden Seitenwände sind verbrettert. Die Decke ist mit rot gestrichenen Rigiphonplatten auf Holzleisten, auf einer Höhe von 2,10 m abgehängt. Die nicht verbretterten Wandflächen sind mit Rauhfasertapete tapeziert und altweiß gestrichen worden.

Der Wohnbereich wirkt jetzt wie eine Holzschachtel, abgetrennt, geschlossen, eng.

Blick von der Feuerschutzwand durch die verglaste Vogelvoliere in den Sitzbereich.

Der abgetrennte Sitzbereich

Besucherkommentare

Während und nach der Projektwoche waren viele behinderte Bewohner und Mitarbeiter anderer Gruppen zu Besuch. Der erste Eindruck war uneinheitlich. Einige wünschten sich für ihre Räume Ähnliches, andere konnten sich noch kein rechtes Bild davon machen oder lehnten die Einbauten spontan ab: „So viel Holz mag ich nicht leiden“, ... „das ist etwas für Kinder, für mich wäre das nichts“. Bei wiederholten Besuchen wurden Wahrnehmung und Beurteilung differenzierter.

Die Bettnischen wirkten auf viele einladend: „zum Kuscheln“, „zum Verkriechen“. Die Bettnische von Herrn M. war einigen zu dunkel.

Die Podeste wurden von fast allen positiv aufgenommen. Die Erfahrung, im Sitzen aus dem Fenster sehen zu können, sprach für sich. Einige hatten Bedenken wegen der abgehängten Decken. Sie sagten: „Hier fühle ich mich beengt.“ Viele fragten: „Wie kann man das sauberhalten?“

Toilette und Bad gefielen den meisten. „Wofür so schöne Kacheln?“, fragte einer, und als man ihm dann erklärte, daß man sich in diesen Räumen wohlfühlen sollte, meinte er: „Wohlfühlen will ich mich woanders, da will ich mich nur saubermachen.“ Manche Äußerungen glichen Lehrbeispielen für den Umgang mit kognitiven Dissonanzen.

Fast alle bemerkten den einschneidenden Charakter der Feuerschutzwand.

Bei jüngeren Besuchern war mehr Zustimmung zu den Einbauten festzustellen als bei älteren.

Die Reaktionen der Mitarbeiter waren sehr unterschiedlich und haben sich im Laufe der Zeit auch verändert. Nur ein Mitarbeiter, der uns besuchte, fand die Einbauten für diese Räume nicht geeignet.

Eine Mitarbeiterin sagte: „Im Rohbau fand ich die Einbauten erschreckend häßlich. Ich habe mir nicht gewünscht, dort zu wohnen, es war mir zu eingeengt. Jetzt kann ich mir vorstellen, da zu leben. Ich finde es gut.“

Ein anderer Mitarbeiter meinte: „Ich finde die Einbauten nicht nur schön, sondern auch gut und wichtig. So etwas kann ich mir für mich vorstellen. Manche Räume sind zwar eng, aber sie sind differenziert und vielseitiger nutzbar als die üblichen Schlafräume. Das ist mir wichtiger.“

Veränderungen im Zusammenleben

Durch die baulichen Gegebenheiten treten bestimmte Konflikte nicht auf. Jeder hat seine Rückzugsmöglichkeit. Jedes Zimmer ist anders, und der Bewohner kann sich mit seinem Zimmer, an dem er mitgearbeitet hat, eher identifizieren. Neid auf das bessere Zimmer der anderen tritt so nicht auf. Ein Bewohner, der sein jetziges Wohnen nur als Übergang sieht, weil er gerne „draußen" leben möchte, gab auf die Frage, ob man sein Zimmer einer Besuchergruppe zeigen dürfe, die Antwort: „Natürlich, ich bin doch stolz, wenn man mein Zimmer zeigt", und „draußen würde ich mich auch so einrichten".

Ein Bewohner läßt seine Türe offenstehen, wenn er Kaffee trinkt und Musik hört. Der Wohnbereich ist direkt gegenüber, und auch da stehen die Türen meist offen. Die Bewohner sind unabhängiger vom Mitarbeiter. Sie können die Mahlzeiten alleine vorbereiten und einnehmen. Die Mahlzeiten dienen nicht nur der Nahrungsaufnahme, sondern die Bewohner sitzen jetzt öfter und länger beisammen. Der Tisch verlockt zum Zusammensitzen. Der Mitarbeiter fühlt sich in seinem Zimmer wohl, und auch die Bewohner bewegen sich darin so, als ob es ihr Zimmer wäre. Aber auch:

„Von dem Tag an, wo die Entscheidung der Anstaltsleitung gegen das ursprüngliche Konzept fiel, war der Gruppenraum innerlich sehr weit von mir weggerückt. Ich sah ihn als ein Objekt an, an dem ich nicht mehr beteiligt war und auch nicht mehr beteiligt sein wollte. Ich hatte keine Energie mehr, in diesem Raum zu arbeiten. Ich war auch kaum in der Lage, jetzt Überlegungen anzustellen, wie wir, wenn die Wand eingezogen sein würde, aus dem verbleibenden Raum noch das Beste machen könnten. Es war für mich nicht mehr der Raum, für den ich mich engagiert hatte, der der Mittelpunkt der Gruppe hatte werden sollen.

Heute, nachdem wir wieder ein halbes Jahr hier wohnen, habe ich mich mit der nicht von uns gewollten räumlichen Situation abgefunden. Geblieben ist die Enttäuschung, daß etwas, das von allen, die dort leben und arbeiten, als gut und sinnvoll erkannt wurde, nicht möglich ist."

2. Beispiel: Haus K. in R. – Eine Wohngruppe für behinderte Männer und Frauen

Ausgangssituation und Ziele der Veränderung

Während das Haus T. in B. für begüterte Anfallskranke konzipiert war und verwendet wurde, also eine herausgehobene Position hatte, wurde das Haus K. in R. als Pflegehaus im Krankenhausstil für geistig behinderte und psychisch kranke Frauen in einen landwirtschaftlichen Gebäudekomplex operiert. Als „Hofgut" außerhalb geschlossener Bebauung ist hier – gegenüber dem herrschaftlichen Haus mit antikisierenden Elementen in B. – ein karges Gebäude mit Flachdach als Fremdkörper in ein großräumiges Areal um einen weiten Platz mit Linde in der Mitte gestellt. Ursprünglich sollte die Bebauung in diesem in jeder Hinsicht beziehungslosen Stil mit einem Krankenhausneubau fortgesetzt werden.

Mit unseren Umgestaltungsarbeiten in einem Gruppenbereich des „Frauenhauses" beabsichtigten wir, die Isolation dieses Hauses zu durchbrechen und durch die Betonung des Natürlich-Organischen an dieser Stelle das mit baulichen Maßnahmen zu tun, was die Initiatoren durch die Unterbringung von fünf Männern und fünf Frauen in einer Gruppe planten: Zuwachs an Normalität, mit Selbstverständlichkeit vielfältige Betätigung durch die Integration in die Landwirtschaft mit Obstgärten, Gemüseanbau und Viehhaltung intensiv in den Blick zu rücken. Dies auch in der Erwartung, die Dichte und Gehaltenheit der Dorfgemeinschaften zu erlangen, die aus anthroposophischem Denken, wenn auch mit anderen Mitteln, erreicht wird.

Als die Planungsarbeiten in Gang gebracht wurden, bestand noch die Absicht, in großzügiger Weise auch die äußere Situation im Hofgut zu verändern, wofür damals noch Mittel vorhanden waren, z.B. zur Begegnung von Männern und Frauen einen Pavillon zentral einzubinden, der gemeinsam hätte betreut werden können, ein Café einzurichten, wenn durch die Ausstattung der Gruppen mit Küchenzeilen der gemeinsame Speisesaal überflüssig geworden wäre. Wenige Monate vor

der Ausführung der geplanten Arbeiten geriet jedoch die Stiftung in eine so schwierige finanzielle Lage, so daß die Ausführung des Projekts hätte abgesagt werden müssen, wenn nicht der Hausleiter, die Betreuer und die Bewohner selbst durch Veranstaltungen, Einsparungen an anderen Stellen und Aktionen und Spenden im ganzen 95000 DM aufgebracht hätten. So konnten bereits vor der Einbautenwoche, die wie in B. von einem Fortbildungskurs der Diakonischen Akademie unter dem Titel „Wohnen unter therapeutischen Gesichtspunkten" durchgeführt wurde, die vorbereitenden Rohbauarbeiten erledigt werden: die Maurerarbeiten – Erweiterung einer Tür und Abbruch einer 34er Wand –, die Installationsarbeiten im Sanitärbereich und das Verlegen von Wasserleitungs- und Abflußrohren in jedes Zimmer, teils durch die anstaltseigene Bauabteilung, teils von freiwilligen Helfern aus einem Posaunenchor.

Die organisatorische Abfolge der Einbautenaktion mit Besichtigungen, Kurswochenverlauf und Nachbesprechung glich im Aufbau der ersten, die zuvor beschrieben wurde. Die Frauen und Männer im Alter zwischen 40 und 75 Jahren, die hier im Sinne einer Wohngemeinschaft leben wollten, die sich wohl vom Sehen kannten, aber vorher nur selten zusammen waren, unternahmen die Exkursion nach W. gemeinsam, übernachteten im Hotel – die meisten zum ersten Male – und entschlossen sich erst nach dem Augenschein dazu, zusammen in einem räumlich integrierten Gruppenbereich wohnen zu wollen. Einige Zeit nach den Einbaumaßnahmen schreibt eine Betreuerin:

R., 3.1.82

... Wir wohnen ja nun schon seit drei Wochen in den neuen Räumen, und dieses Leben ist erfreulich. Unsere Leute haben es gut angepackt, sich auf die veränderte Situation einzustellen, die ganz anders ist als die bisherige. Das betrifft auch das Zusammenleben von Männern und Frauen. Sie haben in ihrem Sozialverhalten in der kurzen Zeit erstaunliche Fortschritte gemacht. Die ganze Zeit haben wir nicht einmal einen Fernseher in der Gruppe, und es fragt auch niemand danach – und das bei Menschen, für die das Fernsehen jahrelang fast die einzige Freizeitbeschäftigung war. Alle sind nach ihren Kräften tätig, und es gibt viele Freizeitaktionen. Allen gefällt es, und sie fühlen sich wohl. Allerdings sind wir noch nicht mit allen Arbeiten fertig, es müssen noch Heizungsverkleidun-

gen abgeschliffen werden, auch die Vorhänge fehlen noch und andere Kleinigkeiten. Am Montag bekommen wir die Lampen. Nach und nach wird alles gemacht. Wir tun das ja neben der Arbeit in der Gruppe, und das ist viel. Auf jeden Fall macht die Arbeit jetzt großen Spaß ...

Ist-Zustand des Hauses bzw. des Gruppenbereichs

- Unpersönliche Atmosphäre, Eindruck von Krankenhaus, in dem Kurzzeitpatienten behandelt werden.
- Eingang wirkt abweisend, ist ungegliedert.
- Kalt wirkende Baustoffe, z.B. PVC-Böden, verputzte Wände.
- Im Gruppenbereich keine gestalterische Verbindung der Zimmer untereinander, auch nicht der Möbel innerhalb der Zimmer. Isolation anstatt Integration.
- Keine Waschbecken in den Mehrbettzimmern.
- Alle Mahlzeiten finden im hauseigenen Speisesaal statt.
- Die Gruppentagesräume verstärken passive Haltung der Hausbewohner durch die Zuordnung der Möbel auf den Fernsehapparat.
- Die Sanitärbereiche gewähren keine Abgeschlossenheit beim Baden, Duschen und Waschen. Dem natürlichen Schamgefühl der Bewohner entspricht das nicht.
- Waschbecken, Duschen, Toiletten, Schränke auf dem Gang, Tische und Stühle im Gemeinschaftsraum sind aufgereiht. Besserung des Zustandes von Behinderten kann in solcher Monotonie – ohne positive Anregung für differenzierte Sinneswahrnehmung – nicht erwartet werden.
- Oft sind Bewohner auf den Gängen anzutreffen, Gänge gelten trotz ihrer Nüchternheit als Kommunikationsebene.

Soll-Zustand durch Einbauten

- Verbindung nach außen durch direkten Zugang aus dem Wohnraum, Vorgarten mit Sitzgelegenheit unter Pergola, Terrasse und Balkons.
- Begrünung des Hauses durch Spaliere (Obst, Schlingknöterich, wilder Wein), um es in die Umgebung – auch in die Landwirtschaft – einzugliedern.
- Weg am Eingang des Hauses führt zu nahe an den Fenstern der Schlafräume vorbei, deshalb sollten Büsche, die vor den Fenstern kleine Höfe umschließen, den Einblick verwehren.
- Eingangsbereich, Flure und Treppenhaus differenzieren und einladend gestalten.
- Schrankraum und Regale für jeden Bewohner im Individualbereich, auch abschließbare Fächer.
- Ein- und Zweibettzimmer mit Waschbekken, welche Sichtschutz haben.
- Neugestaltung des Wohnbereiches mit einer Küche, Eßplatz, Werk-, Näh- und Bastelbereich, Polstersitzecke.
- Appartement der Stationsschwester umgestalten für zwei Bewohnerinnen.
- Auflösen der Gemeinschaftswaschräume.
- Die Begegnung zwischen Männern und Frauen, aber auch mit Bewohnern der Stadt wird durch die Einrichtung eines Cafés im jetzigen Speisesaal des Frauenhauses angeregt. Die Mahlzeiten sollten nicht mehr im Gemeinschaftsspeisesaal, sondern in den Gruppen eingenommen werden. Die Lage für ein Café zur Stadt ist günstig (Spazierwege in unmittelbarer Nähe, Blick zu einer Alm). Die Küche ist bereits vorhanden und würde Heimbewohnerinnen im Café Arbeitsplätze bieten. Ein direkter Zugang von außen zum Café kann geschaffen werden, ebenfalls eine Sitzterrasse. Als Anziehungspunkt für Familien mit Kindern könnten Tiere (Vögel, Esel usw.) gehalten werden, die von den Behinderten versorgt werden. Zum kleinen See müßte eine Verbindung geschaffen werden, später unter Umständen auch zu dem eventuell in Aussicht stehenden Altersheim am Hang. Der Blick auf das Hochhaus sollte durch schnellwachsende Bäume abgeschirmt werden.

Zitat aus einem Aufsatz von Markus Nitsche, Pfarrer und Heimleiter im Haus K., ein Jahr nach dem Einzug:

„Gänzlich umgebaut und als Wohnung für behinderte Menschen neu gestaltet wurde in mehrmonatiger Eigenarbeit ein Stockwerk des K.-Hauses. Zwar erst 1969 als Heim für psychisch kranke Frauen neu erbaut, entsprach es ein Jahrzehnt später in mancher Hinsicht nicht mehr den Anforderungen einer auf Förderung und Individualisierung geistig und psychisch behinderter Menschen ausgerichteten Arbeit.

Ins Auge gefaßt hatte man bei der Planung und Bauausführung 1969 (Zitat des Architekten): ‚eine Konzeption zu entwickeln, die Geborgenheit ausdrücken solle. Die Menschen, die hier wohnen, sollen sich wohlfühlen, sollen ein gutes Zuhause haben.' Von seiten des Regierungspräsidiums wurde bei der Einweihungsfeier am 1. November 1969 gesagt: ‚Mit dem Bau des Frauenhauses sei ein guter Beitrag zur modernen Behindertenfürsorge geleistet worden.' Und in der Baubeschreibung steht über das Raumprogramm zu lesen:

‚Jeder Stationsblock umfaßt zwei vertikal übereinander gelagerte Pflegeeinheiten mit 14 Betten. Insgesamt sind es also 56 Pflegebetten. Sie teilen sich in zwei Vierbettzimmer, ein Dreibettzimmer und drei Einzelzimmer auf. Die Bettzimmer umschließen einen Tages- und Aufenthaltsraum. Vorbildlich ausgestattete sanitäre Räume unterstützen den Wunsch nach zeitgemäßer Hygiene, was ja gerade bei diesen Pflegebefohlenen besonders notwendig erscheint. Eine Teeküche, ein Dienstzimmer und das Apartment für die Stationsschwestern ergänzen die Funktion einer Station.'

Gerade die an ein Krankenhaus erinnernde Konzeption des K.-Hauses hat die Heimleitung und Mitarbeiter herausgefordert, ein mehr an den Bedürfnissen der Heimbewohner orientiertes Konzept für die Ausgestaltung einer Gruppenwohnung zu entwickeln und zu verwirklichen:

Natürlich gibt es Versuche und Anstrengungen, das Heim wohnlich zu gestalten, ihm diesen Charakter von öffentlichen Gebäuden zu nehmen. Die Architektur stand und steht dem oft im Wege. Ebenso die weit verbreitete Meinung, daß behinderte Menschen andere Gefühle und Empfindungen haben als wir, die sogenannten Nichtbehinderten, und deshalb eine heimelige Wohnung nicht brauchen.

Es gibt nicht Menschen 1. und 2. Klasse. Ob behindert oder nichtbehindert – alle sind wir Gottes Geschöpfe. Daß diese Einsicht auch Konsequenzen für das Wohnen behinderter Menschen haben muß, steht außer Zweifel. Es macht mich froh, daß das nicht nur im Bewußtsein der Mitarbeiter verankert ist, sondern im vergangenen Jahr in einem Teil unseres Heimes in die Tat umgesetzt werden konnte.

Bisher gab es bei uns und gibt es in den unveränderten Gruppen weiterhin Zimmer, die von vier bzw. drei erwachsenen behinderten Menschen gemeinsam bewohnt werden. Vom Für-sich-allein-sein kann da nur schwer die Rede sein. Also haben wir bei der Umgestaltung darauf geachtet, daß es nur noch 1- und 2-Bett-Zimmer gibt.

Dabei ist es gelungen, daß selbst in den 2-Bett-Zimmern jeder fast für sich ist. Möglichkeiten, sich sein Reich so einzurichten, wie es dem Einzelnen Spaß macht, werden gerne wahrgenommen und all die liebenswerten Dinge wie z. B. Bilder, Puppen, Selbstgebasteltes, Bücher, Dias, Reiseandenken usw. in seiner Nähe zu haben, bedeutet für die hier lebenden behinderten Menschen oft sehr viel mehr Sicherheit und Vertrautheit als wir ahnen. Seine Besitztümer um sich zu haben, jederzeit verfügbar, gehört eben dazu, daß man sich wirklich zu Hause fühlt. Aber so geht es ja auch uns. Ohne die Dinge, an denen wir uns freuen und die uns etwas bedeuten, wäre unsere Wohnung auch nicht der Ort, an dem wir gerne verweilen.

Etwas, was auch nicht zum Charakter einer Wohnung paßt, ist ein Waschsaal, den es bisher gab und in den unveränderten Gruppen weiterhin gibt. Sich gleichzeitig mit mehreren in einem Raum zu waschen, in dem Waschbecken neben Waschbecken angebracht ist, und dabei bewußt oder unbewußt von anderen beobachtet zu werden, ist der Würde eines Menschen nicht angemessen. Entweder leidet die Körperhygiene darunter oder die Menschenwürde. Beides sollte nicht sein.

Wir haben dieses Problem so gelöst, daß wir eine getrennte Dusche und ein Badezimmer eingerichtet haben.

Außerdem gibt es jetzt in jedem Zimmer eine Waschecke, wo sich jeder völlig ungestört waschen kann. Es gibt viele Ecken und Winkel in dieser umgestalteten Wohnung.

Unsere Überlegungen in der Planungsphase sahen vor, den Raum zu gliedern, unterschiedliche Deckenhöhen zu schaffen, Podeste einzubauen und Nischen zu gestalten, viel warme und weiche Materialien zu verwenden, mit angenehmen Farben Decken und Wände zu streichen, hellere und dunklere Bereiche zu haben, die Natur einzubeziehen durch einen großen Vogelkäfig und eine Tür direkt vom Wohnraum in den Garten. Das Wohlbehagen der Menschen, die in diesen Räumen leben, ist das beste Barometer. Und dies steht auf Hoch. Es ist eine wahre Freude zu sehen, wie sich die Menschen in der veränderten Wohnsituation entfalten, so, als ob ihnen die Nischen und Ecken den nötigen Schutz bieten, um sich aus dem inneren Schneckenhaus, in das sich viele vorher verkrochen hatten, herauszuwagen.

Zu einer Wohnung gehört noch etwas ganz notwendig: eine Küche, in der zu jeder Tages- und Nachtzeit etwas zubereitet werden kann.

In der bisherigen Teeküche war das und ist das in den unveränderten Gruppen weiterhin nur begrenzt möglich. Bei der Umgestaltung hat die Küche deshalb eine funktionsgerechte Größe erhalten und einen zentralen Platz gefunden. Sie ist das ‚Herz' der Wohnung.

Daß es auch behinderten Menschen riesig Spaß macht, selber ihr Essen zu kochen oder Kuchen zu backen, zeigt sich täglich, und daß sich dabei wie von selbst eine Förderung der hauswirtschaftlichen Fertigkeiten ergibt, ist beabsichtigt, wie überhaupt eine solche Wohnung als natürliches Lernfeld für behinderte Menschen ausgenutzt werden kann.

Eine Küche ohne entsprechenden Eßplatz wäre nur eine halbe Sache. Beides gehört zusammen. Auch das ist nach der Umgestaltung weit besser gelöst. Alle, Bewohner und Mitarbeiter, sitzen gemeinsam um einen großen Tisch und haben im wahrsten Sinne des Wortes Tischgemeinschaft. Miteinander zu essen, miteinander zu reden, zu lachen, läßt Gemeinsamkeit wachsen. Pläne werden geschmiedet an diesem Tisch, Probleme besprochen, gespielt und gebastelt, so ist er zusammen mit der Küche der zentrale Ort, wo die Gemeinsamkeit gepflegt werden kann. Denn bei allem Bedürfnis nach Alleinsein, nach Individualität, ist bei behinderten Menschen auch der Wunsch nach Kontakten mit anderen vorhanden. Eine Situation zu schaffen, in welcher dies alles möglich ist, war unsere Absicht.

Daß die aufgrund der bisher gemachten Erfahrungen positive Bilanz weiterhin positiv bleibt, ist unsere Hoffnung.

Und daß wir auch in den anderen bisher unveränderten Wohngruppen Ähnliches schaffen können, ist unser Wunsch. Wie sehr noch mehr der uns Anvertrauten eine solch heimelige Wohnung sich wünschen, bekomme ich fast täglich zu hören und zu spüren."

Die veränderte Nutzung in qm

	Ursprüngliche Situation (vorher)	Nach dem Umbau (nachher)
Bewohner	14 Frauen	5 Frauen 5 Männer
Räume		
Tagesraum/ Gruppenraum	43,8	95,2
Bettzimmer/ Individualbereich	104,6	109,3
Sanitär, Stationsversorgung	72,7	28,3
Flur/Garderobe	18,2	9,8
Insgesamt	239,3	242,6

Die ursprüngliche Situation im Gruppenbereich wurde bestimmt durch die Trennung der Räume nach funktionalen Aspekten, anzusiedeln zwischen Krankenhaus, Sanatorium und Altenpflegeheim; die Sitzgelegenheiten im Gemeinschaftsraum, dem sogenannten Tagesraum (gegenüber dem Individualbereich, der mit 1-, 3- und 4-Bett-Zimmern bezeichnet wird), waren auf den Fernsehapparat ausgerichtet. Im Schlaftrakt war die Position der Betten mit Nachtkästchen beherrschend. Das Appartement für die Stationsschwester war dem Eingang vorgelagert wie eine Wache und sollte wohl die Abhebung von den Bewohnern signalisieren. Bezeichnend, daß dann am Eingang überdimensioniert der Sanitärbereich begann, gleichsam der Operationsbereich der Schwester, wiederum daran anschließend das Stationszimmer mit Teeküche, alles, nicht nur die Terminologie, aus dem Krankenhaussprachgebrauch. Es gab 1-, 3- und 4-Bett-Zimmer, keine 2-Bett-Zimmer, wohl aus prüder Befürchtung, es könnte gleichgeschlechtlichen Beziehungen Vorschub geleistet werden. Auf dieser negativen Ebene findet durchaus eine gemeinsame Planung unter pädagogisch-medizinischen und architektonischen Aspekten statt.

Im neuen Plan wird der Gemeinschaftsraum mit dominierender Betätigungszone in die Mitte des ganzen Gruppenbereichs genommen, die Sanitärzone verkleinert und auf den Gebrauch des Einzelnen und nicht mehr auf den mehrerer Benutzer gleichzeitig abgestimmt, das Stationszimmer mit Teeküche aufgelöst. Eine normale Küchenzeile als Teil eines größeren Betätigungsbereiches hat sie überflüssig gemacht. Das Appartement der Stationsschwester wurde durch das Versetzen der Tür in die Wohnung einbezogen, und zwei Bewohnerinnen zogen dort ein. Ein Platz im Gemeinschaftsraum, wo das Telefon steht und die Akten und Medikamente in einem abschließbaren Regalfach aufbewahrt werden, wo also die Betreuer auch ihre schriftlichen Arbeiten erledigen, ersetzt dieses Stationszimmer vollauf. Der Flur fiel weg. Der ehemalige Flur ist in den Gemeinschaftsraum gefallen, ein durch Versetzen des Eingangsbauelementes hinzugewonnener Teil des Hauseinganges wird als Garderobe genutzt. Die Schränke, die vor dem Umbau auf den Gängen standen, und in denen persönliche Dinge der Bewohner aufbewahrt wurden, sind in die Einzel- oder Zweierzimmer eingebaut worden. Im Gemeinschaftsbereich stehen dafür zwei schöne alte Schränke mit Tischwäsche, Spielen, Material zu gemeinsamem Gebrauch. Vieles, besonders an Material, Kostbarkeiten oder Blumen kann aber auch in den Regalen, im Stauraum und auf Konsolbrettern untergebracht werden, die im ganzen Gruppenbereich vorhanden sind.

Wenn man überlegt, wie es zu der ursprünglichen Fehlplanung und -architektur kommen konnte, ist wohl – entlastend für diesen spezifischen Fall – festzustellen, daß die Initiatoren, welche die Planer beeinflussen, von schwerwiegenderer Behinderung ausgehen als sich dann in Wirklichkeit herausstellt. So wird eben ein Haus für geistig behinderte Erwachsene konzipiert in der Art eines Pflegeheims. Nicht Wohnqualität wird honoriert. Was dem Architekten Lorbeer einträgt, ist das Besondere, die „Behindertengemäßheit", das Anbringen von Handläufen, rollstuhlgerechten Türbreiten, die Erweiterung des Sanitärbereichs zum ausgedehntesten Betätigungsareal, als wären die Bewohner Zwischennaturen zwischen Bockshörnigen und Schweinen, gefährlich, aggressiv und schmutzig, nicht aber Menschen, die trotz Behinderung und Alter wie wir alle durchaus entwicklungsfähig bleiben.

„Die Maschine verstand es, alles so leblos und untermenschlich im einzelnen zu machen, wie es unsere neuen Viertel im ganzen sind. Ihr eigentliches Ziel ist das Badezimmer und Klosett, die fraglosesten und originalsten Leistungen dieser Zeit, genau so wie die Möbel im Rokoko und die Dome in der Gotik die alles andere bestimmenden Kunstgebilde dieser Epochen darstellten. Jetzt aber regiert die Abwaschbarkeit, irgendwie fließt überall das Wasser von den Wänden herab, und der Zauber der modernen sanitären Anlagen mischt sich als a priori fertiger Maschinenware unmerklich auch noch in die kostbarsten Erzeugnisse des Fabrikfleißes dieser Zeit."

(Ernst Bloch: Geist der Utopie. Frankfurt a.M. 1972, S. 21)

URSPRÜNGLICHE SITUATION VOR DEM UMBAU

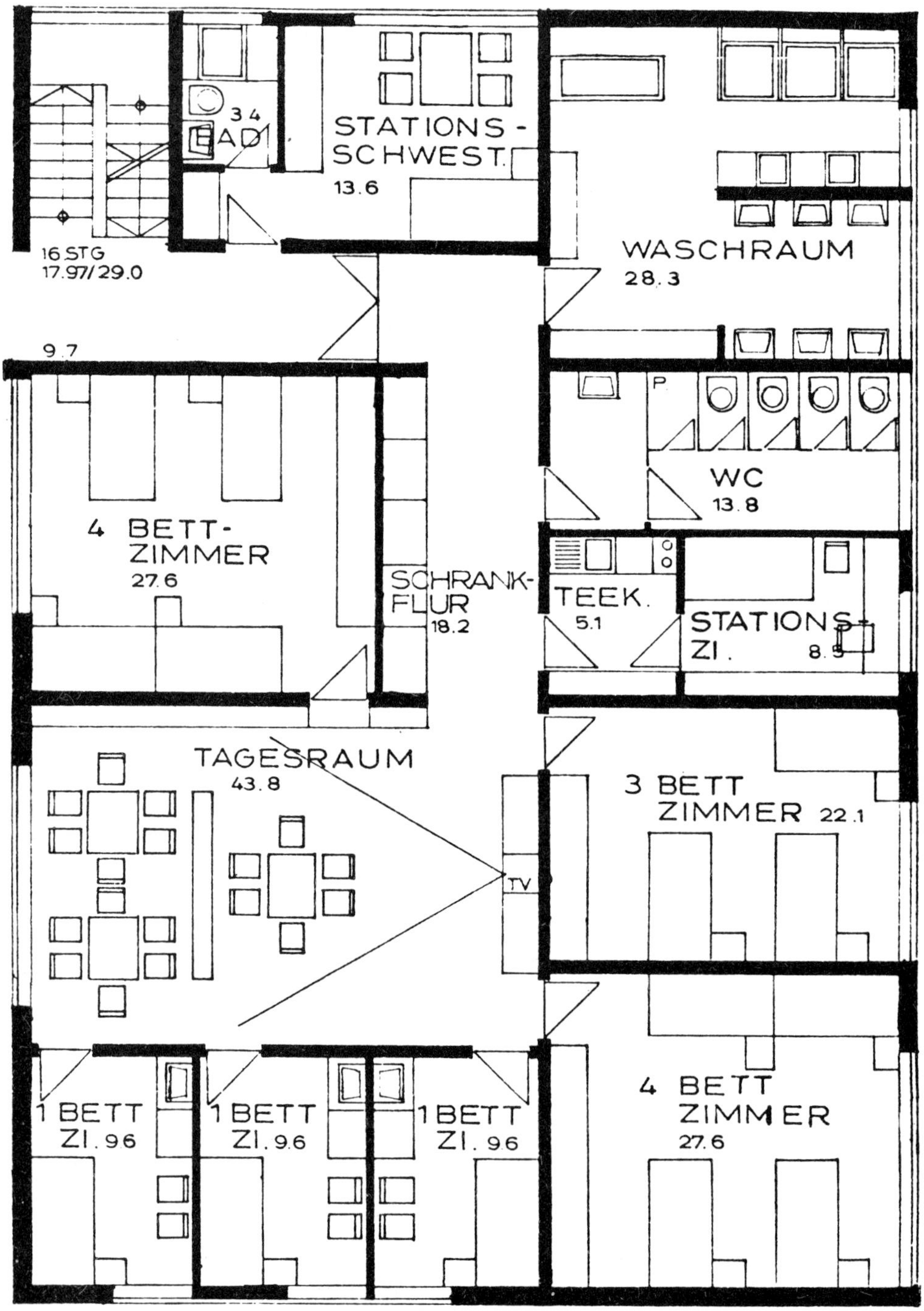

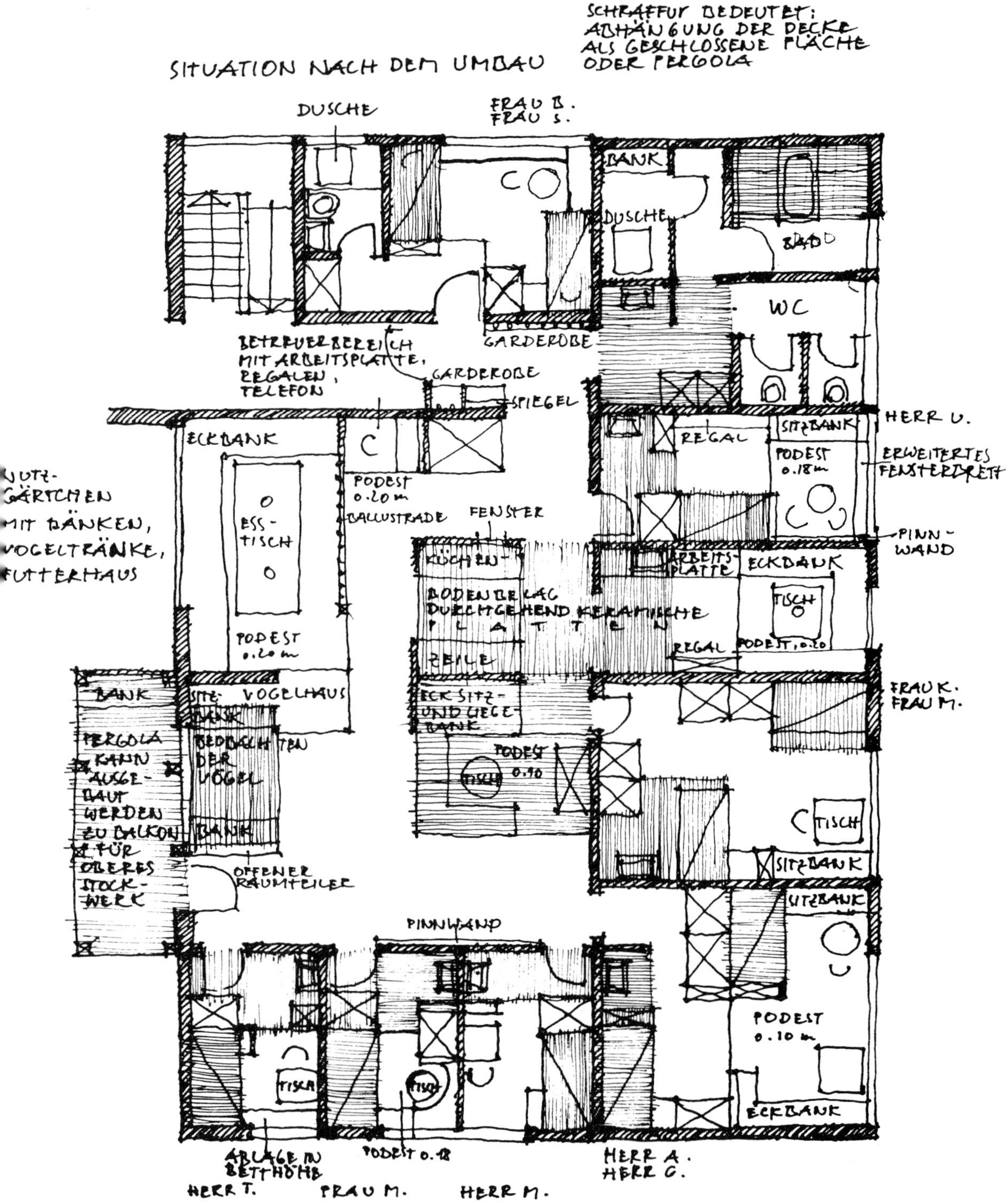
SITUATION NACH DEM UMBAU
SCHRAFFUR BEDEUTET: ABHÄNGUNG DER DECKE ALS GESCHLOSSENE FLÄCHE ODER PERGOLA
DUSCHE
FRAU B.
FRAU S.
BANK
DUSCHE
BAD
WC
BETREUERBEREICH MIT ARBEITSPLATTE, REGALEN, TELEFON
GARDEROBE
GARDEROBE
SPIEGEL
HERR U.
ECKBANK
REGAL
SITZBANK
PODEST 0.18 m
ERWEITERTES FENSTERBRETT
NUTZGÄRTCHEN MIT BÄNKEN, VOGELTRÄNKE, FUTTERHAUS
ESSTISCH
PODEST 0.20 m
BALLUSTRADE
FENSTER
PINNWAND
KÜCHEN
BODENBELAG DURCHGEHEND KERAMISCHE PLATTEN
ARBEITSPLATTE
ECKBANK
TISCH
PODEST 0.20 m
ZEILE
REGAL
PODEST 0.20
BANK
SITZBANK
VOGELHAUS
BEOBACHTEN DER VÖGEL
FRAU K.
FRAU M.
PERGOLA KANN AUSGEBAUT WERDEN ZU BALKON FÜR OBERES STOCKWERK
ECK SITZ- UND LIEGEBANK
PODEST 0.10
TISCH
TISCH
SITZBANK
BANK
OFFENER RAUMTEILER
SITZBANK
PINNWAND
PODEST 0.10 m
TISCH
TISCH
ECKBANK
ABLAGE IN BETTHÖHE
PODEST 0.18
HERR A.
HERR G.
HERR T.
FRAU M.
HERR M.

Vorher – nachher: Eine Bilderfolge

Sanitärbereich vorher △ und nachher ▽

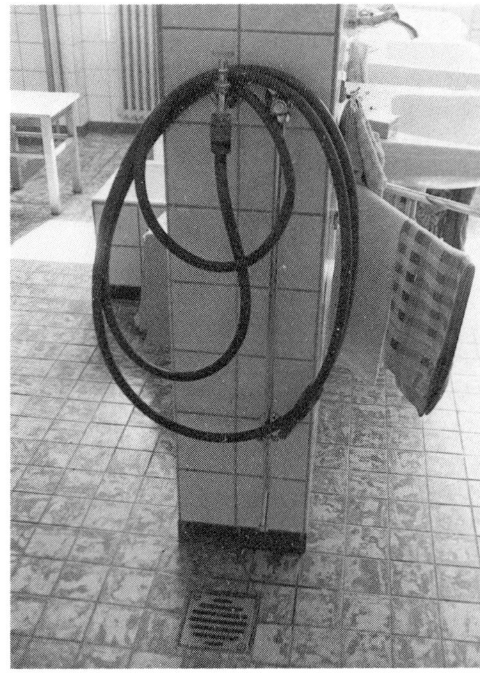

Vor dem Umbau

Nach dem Umbau ist der Sanitärbereich zum größten Teil in den Individualbereich integriert.

Der Hausflur, durch den man zum Gruppenbereich gelangt.

Die Garderobe ist in einen Teil des Flures einbezogen worden.

Vogelhaltung im Wohnbereich

vorher ▷

nachher ▽

Bastelarbeiten beziehungslos addiert

Keramikarbeiten der Kursteilnehmer und Bewohner integriert.

Der Wohnbereich △ vorher

△
nachher
▽

Ein verstecktes Nähkörbchen im stets aufgeräumten Wohnbereich.

Der neue Betätigungsbereich im Wohnfeld. ▷

▽

Das neue „Dienstzimmer“ rechts vom Podest. Links sitzen – auch unabhängig vom Essen – manchmal die Bewohner.

Küchenzeile (Bild oben), offen zum Eingang und zur Garderobe hin, wie auch zum Eßplatz.

Der Individualbereich – vorher ...

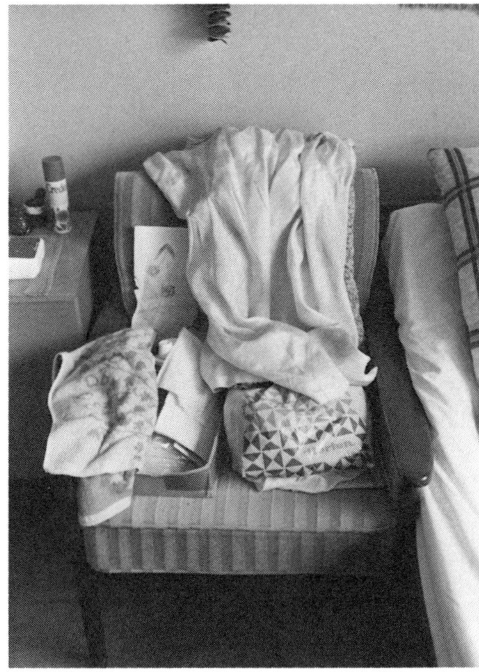

… und nachher

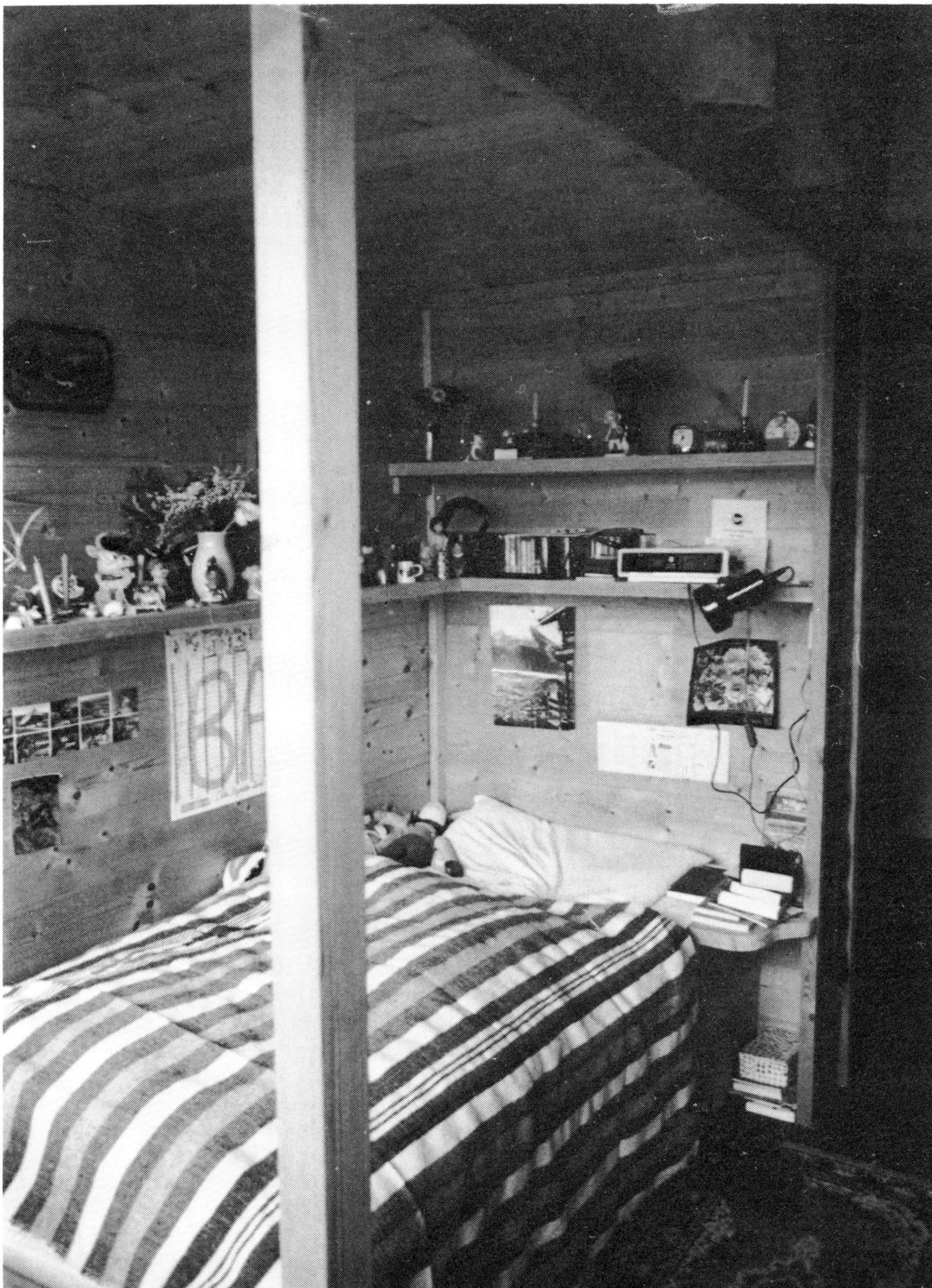

Kosten und Materialien

Abbruch	2540,–	Maler	8300,–	Küche	10000,–
Maurer	2067,–	Bodenbelag	10920,–	WC-Trennwände	4000,–
Schlosser	1080,–	Schreiner	3900,–	Holz	11000,–
Sanitär	12197,–	Glaser	1660,–	Kleinmaterial	2000,–
Heizung	1200,–	Pergola	4340,–	Nebenkosten	5000,–
Elektro	3400,–	Terrassenbelag	1740,–	MWSt für Material	
Gipser	2830,–			13% aus 60000,–	7800,–
Fliesen	2720,–				
					98694,–

Holzliste

Alle Hölzer Kiefer, so lang als möglich lassen

Bezeichnung	Querschnitt	Länge	Stück	Lfm
Stützen, Fichte gehobelt	6/8	4 m	80	320
Dielen, Fichte gehobelt	3,5 cm dick, 20–25 cm breit	4 m	60	240
Dielen, Kiefer gehobelt	3,5 cm dick, 20–25 cm breit	4 m	15	60
Dachlatten, Fichte gehobelt	4/6			50
Dachlatten, Fichte gehobelt	2,5/5			80
Dachlatten, Fichte ungehobelt	2,5/5			60
Nut und Feder, Fußbodenbretter ohne Dehnfugen oder Schattenfugen	19 mm dick, so breit wie möglich	4 m		200 qm
Nut und Feder, Wandverschalung ohne Schattenfugen	12–14 mm, so breit wie möglich	4 m		125 qm

Maße für Hölzer

Kantholz 6/8 für Wandkonstruktion, abgehängte Decken und Stauräume, Unterkonstruktion für Podeste.

Dielen 3,0–3,5 cm stark für Regale, Bänke, Betten.

Dachlatten für Unterkonstruktionen von Wandverkleidung, Fußleisten, Deckleisten, Auflager.

Nut- und Federbretter, 19–22 mm, für Holzfußböden, Trennwände, Podeste. Möglichst Kiefer oder Lärche, sonst Fichte.

Nut- und Federbretter, 12 mm, für Wandverkleidung. Bretter sollen ohne Schattenfuge sein. Falls es solche nicht gibt, sollte die Rückseite gehobelt und ohne Dehn- und Schattenfugen sein.

Pläne zur Außengestaltung

Die architektonische Konzeption – selbst die Zuordnung des Frauenhauses zum Landwirtschaftsgebäudekomplex – faßt die Häuser als Teile einer Ganzheit auf, die zusammen eine ringförmige Anlage bilden. In ihrer Mitte etwa steht die alte Linde, um die sich ein weiter Freiraum erstreckt. Trotz seiner Sterilität und Fremdheit gegenüber den alten Gebäuden öffnet sich das Frauenhaus mit seinem Eingangsbereich zu diesem Platz hin. Dadurch besteht die Möglichkeit, auch dieses Haus einzubeziehen.

Wir nehmen hier den Gedanken auf, daß die Gebäude ein Ensemble bilden, das einen großen Platz umschließt, den wir wieder herstellen möchten, weil viele der Bewohner der

Häuser in der Landwirtschaft beschäftigt sind und den Freiraum wie einen alten Hof mehrmals täglich in verschiedenen Richtungen überqueren. In diesem Zusammenhang stören die nachträglich in der Mitte errichteten Fertiggaragen erheblich, weshalb wir meinen, sie sollten, um durch bessere Qualität des Platzes zu kommunikativer Nutzung zu stimulieren, abgebaut und einzeln an die vorhandenen Gebäude angefügt werden, zu denen die darin abgestellten Fahrzeuge gehören.

Anstelle des Rasens vor dem Frauenhaus zwischen Eingang und Linde sind Gartenparzellen denkbar, auf denen die Bewohner Kräuter, Erdbeeren, Blumen u.a. selbst ziehen können, damit der Zusammenhang zwischen Anbau und Verbrauch für sie sichtbar bleibt. Auf diese Weise werden Kontaktmöglichkeiten in natürlicher Weise entstehen.

Ein kleiner Pavillon ebendort, der als Treffpunkt allen Bewohnern offensteht, kann ebenfalls Kontakte ermöglichen und fördern und muß in Übereinstimmung mit der Außengestaltung des Frauenhauses und des Hofes gesehen und gestaltet werden. Er soll einfach, aber winterbenutzbar, aus natürlichen Baustoffen gebaut und mit einem Ziegelofen oder einem Kamin ausgestattet sein. Man hat Ausblick von dort über den Hof, um das Geschehen draußen verfolgen zu können.

Als akustischer Hintergrund, der zum Wohlbefinden und zur Anregung dient, käme ein Brunnen in Frage. Weiterhin tragen zur Lebendigkeit und zur Sinneswahrnehmung bei: Vogeltränke, Taubenhaus, Kleintiere, Wetterfahne.

Sicht auf den Gebäudekomplex des Hauses K., wo im Erdgeschoß rechts die Einbautenaktion durchgeführt wurde.

Details aus dem alten Baubestand des Hofgutes.

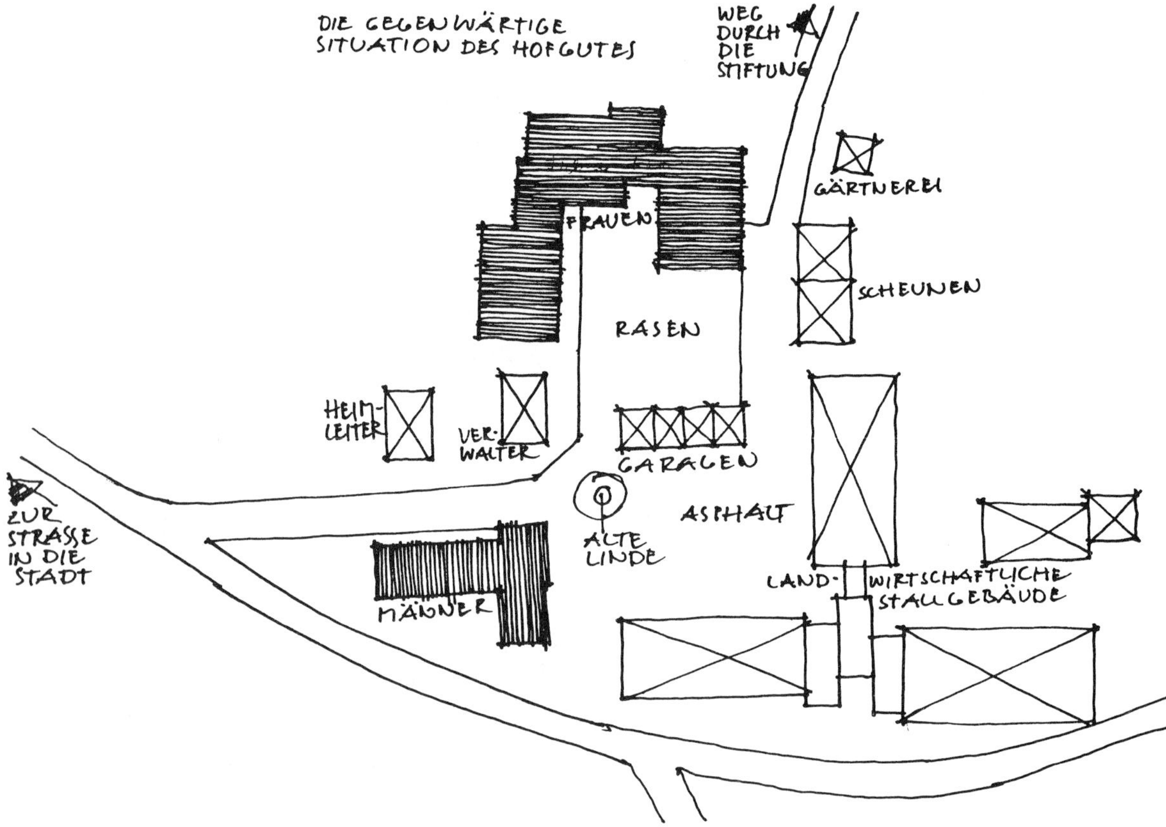

DIE GEGENWÄRTIGE SITUATION DES HOFGUTES
WEG DURCH DIE STIFTUNG
GÄRTNEREI
FRAUEN
SCHEUNEN
RASEN
HEIM-LEITER
VER-WALTER
GARAGEN
ZUR STRASSE IN DIE STADT
ALTE LINDE
ASPHALT
MÄNNER
LAND-WIRTSCHAFTLICHE STALLGEBÄUDE

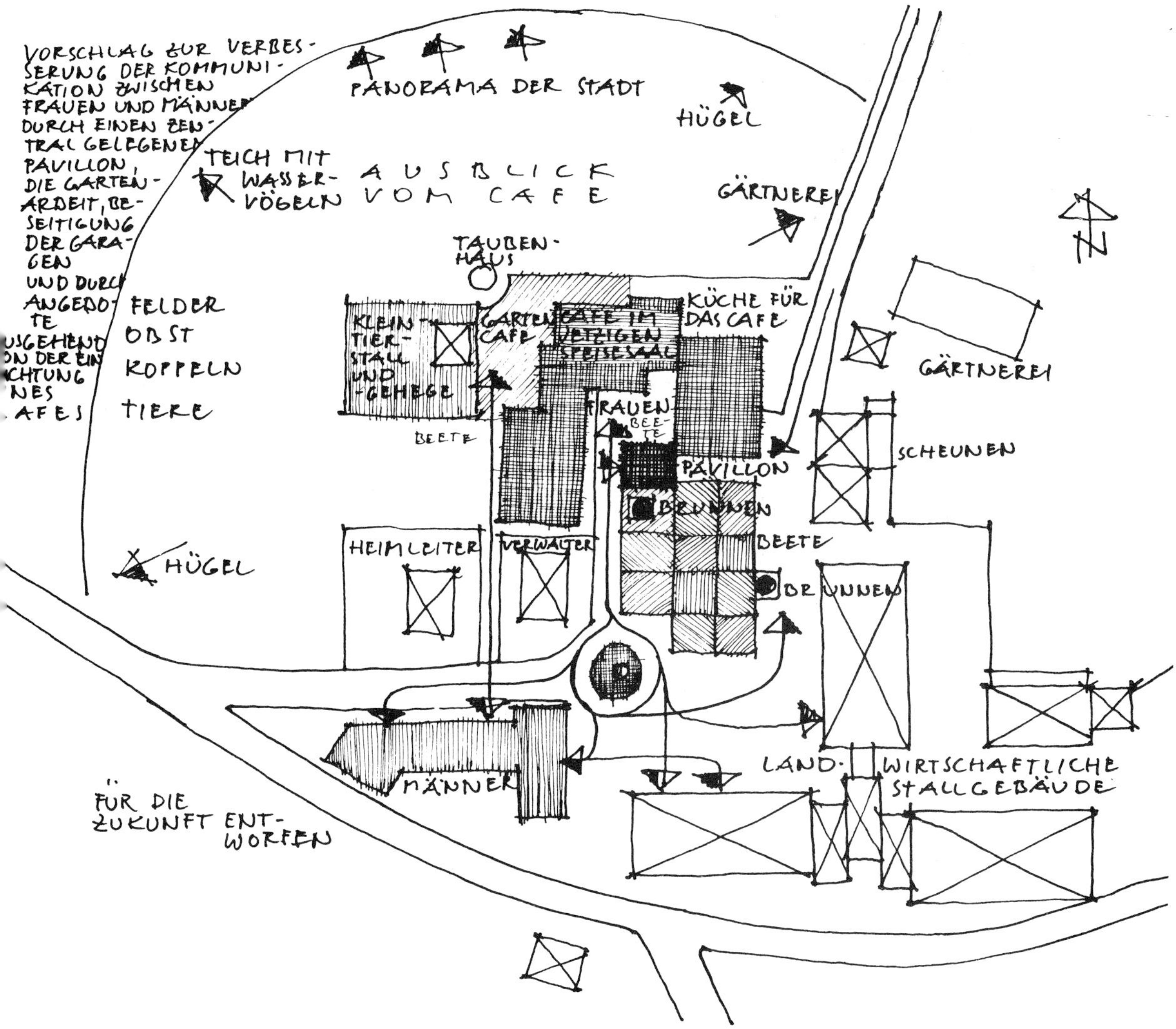

VORSCHLAG ZUR VERBESSERUNG DER KOMMUNIKATION ZWISCHEN FRAUEN UND MÄNNERN DURCH EINEN ZENTRAL GELEGENEN PAVILLON, DIE GARTENARBEIT, BESEITIGUNG DER GARAGEN UND DURCH ANGEBOTE
PANORAMA DER STADT
HÜGEL
TEICH MIT WASSERVÖGELN
AUSBLICK VOM CAFE
GÄRTNEREI
TAUBENHAUS
FELDER
OBST
KOPPELN
TIERE
KLEINTIERSTALL UND GEHEGE
GARTENCAFE
CAFE IM JETZIGEN SPEISESAAL
KÜCHE FÜR DAS CAFE
GÄRTNEREI
BEETE
FRAUEN
BEETE
PAVILLON
SCHEUNEN
BRUNNEN
BEETE
HEIMLEITER
VERWALTER
HÜGEL
BRUNNEN
MÄNNER
LANDWIRTSCHAFTLICHE STALLGEBÄUDE
FÜR DIE ZUKUNFT ENTWORFEN

Erläuterung zum Übersichtsplan: Vorschläge für Veränderungen in der Umgebung des Gruppenbereichs

Während der Pavillon, der an das Frauenhaus angebaut werden soll, hauptsächlich der Begegnung der Männer und Frauen, die dort wohnen und arbeiten, dienen wird, ist das *Café* als Treffpunkt Behinderter untereinander und mit Nichtbehinderten gedacht, mit Angehörigen, aber auch mit Bewohnern der Umgebung, Spaziergängern, besonders solchen mit Kindern.

Anzustreben wären im Café und im Außengelände gesellige Veranstaltungen, kleine Konzerte, Figurentheatervorführungen, Lesungen, Erzählungen, darstellerische Szenen, Ausstellungen gestalterischer Arbeiten von Bewohnern und Künstlern.

Anziehungspunkte für Nichtansässige wären auch der schöne Ausblick in die Umgebung mit mannigfaltigen Eindrücken, für Kinder die Tiere, die im Zusammenhang mit der Landwirtschaft von den Bewohnern gehalten und versorgt werden, und ebenfalls für Kinder organisierte Spiel- und Werkangebote mit handwerklichen Demonstrationen, z. B.:

- wie ein Weidenkorb geflochten wird;
- wie ein Lehmofen gebaut wird;
- wie Tongefäße geformt und im Lehmofen gebrannt werden;
- wie eine Schindel gemacht wird;
- wie ein Holzschuh geschnitzt wird;
- wie ein Buch gebunden wird;
- was man aus Knochen machen kann;
- Naturbeobachtungen: von Glucke und Küken, von Schaf und Lamm, von Fasanen, Wachteln, einheimischen Singvögeln in einem Gehege; welche Kräuter gibt es und wie riechen sie (unter Einbeziehung der Gärtchen im Hof)?

Das alles soll zur Integration dienen durch Einbeziehung der Bevölkerung in die Welt der Behinderten; nicht als Angebot an heiler Welt, sondern an Leben.

3. Beispiel: Raum für ein schwerbehindertes, autoaggressives Mädchen

In unserem Zusammenhang ist besonders erwähnenswert, daß die anfallskranke 16jährige Anette große körperliche Kräfte hat, die sie Menschen und Dingen gegenüber ungezügelt einsetzt, so daß versucht werden muß, ihr eine differenzierte Umwelt zu schaffen, die stabil und wenig empfindlich ist, in der aber viele Angebote besonders zur haptischen und akustischen Sensibilisierung gemacht werden, damit sie die Möglichkeit hat, sich in einer Weise zu betätigen, die ihr selbst Freude macht und mit der sie in ihrer Umwelt nicht permanent aneckt.

Sie liebt dunkle Farben und tiefe Töne. Bei Helligkeit hält sie sich die Hände vor ihr Gesicht; wenn es laut zugeht, reagiert sie verstört und hält sich die Ohren zu. Besonders hohe und schrille Töne sind ihr unangenehm. Da räumlich-dingliche Angebote, die auf ihre Bedürfnisse ausgerichtet sind, fehlen, muß so verfahren werden, daß ihre Kraft in konstruktive Bahnen gelenkt wird und daß ihren Voraussetzungen durch die Einbeziehung dunkler Zonen und die Möglichkeit, tiefe Töne zu erzeugen, Rechnung getragen wird.

Besonders gravierend ist, daß Anette unruhig schläft und dann das Bett verläßt und in dem Bereich, der ihr zugänglich ist, im Dunklen umherirrt. Mehrmals wurde sie von der Nachtwache auf dem kalten Fliesenboden des Flures oder Bades gefunden. Erkältungen und Lungenentzündungen mit langwierigen Folgen führten schließlich dazu, daß sie nachts in ihrem Bett mit Gurten angebunden wurde, wobei wiederum die Gefahr bestand, daß sie sich strangulierte. Das war der Grund, weshalb wir aufgefordert wurden, uns darüber Gedanken zu machen, wie das Bett so gestaltet werden könnte, daß Anette nicht mehr angebunden werden mußte und die Gefahr, daß sie nachts umherirrt, ausgeschaltet würde.

Es mußte also der Schlaf gesichert werden und das Bett so viel Geborgenheit ausstrahlen, daß ein freiwilliges Verbleiben sich allmählich anbahnen könnte. Das schien am besten lösbar durch ein Netz, das in einen Rahmen gespannt, von außen eingehängt und durch Riegel festgehalten werden konnte in einer Art

Himmelbett oder Alkoven, der von drei Seiten wie eine Höhle das Kind umschloß. Dieser Alkoven sollte interessant strukturiert und anzufassen sein, weshalb ein locker geknotetes, von Braun- zu Schwarztönen spielendes Fischernetz gewählt wurde. Es erwies sich mit der Zeit, daß das Netz immer seltener gebraucht wurde. Angestrebt wird, daß man es einmal ganz weglassen kann.

Der übrige Raum wurde durch Holzeinbauten so gegliedert, daß Anette der Aufforderung, zu verweilen und sich in ihren vier Wänden immer intensiver zu beschäftigen, nicht widerstehen konnte.

Ein sicherer Erfolg ist mit diesen Maßnahmen nicht zu garantieren, aber ein Versuch, von dem aus man sich weitertasten kann, wurde so gemacht.

Anette nahm ihr Bett und die Spielhöhle bald an, hat jedoch noch Schwierigkeiten, mit ihrem Raum etwas anzufangen. Die übrigen Kinder der Gruppe ergriffen schnell Besitz von der Höhle und besonders von dem niedrigen Holzpodest mit dem breiten Tisch am Fenster und spielten dort mit Bauklötzen, kleinen Autos, versteckten oder verkleideten sich.

Auf der Basis solchermaßen gesicherter Geborgenheit ließe sich bei Anette durch basale Stimulation, wie sie von D. Fröhlich beschrieben wird, Förderung bewerkstelligen.

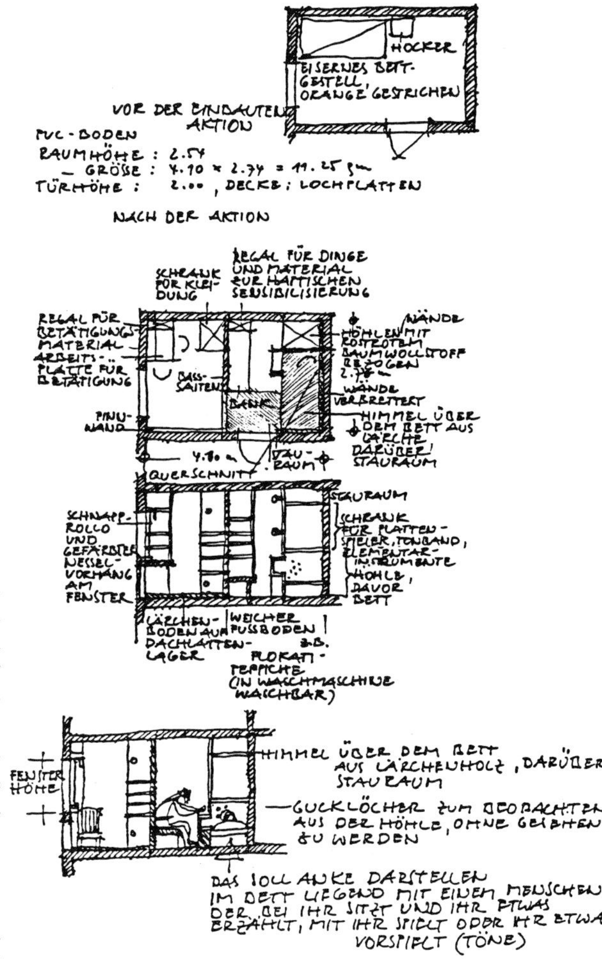

Teil des Bettes (Kopfende) mit „Himmel“ und Regal, dahinter unten Höhle, darüber Schrank für haptisch-akustisches Material, links Sitzbank – alles im Bau.

Löcher in Wänden, die Neugier wecken sollen.

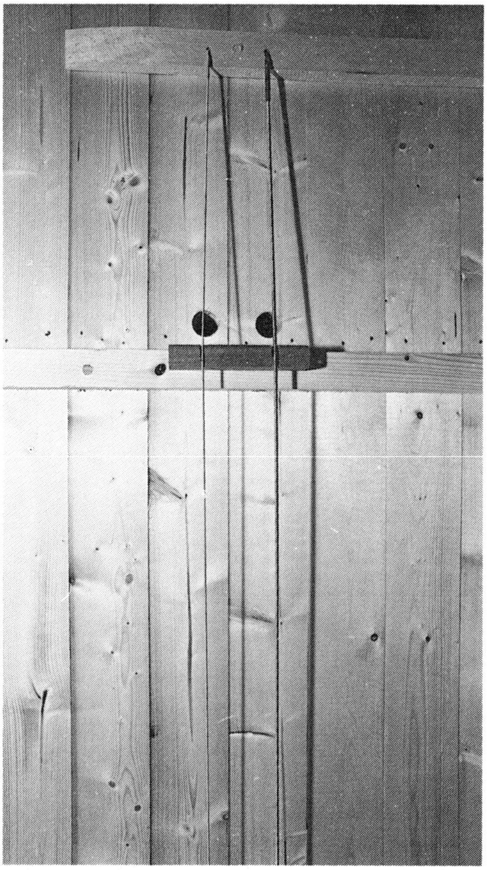

Baßsaiten im Bettbereich zur akustischen Stimulation.

Auszug aus einem Bericht der Erziehungsleiterin nach Beendigung der Einbauarbeiten

S., 24.5.1982

„Grundsätzlich hat Anette ihr Zimmer angenommen. Vor allen Dingen genießt sie es, nicht im Bett angebunden zu sein. Sie ist jetzt so weit, daß sie hineingelegt wird und sich selbst zudeckt. Anette genießt den Ton der Holzwände, wenn sie mit ihren Fingern daran trommelt. Allerdings hat sie das Fußende zu ihrem Kopfende erkoren, denn sie liebt es, an dem Netz zu spielen. Anette hat in ihrem Bett nun ein weiches Kissen und ein Stofftier. Schrittweise wollen wir sie daran gewöhnen, daß sie ohne Gitter im Bett bleibt. Jetzt wird sie abends hineingelegt und wir befestigen das Gitter erst nach fünf Minuten. Nachts, wenn sie schläft, wird es ganz weggenommen und morgens, wenn sie wach wird, wieder davorgetan.

Ich habe einen großen Korb gekauft und möchte darin verschiedene Tücher und Gegenstände unterbringen. Die Schwierigkeit bei all dem besteht darin, daß Anette die Gegenstände umeinander trägt, sie im ganzen Haus verstreut oder aus dem Fenster wirft. Ich weiß nicht, ob es mir ganz gelingen wird, die Erzieher davon zu überzeugen, daß das besser ist, als wenn Anette untätig herumsitzt. Die Höhle benutzt sie hin und wieder. Am liebsten hat sie allerdings die Holzbank. Dort legt sie sich manchmal hin, setzt sich auch hin und mit Hilfe benutzt sie die auf die Wand gespannten Baßgeigensaiten. In den Schränken wollen wir zunächst einmal etwas Spielzeug unterbringen, damit Anette lernt, daß dort etwas ist.

Sie wissen ja, oft dauert es lange, bis sich etwas verändert oder die Menschen bereit sind, neue Vorschläge anzuhören und darüber nachzudenken. Ich denke, daß wir die Hoffnung nie aufgeben dürfen."

Kostenzusammenstellung

Material:		
Holz für Bänke, Bett und Schränke	460,00 DM	
Wand und Decke mit Holz verkleiden	733,80 DM	
50 m Kanthölzer für Rahmenbau 6/6 cm	300,00 DM	
Dispersionsfarbe	25,50 DM	
Holzschutzmittel	132,60 DM	
Kleinmaterial (Nägel, Schrauben usw.)	27,00 DM	
Materialkosten		1678,90 DM
Lohn:		
Eigenleistungen 35,5 Stunden à 30,00 DM	1065,00 DM	
Fremdleistungen	1625,00 DM	
Lohnkosten		2690,00 DM
Gesamtkosten		4368,90 DM

4. Beispiel: Schullandheim einer Einrichtung für geistig behinderte Kinder und Jugendliche

Im Zusammenwirken mit einer Zimmerei wurden in N. die zwei Klassenräume einer aufgelassenen Dorfschule durch Zwischenwände gegliedert und mit Schlafemporen ausgestattet, damit Gruppen behinderter Kinder und Jugendlicher des Heimes oder der Schule sich Wochen über oder an Wochenenden dort aufhalten können, um in der offenen, hügeligwaldigen Gegend die Natur zu erleben und auf elementarer Ebene selbsttätig Erfahrungen zu machen, z. B. mit Erde, Sand oder Ton umzugehen, in selbstgebauten Lehmbrennöfen ihre Tonarbeiten zu brennen oder sich Hütten zu bauen.

Von der Akademie für Heilpädadgogik in Würzburg, mit Betreuergruppen des Heimes und Lehrern der Sonderschule wurden Podeste, Regale, Betten und Matratzenlager gebaut.

Ein Raum, in welchem ein Ziegelofen und die Küche installiert wurden, soll hier durch Abbildungen und eine Kostenaufstellung, ein weiterer Sitz- und Schlafraum nur durch Fotos dokumentiert werden.

Die Küchenzeile ist durch eine 0,90 m hohe Pendeltür abschließbar. Durch sie werden die Kinder auch vor der Feuertür des Ziegelofens geschützt.

Auf der Empore wurden doppelgeschossige Betten gebaut. Wo sich Betten oder Matratzenlager befinden, ist die Brüstung geschlossen. Sonst sind gleich weite Abstände zwischen unterschiedlich breiten Brettern angebracht.

Kostenaufstellung für den Umbau von Raum 1

Treppe	4000 DM
Galerie	3000 DM
Verbretterung	600 DM
Ziegelofen	9145 DM
Küche incl. Kühlschrank	10000 DM
	26745 DM

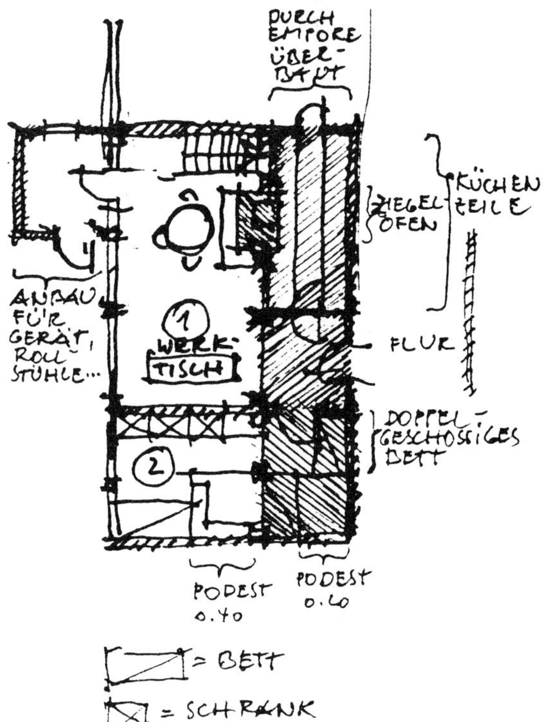

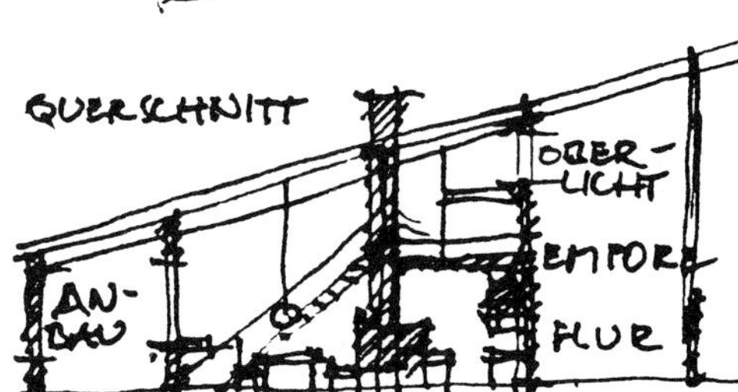

Dieser Raum ist nur durch eine Holzwand mit einer Türe vom Raum, der vorher beschrieben wurde, getrennt. In der Mitte ein Sitzpodest; vorn befindet sich ein normal hohes Bett (mit Lattenrost), hinter dem Podest ein erhöhtes Bett für ein schwerbehindertes oder krankes Kind, das liegend in die auf dem Podest versammelte Gruppe einbezogen sein soll. Hinten links zwei Betten übereinander, das obere über eine Leiter erreichbar. Hinter der geschlossenen Emporenballustrade liegt ein Matratzenlager.

5. Beispiel: Kinderzimmer in einem Privathaus

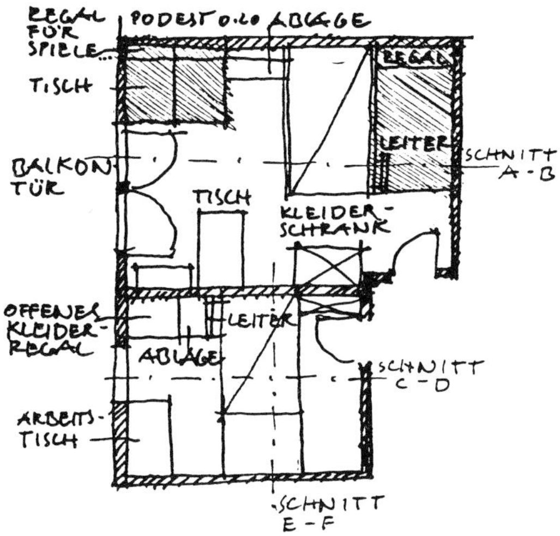

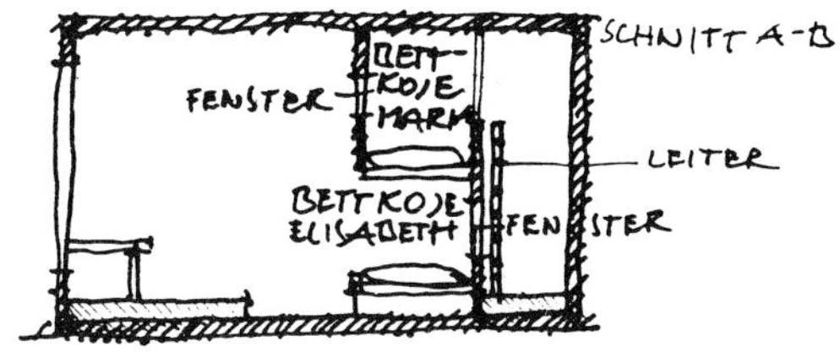

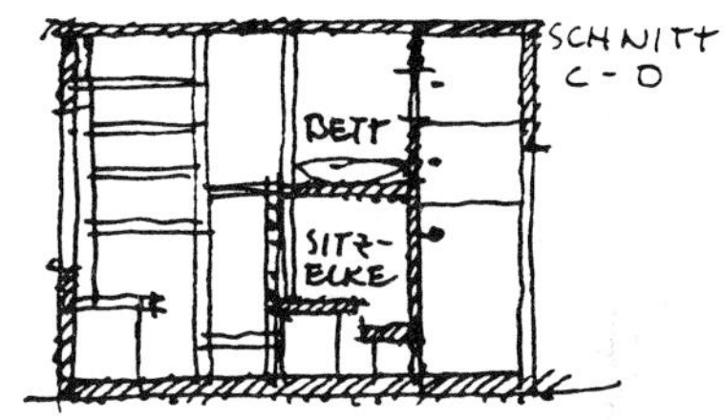

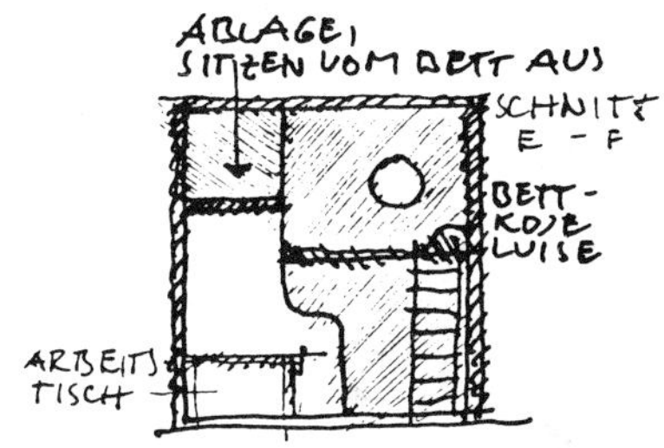

Arbeitszeit: 4 Personen mit Vorkenntnissen zu Einbauten: à 40 Stunden = 160 Stunden; 2 Personen ohne Vorkenntnisse: à 40 Stunden = 80 Stunden.

Das Beispiel mag verdeutlichen, daß das Konzept der Wohnfeldgestaltung durch Einbauten nicht nur behinderten Menschen dienlich sein kann.

Rechnung vom 17. 3. 1980

Spanplatten zugeschnitten 19 mm		
1 Stück 2,80 × 1,00		54,60
1 Stück 2,00 × 0,70		27,30
1 Stück 1,20 × 0,80		18,70
1 Stück 0,90 × 0,90		15,80
1 Stück 1,90 × 1,10		40,75
Dielen gehobelt 35/195		
5 Stück 3,00 m lg.	à 25,80	129,00
11 Stück 2,80 m lg.	24,50	269,50
Nut- und Federbretter 20 mm		
51 Stück 3,50 m lg., 11,5 cm breit = 20,52 m²	13,50	277,02
2 Bd. Dachlatten 3,00 m lg.		36,00
1 Bd. Dachlatten 3,00 m lg., gehobelt		24,60
Profilriemen 14 mm/100		
50 Stück 5,40 m lg.		
20 Stück 4,20 m lg. = 35,40 m²	14,50	513,30
2,01 m² Nut- und Federbretter 3,50 m lg., 11,5 br.	13,00	26,16
1 Bd. Dachlatten 3,00 m lg., gehobelt		24,60
		1457,33
+ 13% Mehrwertsteuer		189,45
	DM	1646,78

6. Beispiel: Gruppenraum in einem Kinderheim

Die Einbauten im Gruppengemeinschaftsraum eines oberbayerischen Kinderheimes wurden notwendig, weil die fünfzehn Buben sich im Hause, dem Anbau eines Schlosses aus dem 16. Jahrhundert, trotz intensiver, zugewandter, auch heilpädagogischer Betreuung, nicht wohlfühlten. Die ungegliederte Fläche des Aufenthaltsraumes, der sehr hoch war, verleitete zu ungezieltem Rennen und der Überbewertung ungewohnter Ereignisse, so daß ständig Aufregung herrschte. Die Fluktuation der Betreuer zeugte davon, daß die Belastung zu groß war.

Die Gliederung des Raums durch Einbauten hat inzwischen positive Auswirkungen gezeigt, die seit drei Jahren angehalten haben.

Sitz- und Spielmulde.

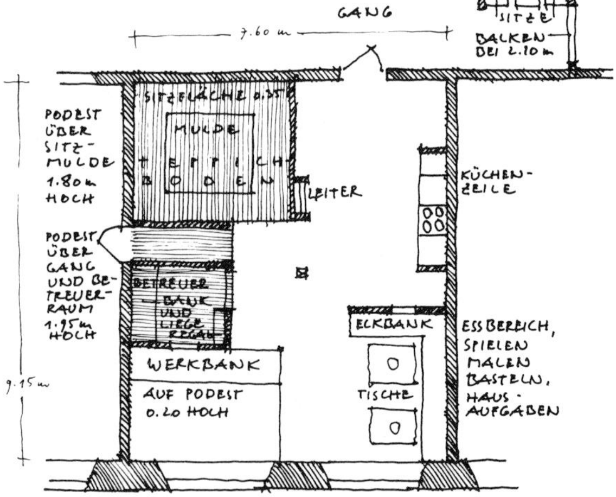

Kosten für die Ausgestaltung des Raumes:

Für Hölzer		
9,126 qm	40 mm Stärke	
3,078 qm	30 mm Stärke	
60,189 qm	24 mm Stärke	
51,577 qm	18 mm Stärke	= 8700 DM
Sonstiges Material, wie Nägel, Dübel, Leim		= 350 DM
Teppichboden, Gardinen		2400 DM

Arbeitszeit von Arbeitskräften, die Vorkenntnisse mit Holzeinbauten besaßen, ohne Holzfachleute zu sein	160 Stunden
Arbeitskräfte ohne Vorkenntnisse	240 Stunden
Hausmeister	250 Stunden

7. Beispiel: Spieltherapieräume in einer Erziehungsberatungsstelle

Holzmasse von Raum 1

Balken 12/12 cm	25 lfm
Balken 6/6 cm	25 lfm
Dielen 30 mm stark, 20 mm breit	50 lfm
Fußbodenbretter	
Nut + Feder 20 mm stark	15 qm
Nut + Feder 12 mm stark	20 qm

Arbeitszeit:

Zwei mit Einbauten Vertraute	160 Std.
Zwei ohne Vorkenntnis	200 Std.
Hausmeister	30 Std.

Größe: 4,80 × 4,60, Höhe 3,15
und 7,40 × 3,50, Höhe 3,15

Stützensystem mit Balken 12/12 cm

Kosten: je Raum ca.

1000 DM	Holz
500 DM	Teppichboden
300 DM	Vorhänge
1800 DM	

Holzmasse von Raum 2

Balken 12 × 12 cm	25 lfm
Balken 6 × 6 cm	20 lfm
Dielen 30 mm stark, 20 cm breit	40 lfm
Fußbodenbretter	
Nut + Feder 20 mm stark	5 qm
Nut + Feder 12 mm stark	23 qm

Arbeitszeit:

Ein mit Einbauten Vertrauter	80 Std.
Zwei mit Einbauten nicht Vertraute zus.	100 Std.
	180 Std.

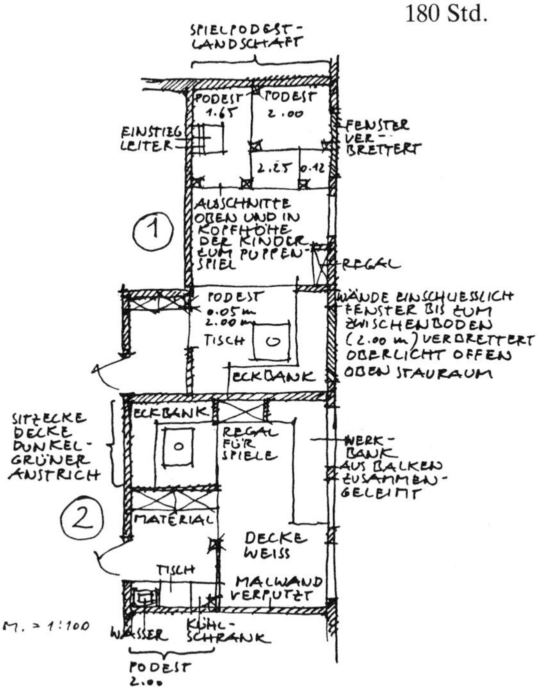

8. Beispiel: Aufenthalts- und Schlafraum in einer kinder- und jugendpsychiatrischen Klinik

Entwurfsbeschreibung für das „Ritterzimmer" in einer kinder- und jugendpsychiatrischen Klinik – in Zusammenarbeit mit der Architekturwerkstatt Würzburg

Unser Konzept für diesen Raum versteht sich als Teil eines neu zu gestaltenden Ganzen. Da jede Wahrnehmung von Raum und Raumdetail eine Wirkung hat, sollte der Eindruck der ganzen Einrichtung harmonisch sein. Deshalb sollte die Umbauaktion im ganzen Hause erfolgen und das jetzt zur Renovierung anstehende Bad z.B. innerhalb des Gesamtkonzeptes neu überdacht werden. Wir baten deshalb, die geplante Umgestaltung des Bades zurückzustellen, damit sie gemeinsam mit dem „Ritterzimmer“ vorgenommen werden kann.

Der momentane Zustand der Räume läßt befürchten, daß die Betreuer ständig wechseln, wenn sie immer gegen die Räume arbeiten, anstatt sie in das pädagogische Konzept einbeziehen zu können.

Seelisch gestörte Kinder sind damit überfordert, ihre Umwelt selbst zu gestalten, vor allem, weil die Kinder nur ca. 6 Wochen in der Einrichtung verbringen. Durch die Einbauten haben die Kinder die Möglichkeit, in einer differenzierten Welt zu leben. Wird nur einer der drei Gruppenräume durch diese Art der Gestaltung herausgehoben, ist zu befürchten, daß zwischen den einzelnen Gruppen eine Konkurrenz entsteht, die dem Leben der Kinder und Mitarbeiter nur abträglich wäre.

Die ästhetisch ansprechende Bausubstanz des Jugendstilhauses wird durch die Neugestaltung erhalten und betont. Durch das Einbeziehen der Raumhöhe in die Gliederung kann der Raum intensiver genutzt werden, und die Raumhöhe ist nicht erdrückend, sondern wird bewohnbar.

Das Funktionale ist ein Bestandteil unseres Entwurfs, aber nicht der Mittelpunkt. Die Gliederung des Raumes in Bereiche mit unterschiedlichem Angebot wird den Kindern gerecht. Da die Kinder sowohl im Alter als auch in ihrer Problematik sehr unterschiedlich sind, ist eine räumliche Gliederung erforderlich. Das Bedürfnis der Kinder nach Intimsphäre wird durch die Trennwände zwischen den Betten und zum Spielbereich erreicht. Durch die Verteilung der Betten auf verschiedenen Ebenen kann die Gruppe von 7 (8) Jungen auch in kleinere Gruppen geteilt werden. Der Schlafraum kann nicht nur zum Schlafen genutzt werden, sondern auch zum Spielen einzelner Kinder oder kleiner Gruppen.

Materialkosten:

Holz	DM 4500
Leim, Eisenteile, Kleinteile	DM 500
Teppichboden	DM 800
	DM 5800

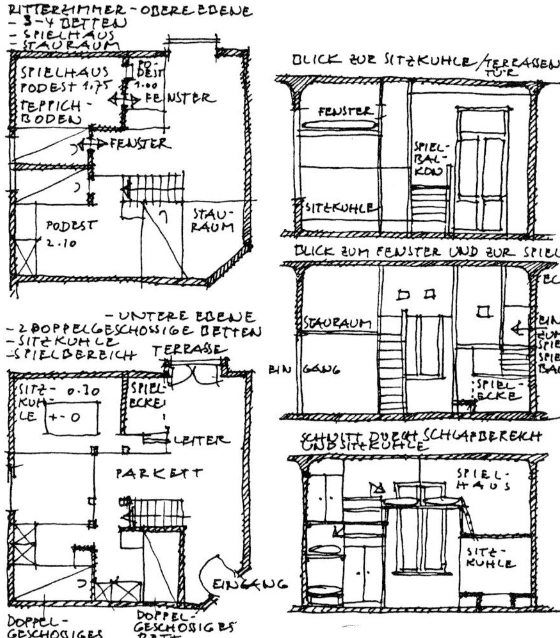

Lohnkosten:

Entwurf, Konstruktionszeichnungen, Ausführung	DM 12000

Die Arbeitslöhne für die Elektroinstallation und die Malerarbeiten wurden in diesem Fall von dem Personal der Universitätskliniken übernommen. In Einrichtungen, wo diese Leistungen nicht übernommen werden können, fallen diese Kosten zusätzlich an.

In diesem Falle war der Wert dieser Leistungen:

für Malerarbeiten (Farbe und Lohn)	DM 1000
für Elektroinstallation (Lampen, Strahler etc. und Lohn)	DM 2000
	DM 20800

Auszug aus einem Schreiben des med. Direktors:

„Ich möchte Ihnen auch mitteilen, daß die Kinder das Zimmer nicht nur voll angenommen haben, sondern daß sich unsere Hoffnungen und Erwartungen in jeder Hinsicht erfüllen. Der Raum wirkt auf uns alle überaus anziehend und facettenreich. Die Kinder fühlen sich ausgesprochen wohl und auch die Besu-

cher – einschließlich der Eltern – sind voller Staunen und Begeisterung ob des Ideenreichtums. Die Kinder haben selbst das Gefühl, daß sie ein ‚Zuhause' in ihren jeweiligen Ecken und Kojen haben. Es ist Ordnung, ohne daß wir vermehrt darum bemüht sein müssen, und die Sitzecke wird wirklich auch als Ort, an dem man sich begegnen und miteinander spielen kann, angenommen. Alle Befürchtungen, daß die Treppe zu steil sein könnte, haben sich bisher nicht bestätigt. Die Absicherung des Fensters mit einer weiß angestrichenen Stahlmatte hat sich bewährt ...“

Ergebnis einer Besprechung mit den Bewohnern des Ritterzimmers vom 8.10.1982

Auszüge aus einem Schreiben der Erziehungsleiterin.

„Es gab folgende Spontanäußerungen der Jungen:

‚Das Holz ist unheimlich schön.' ‚Es sind ganz tolle Spielmöglichkeiten vorhanden.' ‚Die Spielecke ist mein liebster Platz.' ‚Es ist gemütlich und man fühlt sich wohl.' ‚Diese zweite Ebene ist einfach klasse, am liebsten würden wir alle da oben wohnen.'
Es wurde auch Kritik geäußert:
‚Die Treppe ist zu steil, eine Wendeltreppe wäre schöner.' ‚Die unteren Betten sind so verschachtelt, manchmal wird mein Kopf ganz heiß, wenn ich in der Ecke liege.' ‚Die Spielekke könnte noch mehr ausgepolstert sein.'

Insgesamt ist das Echo der Kinder auf die Neugestaltung des Raumes sehr positiv. Wir erleben, daß intensiver gespielt wird und die Möglichkeit, sich mal zurückziehen zu können, wird vermehrt aufgenommen. Es entsteht manchmal Rivalität, wer oben schlafen darf; die Kinder der anderen Gruppen sagen: ‚Warum ist es bei uns nicht so gemütlich?'

Eine Ermunterung für uns, den Umbau der anderen Zimmer sobald als möglich in Angriff zu nehmen.

Wir glauben, daß sich diese Raumgestaltung positiv gerade auf eine Arbeit mit schwerst verhaltensgestörten Kindern auswirkt und daß Raumatmosphäre und Harmonie ein wichtiges therapeutisches Element darstellen und unsere Arbeit insgesamt sehr bereichern.“

9. Beispiel: Ein Wohnhaus für psychisch kranke Erwachsene

Das Wohnhaus in C. wurde 1982 als drittes Projekt von der Diakonischen Akademie Stuttgart unter dem gleichen Titel „Wohnen unter therapeutischen Gesichtspunkten“ ausgeschrieben und mit einer Gruppe von 14 Teilnehmern aus der Bundesrepublik und den Betreuern selbst umgestaltet. Dieses Wohnheim befindet sich im Erdgeschoß eines dreistöckigen Miethauses, das um die Jahrhundertwende mit naivem antikisierenden Dekor, aber einzeln stehend, errichtet wurde. In lokkerer Bebauung steht es eingebunden in zum Teil alten Baumbestand, auf den der Blick zur Straße hin aus den Fenstern fällt, während man hinten auf ein tiefer gelegenes Industriegebäude schaut, das nur fünf Meter entfernt ist.

Die Männer brauchen aufgrund ihrer Behinderung einen geschützten Lebensraum. Sie arbeiten in der Behindertenwerkstätte, 5 km entfernt, wohin sie mit öffentlichen Verkehrsmitteln gelangen. Nur in geringem Maße nahmen sie an den Umbauten in ihren Räumen teil. Ist es „die Angst vor sich selber“, sind es „Fallstricke von gegenseitiger Schuld ...“, von denen Uwe Schweikert in seinem Artikel „Über die Sprache der Verrücktheit“ spricht, die ständig verhinderten Aggressionen oder die saubere Beseitigung ihrer Auswirkungen, die sie zu so untätig steifem Umhergehen zwangen? Aber würde es ihnen möglich sein, an unsere Arbeit anzuknüpfen, wenn sie so untätig den Anfang erleben?

Der Grad an intensiver Nutzung erst wird darüber Aufschluß geben. Die geplante und nun entstandene Raumgestalt in ihrem Wohnheim war ihnen von einer Exkursion nach R. in die bereits beschriebene Wohngruppe her bekannt. Sie hatten sich eine ihren Verhältnissen entsprechende stärkere räumliche Gliederung gewünscht, teilweise auch mit Sichtsperren in den Zweierzimmern von einem Bett zum anderen oder zum Waschbecken, sicher auch deshalb, weil ihre Sympathie zueinander begrenzt war. Die Ungeheuerlichkeit, Menschen mit unterschiedlicher Denkungsweise, unterschiedlichen Interessen und Eigenheiten in einem Raum oder einer Wohngruppe nur aus

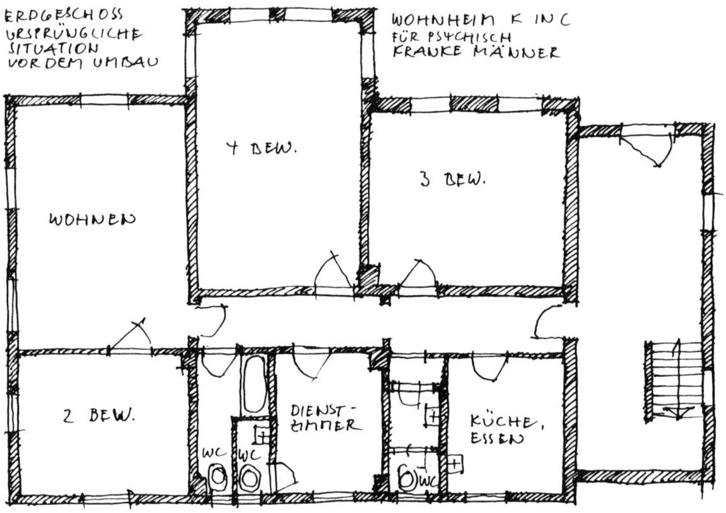

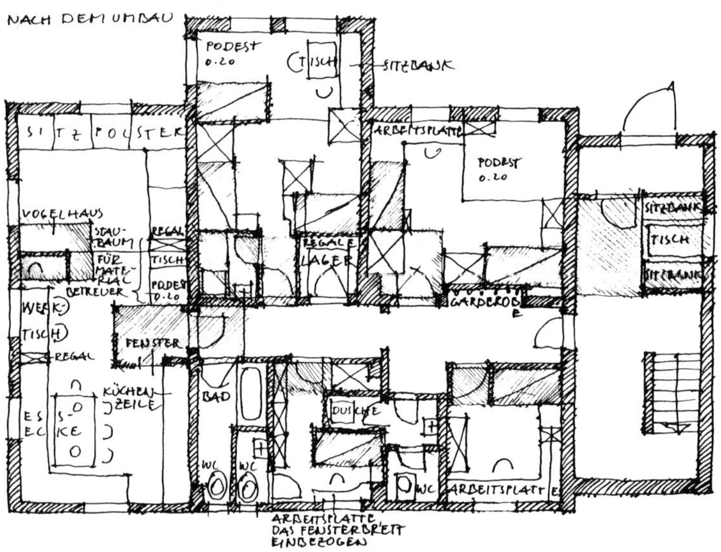

administrativen, versorgungstechnischen oder ökonomischen Gesichtspunkten zusammenzufassen, ist bei psychisch Kranken und bei körperbehinderten Menschen besonders augenfällig. Deshalb wurde in der Planung der Möglichkeit des Zusammenseins, aber auch des Rückzugs in die Einzel- und Zweierzimmer und Bettecken besondere Bedeutung beigemessen. An vielen Stellen wurden Angebote zur Betätigung und zu verweilendem Aufenthalt geschaffen.

Der Hausflur erhielt unter abgehängter Decke eine Sitzecke, damit auch ein Zusammensein mit Menschen, die nicht zur Gruppe gehören, möglich ist. Der Aufenthaltsbereich wurde erweitert durch die Einbeziehung eines ehemaligen Zweibettzimmers – die Zwischenwand wurde entfernt –, gleichzeitig differenziert, indem nun in dem vergrößerten Raum durch Gliederung im horizontalen wie im vertikalen Sinne räumliche – auch kleinräumige – Situationen spürbar und wählbar für den Einzelnen werden. Wohnbereich und Gang wirken durch gleichhoch abgehängte Deckenfelder stärker miteinander verbunden, durch das Herausnehmen einer unnötig einengenden

Zwischenwand und die Zurücksetzung eines gegenüberliegenden Wandteils, das zur Garderobe ausgebaut wurde, ist der Eingangsbereich erweitert worden und der Gang, der vorher außer seiner Funktion der Verkehrsführung keinerlei raumgestalterisches Interesse erweckte, ist freundlich geworden und lädt auch zum Verweilen ein. Nicht unerwähnt bleiben soll, daß vor dem Umbau in der Küche gekocht und gegessen wurde, was wegen der geringen Größe des Raumes nur schichtweise erfolgen konnte, während das Wohnen am anderen Ende des Ganges stattfand. Um einem in besonderer Weise psychisch behinderten Bewohner ein Einzelzimmer zu gewähren, wurde das Dienstzimmer aufgelöst und in den allgemeinen Wohnbereich (neben dem Eingang) aufgenommen. In dem ehemaligen Dienstzimmer konnten trotz des nicht ermutigenden Grundrisses ein Bett, ein Schrank, eine Arbeitsplatte, ein raumhohes Regal für Literatur, das für ihn so notwendig ist, und ein nur zu diesem Zimmer gehörendes WC untergebracht werden.

10. Beispiel: Kurzzeiteinrichtung für anfallskranke Kinder

In der Wohngruppe Brückenstraße 28 werden für jeweils mehrere Wochen bis zu sechs anfallskranke mehrfachbehinderte Kinder aufgenommen, die sonst in ihrer Familie leben und nach dem Aufenthalt auch wieder dorthin zurückkehren. Die Einrichtung dient in erster Linie der Familienentlastung. Sie ist eine Alternative zur stationären Dauerunterbringung in Heim und Anstalt. Sie gehört zum Ensemble notwendiger und aufwendiger begleitender und unterstützender Dienste innerhalb eines Hilfesystems, das behinderte Kinder in weitgehend normalisierten Lebensbedingungen familiennah versorgt. Die Kinder werden von drei Diakonissen betreut, die mit den Kindern zusammenleben. Ein halbes Jahr nach Bezug des Hauses berichten sie über ihre Erfahrungen:

„Am Rande von B., in der Brückenstraße 28, steht ein großes altes Mehrfamilienhaus.

Es hebt sich kaum ab von den Häusern in der Nachbarschaft. Doch, etwas ist anders: Die Treppe zum Hauseingang dieses Hauses ist versetzt. Zur einen Seite kann der Besucher – wie gewohnt – die Stufen benutzen und zur anderen Seite kann er, wenn er auf einen Rollstuhl angewiesen ist, bequem auf einer Rampe bis zum Eingang des Hauses fahren.

Erst vor einigen Monaten haben wir drei Schwestern als erste dieses Haus – in der räumlichen Ausgestaltung noch unfertig – bezogen, um hier eine neue Arbeit zu beginnen, die es in dieser Form bisher in B. noch nicht gegeben hat, die auch von vielen Außenstehenden noch nicht als notwendig erkannt worden ist.

Wir wohnen und leben mit den Kindern wie in einer großen Familie zusammen. Auch für besonders empfindsame Kinder ist so eine vorübergehende Trennung von den vertrauten Bezugspersonen leichter möglich. Das schwerbehinderte Kind fühlt sich in der Kleingruppe geborgen und lernt gleichzeitig Kontakt aufzunehmen zu anderen Personen. So wird seine Umwelt erweitert und seine Entwicklung gefördert. Die Eltern werden vorübergehend entlastet. Gleichzeitig möchten wir Gesprächspartner für die Eltern sein und ihnen zuhörend und beratend zur Seite stehen.

In der Mitteletage unseres Hauses leben noch vier behinderte erwachsene Mitbewohner. Zwei Männer und eine Frau fahren mit Bus und Straßenbahn zu ihrem Arbeitsplatz nach B. Eine Mitbewohnerin arbeitet mit uns gemeinsam im Haus und ist uns im Haushalt eine große Stütze, denn wir kochen, waschen, bügeln, putzen alles selbst.

Wir drei Schwestern hatten viele Jahre unseren gemeinsamen Arbeitsplatz in einem Wohnheim für schwerbehinderte Kinder und Jugendliche.

Nach Bekanntwerden unseres Hauses stand das Telefon in den ersten Monaten kaum still. Viele Eltern kamen zu Besuch und fühlten sich in den Räumen, die alle in Eigenarbeit mit Holz gestaltet und ausgebaut sind, sehr wohl. Sie gewannen bald Vertrauen und konnten sich gut vorstellen, daß auch ihre Kinder bei uns bald wie zu Hause sein könnten. Insgesamt konnten wir bisher etwa 30 Familien entlasten. Fast ebenso vielen mußten wir Absagen geben oder haben sie auf nächstes Jahr vertröstet, wenn es sich nicht um eine dringende Notsituation handelte.

Einige Beispiele mögen das verdeutlichen:

Familie H. ist von einer besonderen Not betroffen. Die behinderte Tochter ist verhaltensschwierig, braucht oft sehr intensive Pflege und fordert die ganze Kraft der Mutter. Jetzt ist der Vater – erst 42jährig – an Krebs erkrankt. Wie sollte es weitergehen? Über die Familienfürsorge ist Karin zunächst zu uns gekommen. Frau H. konnte ihren Mann umsorgen und pflegen.

Der Gesundheitszustand des Vaters hat sich zunächst durch eine Therapie etwas stabilisiert. Die Eltern, mit denen wir ständig in Kontakt waren, haben Mut gewonnen, Karin wieder nach Hause zu holen. Die Eltern wissen, daß wir im Hintergrund sind daß sie uns jederzeit erreichen können. Auch ein Besuch in der Familie hat geholfen, daß die Mutter in

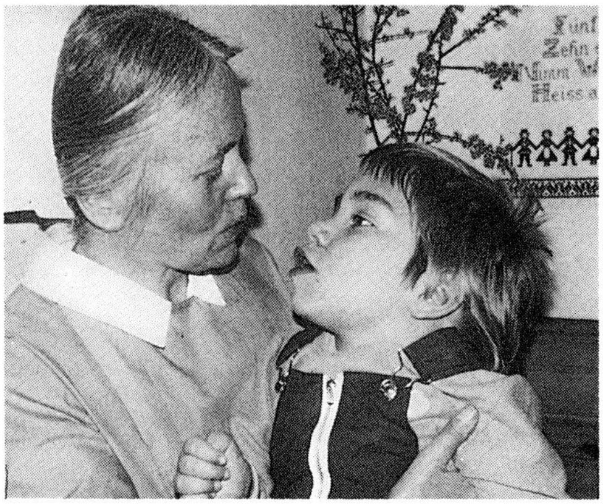

einer schwierigen Situation mit ihrer Tochter zurechtkam.

Frau J. muß dringend ins Krankenhaus. Niemand in der Familie kann die Tochter, die oft erbricht und immer wieder eine Ernährungssonde benötigt, versorgen. Wir konnten Bärbel bei uns aufnehmen. Inzwischen übernimmt die Mutter nach einer überstandenen Operation und einem notwendigen Erholungsurlaub mit ihrer Familie wieder die Pflege.

Viele Beispiele könnten wir aneinanderreihen. Besonders wichtig ist oft auch ein gemeinsamer Erholungsurlaub der Eltern, der jahrelang mit einem so schwerbehinderten Kind nicht möglich war."

Bei der Planung der Einbauten war davon auszugehen, daß unter den zukünftigen Bewohnern immer auch nichtgehfähige Kinder und Jugendliche sein würden. Sie sollten tagsüber so gebettet werden können, daß sie am Spiel und den Betätigungen der anderen Kinder zumindest optisch und akustisch teilhaben konnten. Aus der zu erwartenden Einschränkung der Bewegungsfähigkeit der zukünftigen Bewohner und ihrer besonderen Lebenslage ergaben sich verschiedene spezifische Anforderungen an die Raumgestaltung:

- Schlaf- und Spielzonen sollten deutlich aufeinander bezogen sein;
- die Schlafbereiche sollten mit möglichst wenig Handgriffen so verändert werden können, daß sie tagsüber in Spiel und Betätigung einbezogen werden könnten;
- die Schlafbereiche und Spielbereiche sollten vielfältige optische, akustische und haptische Anregungen bieten;
- der Wohnraum sollte so gestaltet werden, daß er für Kinder und Erwachsene gleichermaßen attraktiv werden könnte;
- die Raumhöhen sollten differenziert, in der Regel aber soweit herabgezogen werden, daß sie auch für kleine Kinder und Rollstuhlfahrer nicht unerreichbar schienen und damit auf Kleinheits- und Behinderungserfahrungen anspielten;
- die Deckenabhängungen sollten optisch interessant und variabel sein in Form textiler, durchscheinender Abhängungen, auf deren Oberseite sich Blätter, Figuren usw. plazieren lassen; sie erzeugen den Eindruck eines bunten Schattentheaters;
- die Räume sollten so gestaltet sein, daß sie den Angehörigen der Kinder Anregungen für die Gestaltung des häuslichen Milieus geben konnten durch einfache, preiswerte, in hobbymäßigem Eigenbau herzustellende Einbauten;
- notwendige Formen basaler Stimulation, psychomotorische Übungsbehandlung und Krankengymnastik sowie Funktionstraining sollten innerhalb der Spiel- und Arbeitsräume der Kinder und nicht in einem speziellen Behandlungsraum durchgeführt werden können. Dies auch, um die Eltern zu ermutigen, ähnliche Förderangebote im häuslichen Milieu fortzusetzen;
- die Räume waren schließlich so zu gestalten, daß jeder Anklang an die übliche Ausstattung einer Klinik oder eines Krankenhauses vermieden wurde.

Aus diesen Vorüberlegungen ergab sich folgende Planungsskizze:

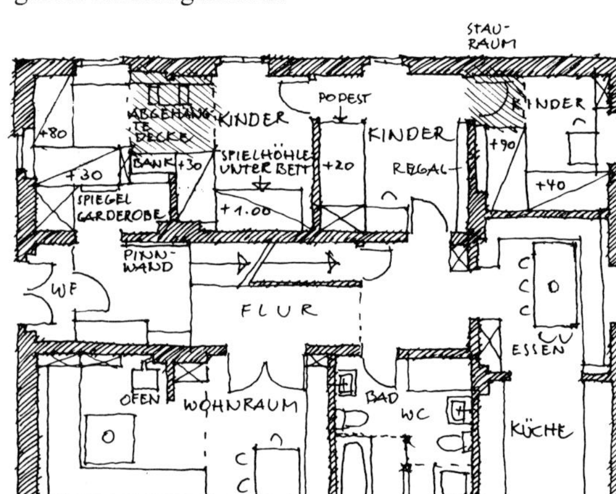

Schlaf- und Spielbereich der Kinder:
- insgesamt 6 Schlafplätze für Kinder, in verschiedenen Höhen;

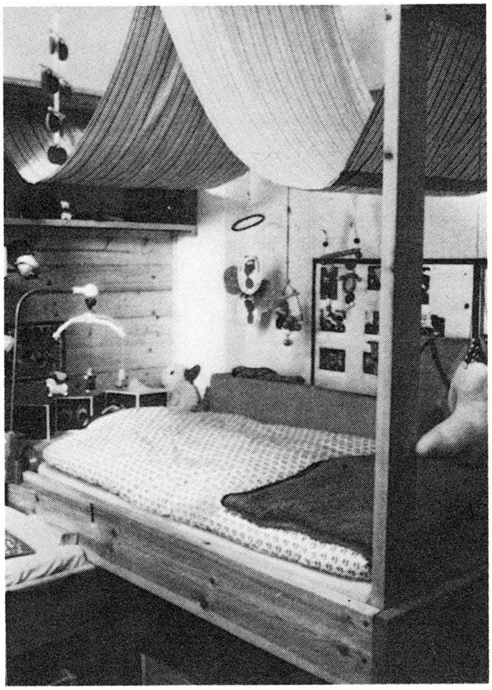

– Ablagemöglichkeit am Bett für eigene Dinge.

Wohnraum:
- geräumige Sitzecke aus eingepaßten Schaumstoffelementen um den Ofen;
- Regal an der Rückwand;
- im vorderen Bereich: lange Bank, Tisch am Fenster, der durch die Küchentische vergrößert wird.

Eingangsbereich:
- Teppichboden bis zum Treppenantritt;
- Bank und Kleiderhaken;
- Pinnwand;
- Nebenraum mit Spiegel, Kleiderhaken, Schuhregal, Platz für Rollstuhl;
- Himmel aus Stoff überm Bett;
- unter den hohen Betten Schubkasten;
- alle Heizkörper mit Holz verkleidet, in Zusammenhang mit Fensterbrettern und Regalen;
- im mittleren Raum: Podest zum Spielen und als Schlafplatz für Betreuer.

Bad:
- über der Wanne wird die Decke durch Holzlamellen abgehängt;
- zwischen der freistehenden Stütze und der Wand entsteht eine Leiter für Handtücher;
- Wickeltisch mit Fächern unten;
- Lichtblende aus Holz über den Waschbecken;
- Leiste in Höhe der Abhängung an allen Wänden; darüber Wand und Decke farbig.

Eßzimmer:
- umlaufende Eckbank mit großem Tisch (evtl. 2 gleichgroße Tische);
- Regal für Geschirr.

Flur:
- kleiner Sitzplatz neben der Küchentür, z. B. zum Telefonieren;
- Regal in der Ecke;
- Wand über Türhöhe und Decke in einer Farbe.

Die Einbauten wurden von den zukünftigen Betreuern der Kinder und Studenten des erziehungswissenschaftlichen Diplomstudiengangs der Universität-Gesamthochschule Siegen im Rahmen eines Projektseminars über Zusammenhänge zwischen Architektur und Sozialpädagogik im Sommersemester 1982 unter der fachlichen Anleitung von Georg Frey und Martha Schubert (Architekturwerkstatt Würzburg) durchgeführt.

Wohnfeldgestaltung und Fortbildung

Zur Begleitung von Projektkursen

Aktionen wie die beschriebenen sind nur dann erfolgversprechend, wenn sie gewünscht werden – nicht primär von Kursteilnehmern, die den Umgang mit Holz lernen wollen, sondern von den Nutzern.

Nach einem Gespräch mit einem renommierten Architekten über die Kunst am Bau verabschieden wir uns mit dem Bemerken, wir würden zu einem Kurs fahren, bei dem Einbauten in einem Kinderheim entstehen sollten. Er belächelte uns und meinte, es sei derartiges umsonst, nicht der Mühe wert, ein Zeugnis mehr für idealistischen Unverstand. Sinn bestand für ihn im Errichten von Bauwerken, der Stimmigkeit des Baukörpers, der Architektur zur Umgebung. Auf das Wohnen habe man keinen Einfluß und könne es nur über sich ergehen lassen. Wir sind dieser Einstellung häufig begegnet und kennen auch das Phänomen nachlässigen Wohnens. Dennoch kann Wohnen – sobald es in die Verantwortung der Öffentlichkeit gegeben ist – nicht resigniert als unverbesserliche Angelegenheit von Privatleuten abgetan werden.

Für soziale Einrichtungen ist nach einem gemeinsamen Nenner für das Wohnfeld zu suchen, der Lebensoptimismus, Wärme,

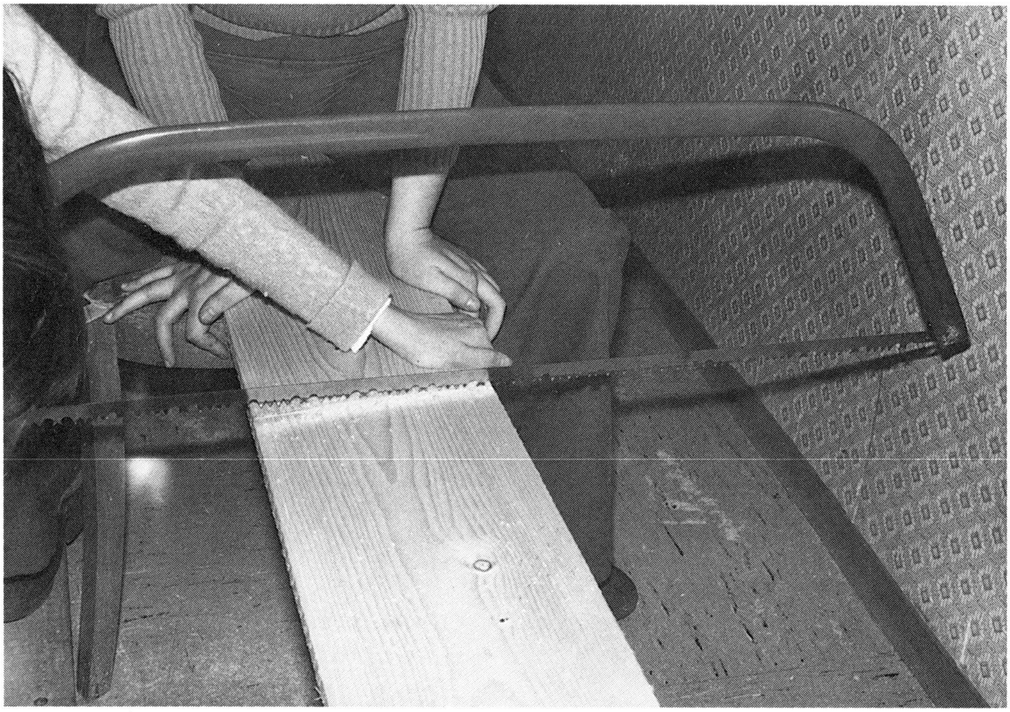

Selbstverständlichkeit des Lebenwollens heißen muß. Das bedeutet nicht, daß es adäquat zur Forderung nach Gesetzen für die Kunst auch die Forderung nach Allgemeinverbindlichkeit für das Wohnen geben soll. Vielmehr handelt es sich darum, mehr Qualität und Differenziertheit in den Hintergrund für das Wohnen zu bringen, damit der Einzelne und Gruppen ihn ihrer Eigenart gemäß nutzen können.

Allem Leben, allem Tun, aller Kunst
muß das Handwerk vorausgehen,
welches nur in der Beschränkung erworben wird.
Eines recht wissen und ausüben
gibt höhere Bildung
als Halbheit im Hundertfältigen.

(Johann Wolfgang Goethe: Wilhelm Meister)

Während der Kurswochen sind wohnpsychologische, gestalterische und handwerklich-technische Aspekte zu bedenken, damit die Teilnehmer auf ihre Rechnung kommen.

Die Gruppengröße der Teilnehmer sollte 15–20 Personen nicht überschreiten. Die Projekte müssen deshalb einen Umfang haben, der der Kapazität entspricht, die hinter dieser Zahl steht. Die Ausdehnung des Arbeitsfeldes einer Kleingruppe, die sich einer bestimmten Aufgabe widmet, z.B. ein Alkovenbett zu bauen, eine Sitzbank zu fertigen, ein Fensterbrett zu einer Arbeitsfläche zu erweitern, begrenzt die Zahl derjenigen, die z.B. in einem 16 qm großen Raum arbeiten, auf 2, maximal 4 Personen. Die Verteilung von Aufgaben ist schwierig, wenn 3 oder 5 Personen in einer Gruppe tätig sein wollen. Zwei und zwei ergänzen sich besser. Die Gefahr, daß jemand aus dem Arbeitsprozeß ausgeschaltet wird oder sich selber ausschaltet, ist dann gering.

Reflexionen auf das jeweils Erlangte können die Abende bringen mit Gesprächen, Vorträgen, auch Puppen- und Strukturenspielen, sogar das Lesen, wenn es ganzheitliche Aufnahme ermöglicht, das Bildhafte einschließt. Eine in zeitlich abhängiger Entfernung anberaumte Woche, in der dann mit textilen Stoffen, Ton, Glas oder Metall experimentiert wird, kann das Erfahrene unter anderem Blickwinkel erweitern und vertiefen.

Systematischer Reflexion auf den Arbeitsprozeß und die eigenen Erlebnisse können Notizen im Sinne von Tagebuchaufzeichnungen dienlich sein, wenn sie durch Skizzen ergänzt werden, die das erklären, was mit Worten nicht zu beschreiben ist.

Es hat sich im übrigen als günstig erwiesen, während solcher Lehrgänge alle Beteiligten morgens vor Beginn der praktischen Arbeiten zum Gespräch in einen der Räume zusammenzubitten, der Einbauten erhält. Nach Fragen, die die allgemeine Befindlichkeit betreffen, kommt das Gespräch auf Reaktionen und Wünsche, die sich wandelnden räumlichen Verhältnisse betreffend unter gleichzeitigem Bedenken der Bedürfnisse der Bewohner. Ein für zwei Bewohner geplanter Raum erweist sich z. B. während des ersten Arbeitstages als so bedrückend eng, daß es unmöglich scheint, die Intimsphäre der beiden psychisch kranken Männer, die einziehen wollen, zu respektieren. Um jeden Zentimeter muß beim Stellen von Pfosten und Wänden gerungen werden. Die Sicht auf einen wenig interessanten Hinterhof und ein nahegelegenes Industriegebäude erweist sich auch im Raum als einengend. Es wird deshalb in der Gesprächsrunde am zweiten Arbeitstag überlegt, ob die Betreuer ihren Raum aufgeben und ihn einem der beiden Männer zur Verfügung stellen und sich statt dessen im Gemeinschaftsraum etablieren.

Bei diesen morgendlichen Gesprächen vor Beginn der praktischen Arbeit wird in einer von der Entwicklung der räumlichen Veränderung bestimmten Systematik auf gestalterische Phänomene eingegangen:

1. Tag: Raumgliederung – Integration, nicht Addition.
2. Tag: Das Material, welches verwendet wird, und seine Beschaffenheit – Weichholz, textile Stoffe, Schalldämmplatten.
3. Tag: Die Auswirkung von Formen – Kreis, Quadrat, Rechteck, Dreieck, diagonale Linien, Bewegung, die Gehrung; geometrische und optische Mitte, die Perspektive.
4. Tag: Farben: Die Tonigkeit, Farbkontraste, die aus dem Grau gemischte Skala, Verträglichkeit der dunklen Farben, die Bedeutung greller Farben in der Werbung ...
5. Tag: Licht und Schatten. Natürliches Licht und Kunstlicht, Konzentration auf Stellen, an denen Helligkeit gebraucht wird, Lampenarten und -formen.
6. Tag: Zusammenfassung, abschließender Durchgang durch alle umgestalteten Räume mit der Formulierung von Arbeitsperspektiven – auch für Heimtextilien, die Farbe und die Weitergestaltung im Detail.

Es erscheint uns wichtig, auf dieser systematischen Durchdringung zu bestehen, auch wenn die vielfältigen praktischen Probleme oft eine Eigendynamik entfalten.

Man muß sich auf den Maßstab und die Maße der Nutzer beziehen, nicht auf die eigenen. Das klingt leicht und selbstverständlich. Wie schwer es ist, wird man erst im Laufe der Arbeit gewahr. Hier wird kein Stil kreiert oder befolgt; nicht der nordische mit Kiefernholz, kein rustikaler, mit überdimensionierten Querschnitten, kein nostalgischer mit bäuerlichen oder bürgerlichen volkstümelnden Formen oder der Antiquitätenstil mit der Ausrichtung der Räume auf wertvolle Stücke, sondern Bedürfnisse werden in materielle Substanz übersetzt. An das Liegen, Ruhen, Schlafen eines Menschen zu denken gelingt am besten, wenn von ihm her gedacht wird und nicht von normierten Betten her. Für einen Gehbehinderten richtet sich die Höhe des Bettgestells nach seinem Vermögen, sich vom Bett zu erheben.

Die Einrichtungen, in denen Einbauten verlangt werden, sind nicht ideal – wie ja auch diejenigen nicht, aus denen die Kursteilnehmer kommen –. Sich nur in Kritik zu ergehen, ist unzweckmäßig, verletzt die Gastfreundschaft und beeinträchtigt die Arbeitsatmosphäre. Häufig wird dadurch Unsicherheit und Angst wegen der eigenen Unkenntnis kompensiert. Statt dessen ist es auch im Hinblick auf weitere Unternehmungen günstiger, die eigene Kapazität, die Belastbarkeit, auch gegen Lärm, die Soziabilität und nicht zuletzt die Schnelligkeit bei der Arbeit, kennenzulernen, die jeder selbst aufbringt.

Anweisungen geben oder auszuführen, ist leichter, als gemeinsames Denken um eine Sache und unter Umständen die Ausführung mit verteilten Rollen. Besonders Multiplikatoren, die in ihren eigenen Einrichtungen weitere Projekte leiten wollen, sollten hier – noch bei geringerer Verantwortung – über ihre ganz persönlichen Möglichkeiten nachdenken.

Räumliches Vorstellungsvermögen, handwerkliches Geschick und auch Übung, welche einige der Teilnehmer mitbringen, lassen manche Räume schneller vorankommen. Anfänger, die das beobachten, sollten sich nicht irritieren lassen, sondern lieber auf Gründlichkeit als auf Schnelligkeit bedacht sein.

Wenn es auf das Ende eines Kurses zugeht, muß verhindert werden, daß Torschlußpanik entsteht, weil unbedingt noch jemand oder auch eine Gruppe eine begonnene Arbeit beenden will. Dann passieren am ehesten Unfälle. Die Mahnung zur Vorsicht und Bedachtsamkeit, besonders an den Maschinen, ist dann am notwendigsten.

Was uns trägt bei den Kursen und wovon wir meinen, daß es jeden Teilnehmer tragen muß, ist der Glaube an die Gestaltungswilligkeit, daß der Mensch in seinem Wesen ein homo faber, ein Tätiger, „Interessierter" = in integrativem Sinn Dazwischenseiender, ist, der von seiner Position aus Distanzen spürt und die Dinge aus unterschiedlichen Richtungen und Entfernungen zusammenfügt.

Der Glaube an die Gestaltungswilligkeit und die optimierende Wirkung des Gestalteten gegenüber dem Ungestalteten oder Disharmonischen – was so viel heißt wie Unbrauchbarerem – bezieht sich nicht nur auf die Möglichkeiten, die ein Lehrgang mit der Herstellung von Einbauten hat, sondern wesentlich auf die Fortsetzung durch die Bewohner. Als dingliches Angebot ist es Hintergrund, als ideelles heißt es Aktivität, Betätigung, Fortsetzung von Veränderung.

Einige Anmerkungen zum praktischen Werkzeug- und Materialgebrauch

- Bei Entwurf und Planung sollten *alle* Beteiligten nach ihren Kräften einbezogen werden, so daß jeder weiß, was entstehen wird. Nicht die körperliche oder manuelle Arbeit an sich interessiert, sondern die Veränderung und beabsichtigte Verbesserung der Verhältnisse, die sich für die zukünftigen Nutzer einstellen soll.
- Handwerkliche Vorkenntnisse werden nicht erwartet. Hingegen ist die Bereitschaft und Offenheit der Beteiligten, sich in die Arbeit, das Material und die Situation einzufühlen, selbstverständliche Voraussetzung. Wir haben die Erfahrung gemacht, daß viele junge Frauen, die noch nie zuvor einen Hammer in der Hand hatten, sich schneller in die beabsichtigten Arbeiten finden konnten als manche gelernten Handwerker, die für alle Probleme gleich eine fertige Antwort hatten, welche sich bei näherer Betrachtung jedoch nur auf die technische Ausführbarkeit von Details bezog.
- Daß die Teilnehmer aus unterschiedlichen Berufsfeldern kommen, wirkt sich belebend aus.
- Es muß hervorgehoben werden, daß Hausmeister und technische Mitarbeiter in Kurse „mit Sitz und Stimme" einbezogen werden. Sie sind es, die in vielen Einrichtungen über Gestaltungsfragen entscheiden, z. B.
  über die Wahl der Lampen, ihre Form und Position, die Farbanstriche, die Wahl der Farben;
  das Aufstellen von Möbeln, den Einkauf und alles, was damit zusammenhängt;
  die Instandhaltung und Reinigung, und damit die Handhabung von Ordnung und Sauberkeit.
- Beim Bauen selbst ist es vorteilhaft, wenn einige Personen im Umgang mit Maschinen, besonders der Kreissäge, erfahren sind.
- Jeweils zwei Teilnehmer sollten über die ganze Kurszeit an einer Sache arbeiten können. Solche Kleingruppen bleiben gewöhnlich stabil, auch wenn behinderte Bewohner in die Arbeit einbezogen werden.
- Es ist zu begrüßen, wenn je nach Größe des Projektes und der ganzen Arbeitsgruppe Personen sich bereitfinden, Anleitung und Hilfestellung zu geben und die Arbeiten mit zu koordinieren.
- Bewohner sollten erst nach der Einarbeitungsphase der Gruppe zur Arbeit hinzugenommen werden. Von Zeit zu Zeit dabeisein und ihre Wünsche äußern sollten sie von Anfang an. Sie aber in Arbeiten einführen, die noch nicht beherrscht werden, ist für Teilnehmer eine zu große Belastung.

Unser Ziel ist nicht die handwerkliche Perfektion, sondern die Gestaltung einer menschlichen, lebendigen Umwelt. Das Altern und Reißen des Holzes gilt deshalb hier nicht als handwerklicher Fehler, sondern ist unverzichtbares Zeichen des Werdens und Vergehens. Diese Auffassung ist gegenläufig zu den Zielen der Handwerksindustrie, die mit allen Mitteln versucht, Ewigkeit vorzutäuschen und die Lebendigkeit des Holzes zu beseitigen.

Der Arbeitsprozeß

Das gestaltende Denken vollzieht sich in Einheiten vom Großen zum Kleinen, auch wenn am einzelnen Stück gearbeitet und alles aus Teilen zum Ganzen zusammengefügt wird. Durch Detailüberlegungen und -zeichnungen werden komplizierte Verbindungen und die Formen von Einzelteilen vor dem jeweiligen Arbeitsprozeß geklärt. Ziel ist nicht, das Holz zu beherrschen, sondern mit ihm vertraut zu werden.

Jeder Teilnehmer verfolgt *alle* Arbeiten.

Die Reihenfolge im Gebrauch der Mittel: Hand – Handwerkszeug – Maschinen.

Diese Reihenfolge ist nicht umkehrbar.

Vor dem Einsatz von Maschinen ist die Sensibilisierung der Hand und der Umgang mit Handwerkzeugen notwendig.

Bei Projektarbeiten wie den hier gemeinten, kann selbstverständlich die Maschine gute Dienste leisten. Demonstrierende Einführung und Belehrung über die Handhabung und das Vermeiden von Unfällen sind unerläßlich.

In der Nähe der Maschinen sind notwendig: Verbandskasten, genügend Licht, Ordnung, Bodenfreiheit.

Lange Haare und Bärte müssen zusammengebunden werden, damit sie nicht in eine Maschine geraten.

Das Gespräch innerhalb der Arbeitsgruppen ist das Bewegende, aber nicht die Arbeit selbst. Diese vollzieht sich nur durch Tätigsein, d.h. durch die Kombination von Kopf und Hand.

Aktive Mitarbeit an Details erzeugt Verantwortungsbewußtsein, positive Bindung, emotionales Engagement an der Sache, am Raum und an der Einrichtung.

Die Arbeitsatmosphäre muß befriedet sein. Es dürfen keine belastenden Konflikte in der Gruppe während der Arbeit schwelen.

Vorsicht, aber keine Angst.

Rationelles, kräftesparendes Arbeiten setzt qualitativ gutes Werkzeug voraus, welches – auf die jeweilige Aufgabe bezogen – so groß und schwer als möglich ist.

Organisationshilfen: Werkzeug und Material wie Nägel, Dübel usw. werden an einer Stelle gut sichtbar in der Mitte des Arbeitsraumes – z.B. auf einer alten Kommode – deponiert und dorthin auch nach dem Gebrauch zurückgelegt. Es erleichtert den Gesamtvollzug des Projektes wesentlich, wenn aus dem Teilnehmerkreis jemand für die Betreuung des Werkzeuges und Materials verantwortlich ist. Ihm obliegt auch die Beschaffung von Kabeln und die Wartung der Sicherungen, er sorgt für gutes Licht an den ständig sich wandelnden Arbeitsplätzen, besonders an den Maschinen. Seine Aufgabe besteht auch im Sortieren und ständigen Bereithalten des Werkzeuges, der Hölzer und der Holzabfälle, welche noch verwertbar sind und nach Stärke und Länge geordnet gelegt oder an eine Wand gestellt werden.

Ausgleich durch kleinformatige Holzarbeiten

Zur Kompensation der großfigurigen, schweren, oft im Detail arbeitsteiligen Einbauten wird die Herstellung eines kleines Ensembles, z. B. in Gestalt einer Salzschale mit Löffelchen für jeden einzelnen Teilnehmer angeregt, wobei einige Hinweise gegeben werden. Mit der Arbeit an zwei kleinen, in ihrer Größe leicht überschaubaren plastischen Gegenständen, zu denen Kiefern- und Kirschbaumäste zur Wahl zur Verfügung gestellt werden oder, noch besser, gesucht oder schon zum Kurs mitgebracht werden, soll die Beziehung zum Baum, als Ausgangssituation für Holz deutlich werden, aus dem Balken, Dielen, Bretter, Leisten geschnitten und gefräst wurden in einem Prozeß, den man nicht miterlebte, der aber für die Anwendung in Einbauten zur Vorstellung von plastisch-räumlichen Gebilden grundlegend ist. Der Kiefer- oder Kirschast ist gleichsam der Baum in verkleinerter Form. Zur Wahl werden die beiden unterschiedlichen Baumholzarten gestellt, um zu zeigen, daß mit einheimischen Hölzern, die leicht erhältlich sind, verschiedene Material- und Farbwirkungen erreicht werden können. Die Kiefer mit ihrer ausgeprägten Maserung ist ästhetisch von kräftiger Art, in der Verarbeitung langfaserig und weich, und der Wechsel zwischen weichen und harten Jahresringen macht sich so bemerkbar, daß die harten Ringe eine Art Schwelle bilden, welche dem Eisen Widerstand entgegensetzen. Die Kirsche dagegen ist, abgesehen von Knorzen, homogen und leicht und angenehm zu bearbeiten, obwohl härter als die Kiefer. Aus dem etwa 30 cm langen, 5 cm starken Ast wird zuerst ein Brett in der gewünschten Stärke der Salzschale und des Löffels mit der Gestellsäge oder dem Fuchsschwanz gesägt. Dazu wird das Aststück senkrecht in der Hobelbankzange gehalten. Dann wird das Stück zwischen zwei Bankhaken eingespannt, beiderseits gehobelt und schließlich in der gewünschten Form der Umriß einer Schale aufgezeichnet und mit dem Hohleisen ausgehöhlt. Dabei wird wahrgenommen, daß das Eisen mit der Tendenz in Faserrichtung und jeweils etwa bis zur Mitte durch das Holz zu treiben ist.

Das Glätten erfolgt zuerst mit einer Schwanhalsklinge und danach mit Flintpapier. Die

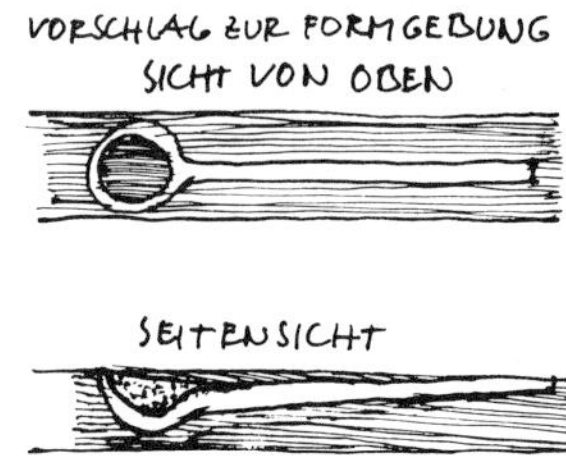

Arbeit am Löffel ist komplizierter. Spielt bei der Schale die Außenformung für den Gebrauch – zumindest an der Unterseite – noch keine Rolle, so ist ein Löffel bereits eine Vollplastik, die von allen Seiten gehandhabt und benutzt wird. Hinzu tritt als Kompositionselement der Griff. Seine Stellung zum Löffel kann am besten vom Unterarm abgeleitet werden, der beim Schöpfen oder Sammeln mit der Hand leicht schräg gehalten wird, wenn der Vorgang funktionsgerecht sein soll. Zuerst wird die Mulde aus dem Ast herausgehoben, dann auf der Holzoberfläche der Griff gezeichnet und die Kontur gesägt. Zuletzt wird das Profil am Brett seitlich skizziert, die nicht brauchbaren Teile weggesägt, mit dem Messer weggeschnitten, die Kanten angeglichen und geschmirgelt, bis der Löffel aus einem kantigen, groben Stück Holz zu einer plastischen Kostbarkeit geworden ist.

Auf diesem Wege, über eine kleine Ganzheit, kann jeder Teilnehmer in Arbeitspausen, wenn er ausruhen will, wenn er eine Zeitlang ohne Arbeit ist oder am Abend etwas für sich tun will, über das Holz als Material, die größenunabhängige Übertragbarkeit, Funktionsgerechtheit und den Gebrauch von Werkzeug

Lehmtretende Kinder

Begleitend wurde auch ein Lehmbrennofen in der Nähe des Hauses gebaut, in welchem von Teilnehmern selbst hergestellte Tongegenstände während der Zeit gebrannt wurden (s. Mahlke 1982).

nachdenken und alles vollziehen. So erlebt jeder Teilnehmer auch, wie eine Werkarbeit an der Hobelbank entsteht, wie sie im kleinen modellhaft gedacht werden kann und wie auch da Qualität und Genauigkeit größenunabhängig sind.

Begleitendes Programm zu einem Projekt

Zur Sensibilisierung
für *Raum*
Kleinräumigkeit
Format – Ausschnitt
Horizontal – Vertikal
Höhendifferenziertheit

Holz
Gegenstand – Form – Farbe – Material – Struktur.

So. Abends: Ortsbesichtigung des Wohnbereichs – Vorschläge/Überlegungen zum Arbeitsbeginn, Gruppeneinteilung zum gleichzeitigen Beginnen in allen Räumen.
Di. Strukturendias: *Holz* und Details eines homogenen alten Bauernhauses.
Mi. Strukturen- und Farbspiele. Bewegte Bilder im Projektionsgerät erzeugt. Anschließend Projektionsspiele der Gruppen jeweils in den Räumen, in denen sie arbeiten.
Fr. Leseabend aus der belletristischen Literatur. Überlegungen zu Um- und Einbauten in den Einrichtungen, aus welchen die Teilnehmer kommen.
Sa. Abschließendes Gespräch.

Technologische Anmerkungen zu Material und Werkzeug

Weichhölzer wie Kiefer, Fichte, Tanne oder Lärche eignen sich für Einbauarbeiten am besten.

Fichte: weiches Holz, leicht zu verarbeiten, ruhige Struktur, am Anfang hell, dunkelt gelb-braun nach;
Kiefer: etwas härter als Fichte, viele Äste, lebendige Struktur und Farbe, mehr Braun- und Rottöne, dunkelt ins Rotbraune nach;
Lärche: sprödes, zähes Holz, ruhige Struktur, rotbrauner warmer Farbton; für Laien nicht immer leicht zu verarbeiten. Die Lärche splittert leicht.

Weichhölzer sind im Gegensatz zu Harthölzern (Eiche, Buche) leicht zu bearbeiten, sie sind preisgünstig, und mindestens eine Art ist in jedem Falle im Holzhandel erhältlich. Es empfiehlt sich die Kombination von Fichtenbalkenkonstruktion, die farbig behandelt werden kann, und Kiefernbohlen, -brettern und -riemen, die im Naturton bleiben und eine Stärke von 10 bis 40 mm je nach gewünschter Belastbarkeit haben.

Die Länge von Dielen, Brettern und Riemen ist unterschiedlich und liegt im Handel bis ca. 5,00 m, die Breite zwischen ca. 8 und 40 cm. Durch Nut und Feder wird die Stabilität der Verbretterung einer freistehenden Wand beträchtlich erhöht.

Wo nicht anders erforderlich, können die Balken unbehobelt sein. Rauhe Materialbeschaffenheit signalisiert Improvisation und ermutigt die Bewohner, so wie es auch die Phantasie zur Tätigkeit anregt.

Technologische Anmerkungen zum Holz

Holz ermöglicht seiner verhältnismäßig mühelosen Veränderbarkeit und Bearbeitung wegen die Umgestaltung räumlicher Situationen. Seine Eigenart kennenzulernen bedeutet, pädagogische Erfordernisse auf das, was es leisten kann, abzustimmen und dabei die eigene gestalterische Betätigungspotenz realistisch einzuschätzen. Wenn an Podeste, Regale, Sitzbänke und ähnliches gedacht wird, kommt der Belastbarkeit derselben besondere Bedeutung zu, der Stabilität unterschiedlicher Querschnitte, abgesehen von Entscheidungen zum Einsatz der Werkzeuge und Maschinen.

Hirnholz unterscheidet sich von Langholz, der Kern vom Splint.

Das Seitenbrett hat die Tendenz, auf der linken Seite hohl zu werden, während es sich auf der rechten Seite rundet, weil die Splintseite eines Brettes größere Poren hat als die Kernseite und darum schneller trocknet. Der helle Splint liegt als jüngere Schicht um den älteren dunkleren Kern des Baumstammes. Das Farbspiel zwischen Splint- und Kernholz trägt zur Lebendigkeit des Holzes bei.

Holz reißt bei zu schnellem Trocknen, besonders, wenn die Rinde am Stamm nicht abgeschält worden ist.

Die Lagerung der Hölzer bis zur Verarbeitung erfolgt möglichst in trockenen Räumen und auf trockener Unterlage, möglichst durch Lagerhölzer abgehoben vom Boden und mit Leisten zwischen jeder Bretterlage, um luftig zu trocknen. So gelagert wird das Werfen und Verwinden der Hölzer verhindert.

Holz, das nicht abgelagert und zu naß ist, ist zur Verarbeitung nicht zu empfehlen. Es wirft sich. Es verstopft auch leicht das Hobelmaul. Stumpfe Hobeleisen verursachen die gleiche Wirkung und erfordern überdies erhöhten Kraftaufwand.

Vorsicht bei Nägeln im Holz!

Bei größeren Projekten ist die Handhobelmaschine oder Abrichte erforderlich.

Holzpreise sind sehr unterschiedlich – deshalb lohnt es sich immer, mehrere Angebote einzuholen. In der Regel ist Fichte am billigsten, Lärche am teuersten.

Holzquerschnitte:
Die Wahl der Querschnitte ist abhängig von der Beanspruchung des Bauteils.

Zum Beispiel die Wandverkleidung hinter einer Bank dient als warme Rückenlehne, die Tragfähigkeit des Holzes wird dabei nicht beansprucht – deshalb genügen dünne Bretter.

Tragende Bauteile (Zwischendecken, Podeste, Holzwände im Raum) müssen abhängig von ihrer Größe aus stabilen Hölzern gebaut werden.

Ausschlaggebend für den Holzquerschnitt sind die Raumgröße, die Belastung und die Spannweite. Deshalb kann kein Einheitswert zugrunde gelegt werden. Wir haben die Erfahrung gemacht, daß jeder Mensch ein sehr gesundes Empfinden für Stabilität und Belastbarkeit hat.

Die angegebenen Querschnitte können einen Anhaltspunkt geben.

Das Bedenken der statischen Bedingungen ist eine Voraussetzung vom Entwurf bis zum Einkauf des Holzes: Wie stark müssen die Hölzer sein bei welcher Lage bzw. Höhe? Für welche Last, die ein Podest zu tragen imstande sein soll (für gelagertes Material, viele Menschen)?

Richtwerte etwa:
Kanthölzer 6/8 cm: für tragende Bauteile, Trennwände, Zwischendecken, Podest.
Nut- und Federbretter, 20–24 cm dick, beliebig breit für Fußböden und Trennwände.
Dünne Bretter, 12–14 mm für Wandverkleidungen.

Bohlen, 3,5 cm dick, 20–25 cm breit, für Bänke, Regale, Schränke, Treppen, Tischplatten.
Dachlatten, gehobelt und ungehobelt, für Unterkonstruktionen, Abdeckleisten, ...
Es empfiehlt sich, breites Holz gehobelt zu kaufen.

Bei Raumhöhen von ca. 2,00 bis 3,20 m ist mit Querschnitten in Fichte/Kiefer von 8 bis 12 cm für die Pfosten zu rechnen.

Werkzeuge zur Herstellung von Holzverbindungen

z. B. für Podeste, Sitzgelegenheiten, Böcke für Tischplatten, Regale usw.

Möglichst nicht mehrere Holzverbindungen an *einer* Stelle zusammenkommen lassen.

Querschnitt der Bretter

Verlauf der Arbeit

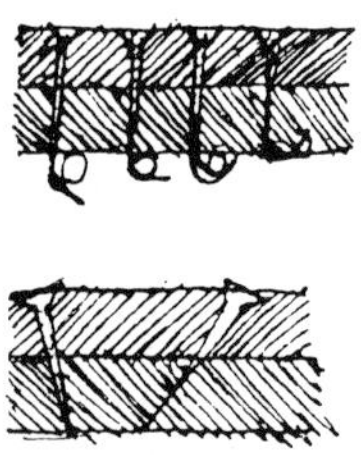

Nagelbindung in unterschiedlichen Richtungen

Zur Verbindung von Hölzern werden mit dem Hammer Nägel eingeschlagen. Die Schwere des Hammereisens sollte so gewählt werden, daß das Arbeiten, besonders für den Anfänger, leicht fällt.

Der Hammer wird am Ende des Stieles gehalten. Der Zeigefinger liegt ausgestreckt in Richtung des Schlages. Wo zu befürchten ist, daß sich Hölzer wieder voneinander lösen, sollen die Nägel so lang sein, daß sie auf der Rückseite umgeschlagen werden können. Durch das Umschlagen erhöht sich die Belastbarkeit auf Zug erheblich. Der vorstehende Teil des Nagels wird oberflächenbündig in Faserrichtung umgeschlagen. Gegen die Faserrichtung „widerständiges" Nageln erhöht nochmals die Festigkeit. Wird Stabilität darüber hinaus gewünscht, wird zusätzlich die Berührungsfläche der Hölzer mit Kaltleim gestrichen und durch Zwingen gepreßt.

In Hirnholz geschlagene Nägel gewähren weniger Stabilität als solche in Langholz.

Ist zu erwarten, daß durch das Einschlagen des Nagels das Holz klafft oder splittert, wird durch das jeweils erste Brett (Bohle, Balken) in Nagelstärke vorgebohrt. Das gilt auch für Enden von Hölzern, es sei denn, die Nagelspitze wird gestaucht und dadurch seine Keilwirkung vermindert.

Schraubenzieher und Schraube (Flachkopf- und Senkkopfschraube)

Das Schrauben bleibt auf wenige Gelegenheiten beschränkt, bei denen durch keine andere Mittel die gewünschte Festigkeit erzeugt werden kann. Der Schraubenzieher wird so groß gewählt, wie es für die Breite des Einschnittes im Schraubenkopf möglich ist.

Für Schloßschrauben wird in entsprechender Stärke durch alle zu verbindenden Teile gebohrt und über der Beilagscheibe das Gewinde mit der Mutter (Flügelmutter) geschlossen.

Dem Bohren mit der elektrischen Bohrmaschine sollte das Üben des Bohrens mit der Handbohrmaschine bzw. der Bohrwinde vorangehen.

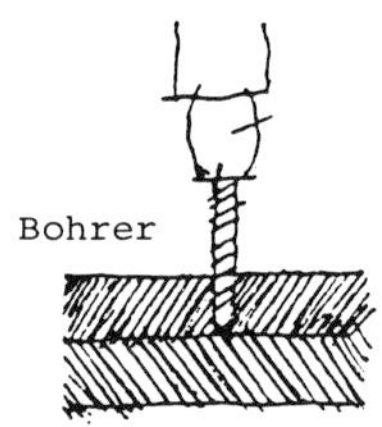

Das Ausstemmen von Grat und Nut mit dem Stecheisen ist zuweilen erforderlich. Nach Anzeichnen der genau gewünschten Nut an drei Seiten mit dem Anschlagwinkel erfolgt beiderseitiges Einsägen bis zur vorgesehenen Tiefe. Dann ausstemmen: den Balken/die Diele zwischen Bankeisen oder mit Zwingen fest einspannen. Das Eisen mit der einen Hand seitlich ansetzen, mit der anderen durch Holz- oder Gummihammer vorantreiben. Solidität ist besonders bei der Herstellung einer Trittfläche am Podest oder einer Sitzfläche durch stabiles Auflager erforderlich.

Ansatz des Eisens beim Stemmen

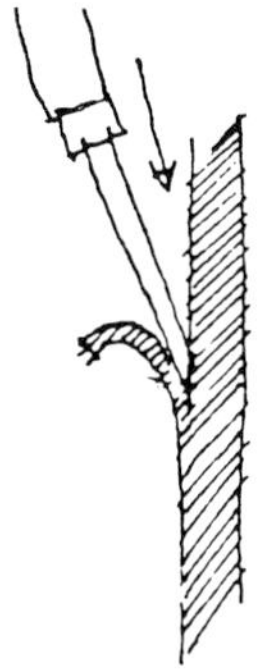

Das Schleifen und Abziehen der Werkzeuge bedarf besonderer Erfahrung. Es empfiehlt sich, jemand aus dem Holz- oder Metallfach darum zu bitten.

Nach Bohrung von oben nageln

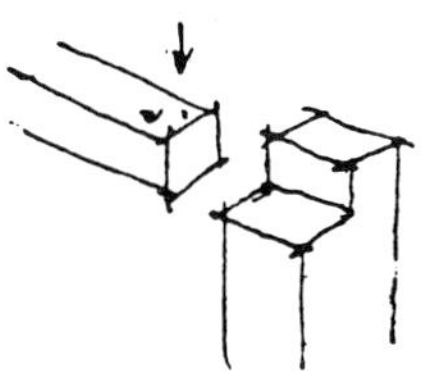

In Lagerholzstärke einsägen und stemmen

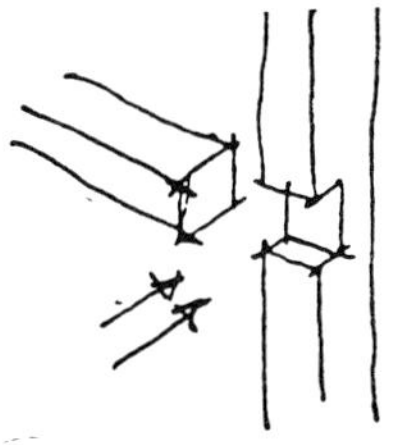

Gebrauch des Maßstabes: genau und „kreativ" messen, d. h. nachdenken, wie das Maß am besten und sichersten mit dem auseinanderklappbaren Maßstab – der bei nervösem Öffnen leicht zerbricht – zu nehmen ist.

Mit spitzem Bleistift Maße auf den Boden, an die Wand oder am Werkstück anzeichnen, zum Ablängen von Holz an drei Seiten mit Anschlagwinkel oder bei Schrägen mit der Schmiege.

Ablängen des Holzes durch Sägen: mit der Baumsäge, Gestellsäge, dem Fuchsschwanz, der Fein- oder Stichsäge. Die Gestellsäge ist sicherer zu handhaben als der Fuchsschwanz.

Den Druck so auf das Holz ausüben, daß es auf der abgewandten Seite nicht splittert!

Außerhalb des Bleistiftstriches sägen, Linie halten. Die Säge so lang als möglich durch das Holz ziehen und schieben (wenn zwei Partner zusammen sägen, zieht jeder abwechselnd).

Das Sägeblatt leicht durch das Holz gleiten lassen. Durch Aufdrücken wird der Schnitt schief.

Zum Ansägen – bei den ersten Schnitten – der Säge durch Daumenknöchel Führung gewähren.

Aufs Ende zu vorsichtig und ohne Druck sägen, eventuell Holzstück umdrehen und dann erst durchsägen, weil es sonst einreißen kann.

Die Kreissäge (Handkreissäge oder Elektrotischkreissäge) ist für größere Projekte wünschenswert, besonders bei sich wiederholenden Arbeitsgängen, so z. B. bei Ablängen von Riemen für Holzwände.

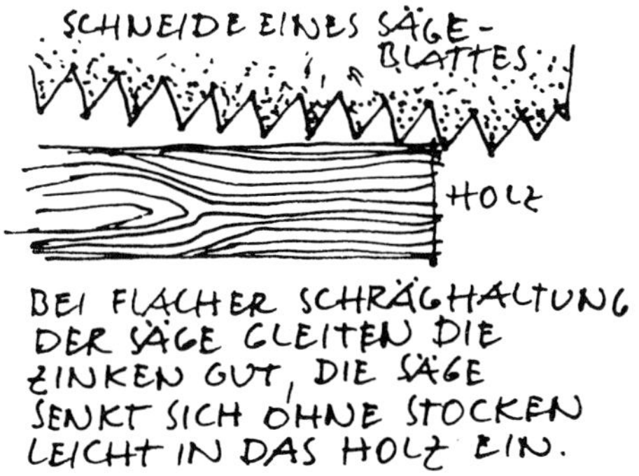

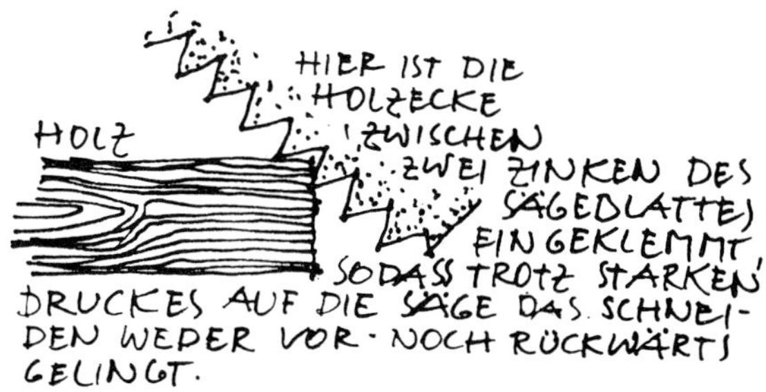

Die Raspel (halbrund) wird mit beiden Händen an Griff und Spitze gehalten. Wenn möglich, wird von oben nach unten gearbeitet. Leichte Stücke, die nicht durch ihr Eigengewicht am Ort bleiben, werden von einem Helfer gehalten oder in die Zange der Hobelbank bzw. mit Zwingen eingespannt.

Für die Feile gilt dasselbe. Das durch Raspeln aufgerauhte Holz wird mit der Flach- oder Halbrundfeile geglättet und mit Flintpapier geschliffen (fein = 70, mittel = 110, grob = 150). Besonders Stellen, an denen Verletzungsgefahr besteht – z. B. Sitzflächen, Kanten – oder die zum Anhalten oder Anfassen auffordern, werden geglättet und leicht gerundet, nachdem die Teile zusammengefügt worden sind.

Der Schropphobel (gekrümmte Schneide) und der Schlichthobel (gerade Schneide) müssen vor dem Gebrauch der Handhobelmaschine oder der Abrichte beherrscht werden.

Werkzeugliste für ein Projekt mit 15 Teilnehmern

Der Bestand für ein Projekt, an dem etwa 15 Teilnehmer mitarbeiten, sollte umfassen:

15 Maßstäbe, Bleistifte, Messer
20 Hämmer von unterschiedlicher Schwere, darunter Zimmermannshämmer
3 Baumsägen
5 Gestellsägen
10 Fuchsschwänze, Feinsägen, Stichsäge, 5 Schneidladen
20 Stecheisen, Schneidbreite zwischen 3 und 5 cm
3 Holz- bzw. Gummihämmer
15 Anschlagwinkel, 1 Schmiege
5 halbrunde Raspeln, schwer
2 Bohrwinden
2 Ziehklingen
25 eiserne Schraubzwingen, sortiert bis 1,00 Spannweite
3 Abziehsteine
5 Schleifklötze
5 Zangen
1 Schropphobel, 5 Schlichthobel
5 Schraubenzieher von unterschiedlicher Breite
div. Pinsel
div. kg-Packungen Nägel von 3 bis 15 cm Länge
div. Packungen Fischer-Dübel und Schrauben
Dübel, 8 und 10 mm stark, Buchenstäbe 1 m lang
Flintpapier unterschiedlicher Körnung
Holzleim in Dosen und Tuben.
Mehrere Hobel- oder feste Werkbänke. Tische oder Böcke genügen ersatzweise zum Auflegen der Hölzer beim Sägen, Stemmen usw. 1 Schraubstock, fest.
5 Bohrmaschinen, elektr., mit div. Holz- und Steinbohreinsätzen
1 Kreissäge auf Untergestell
5 Handkreissägen
3 Bandschleifmaschinen
5 Handhobelmaschinen
Besen, Handfeger, Schaufel, Eimer, Lappen
div. Kabel, Anschlüsse, Mehrfachstecker, Kabeltrommeln (Überprüfung der Sicherungen).

Literatur

Abt, U.: Kind und Wohnen. Bern 1972
Altmann, I.: Environment and Social behaviour. Monterey 1975
Andritzky, M.; Selle, G. (Hrsg.): Lernbereich Wohnen, 2. Bde. Reinbek 1979
Ariès, P.: Geschichte der Kindheit. München 1975
Bahr, H. D.: Das unheimliche Heim oder die schaurige Geborgenheit bürgerlichen Wohnens. In: Kursbuch 42/1975
Bank-Mikkelsen, N. E.: Die Fürsorge für geistig Behinderte in Dänemark. In: Deutscher Bundestag: Bericht über die Lage der Psychiatrie in der Bundesrepublik Deutschland. Drucksache 7/4200 (1975)
Baumgarten, K.: Das deutsche Bauernhaus. Berlin 1980
Behrens, S.: Wohnen mit Kindern. Stuttgart 1975
Bengtson, A.: Ein Platz für Kinder. Plädoyer für eine kindgemäße Umwelt. Wiesbaden/Berlin 1971
Bettelheim, B.: Liebe allein genügt nicht. Die Erziehung emotional gestörter Kinder. Stuttgart 1971
Bettelheim, B.: Der Weg aus dem Labyrinth. Leben lernen als Therapie. Stuttgart 1975
Bollnow, O. F.: Mensch und Raum. Stuttgart ^{3}1976
Bundesvereinigung Lebenshilfe: Wohnstätten für geistig Behinderte. Empfehlungen und Materialien. Marburg 1981
Bundesvereinigung Lebenshilfe: Humanes Wohnen, seine Bedeutung für das Leben geistig behinderter Erwachsener. Bericht der 10. Studientagung Lebenshilfe für geistig Behinderte. Marburg 1982
Colla, H. E.: Heimerziehung. Stationäre Modelle und Alternativen. München 1981
Conrads, U.: Umwelt Stadt. Reinbek 1972
Conrads, U.: Programme und Manifeste zur Architektur des 20. Jahrhunderts. Gütersloh 1964
Conze, W. (Hrsg.): Sozialstruktur der Familie in der Neuzeit Europas. Stuttgart 1976
Dessai, E.: Kinderfreundliche Erziehung in der Stadtwohnung. Frankfurt/M. 1975
Dessai, E.; Feuchtinger, K.: Wohnen mit Kindern. Frankfurt/M. 1973
Dörner, K.: Bürger und Irre. Frankfurt/M. 1975
Dürr, E.: Wohnen. Anmerkungen zu einem Lebensbereich geistig behinderter-Erwachsener. In: Zur Orientierung, 3/79, S. 252ff.
Foucault, M.: Wahnsinn und Gesellschaft. Frankfurt/M. 1969
Gaedt, C.: Einrichtungen für Ausgeschlossene oder ein „Ort zum Leben". Überlegungen zur Betreuung geistig Behinderter. In: Jahrbuch für kritische Medizin, Band 7. Berlin 1981, S. 96ff.
Goffman, E.: Asyle. Über die soziale Situation psychiatrischer Patienten. Frankfurt/M. 1972
Günzburg, A.: Bauen und Umweltgestaltung für geistig Behinderte. In: Zur Orientierung, 1979, 4, S. 430ff.
Günzburg, H.; Günzburg, A.: Mental Handicap and Physical Environment. London 1973
Hohmeier, J.; Pohl, H. J. (Hrsg.): Alter als Stigma. Frankfurt/M. 1971
Institut für Sozialrecht an der Ruhr-Universität (Hrsg.): Richtlinien für die Errichtung von Wohnstätten für erwachsene geistig Behinderte. Bochum 1975
Internationale Gesellschaft für Heimerziehung (Hrsg.): Heimerziehung und Heimplanung. Darmstadt 1974
Itten, J.: Kunst der Farbe. Ravensburg 1973
Jantzen, W.: Sozialisation und Behinderung. Gießen 1974
Jetter, D.: Grundzüge der Geschichte des Irrenhauses. Darmstadt 1981
Jones, M.: Prinzipien der therapeutischen Gemeinschaft. Bern 1976
Klevinghaus, J.: Hilfen zum Leben. Zur Geschichte der Sorge für Behinderte. Bielefeld o. J. (1972)
Kükelhaus, H.: Hören und Sehen in Tätigkeit. Zug 1978
Kükelhaus, H.: Organismus und Technik. Frankfurt/M. 1979
Kugel, R. B.; Wolfensberger, W.: Geistig Behinderte – Eingliederung oder Bewahrung?. Stuttgart 1974
Kuldschun, H.; Rossmann, E.: Planen und Bauen für Behinderte. Stuttgart 1974
Lefebvre, H.: Kritik des Alltagslebens. Frankfurt/M. 1977
Lennhof, F.: Problem-Kinder. Aus der Arbeit einer Therapie-Heimschule mit emotional gestörten Kindern und Jugendlichen. München/Basel 1976
Lenzen, D. (Hrsg.): Pädagogik und Alltag. Stuttgart 1980

Mahlke, L.: Der Bereich der haptisch-visuellen Kommunikation/Betätigung – Gestaltung. In: Handbuch der Sonderpädagogik, Bd. 5. Pädagogik der Geistigbehinderten, hrsg. v. H. Bach. Berlin 1979, S. 291 ff.

Mahlke, L.: Töpfern, Lehmofenbau, Brennen. Donauwörth 1982

Main, T.: The Hospital as a Therapeutic Community. In: Bulletin of the Menninger Clinic, 1946, 10, S. 66 ff.

Mannoni, Maud: Ein Ort zum Leben. Die Kinder von Bonneuil. Frankfurt/M. 1978

Mehringer, A.: Heimkinder. Gesammelte Aufsätze zur Geschichte und zur Gegenwart der Heimerziehung. München 1976

Meier-Obrist, E.: Kulturgeschichte des Wohnens. Hamburg 1956

Mitscherlich, A.: Die Unwirtlichkeit der Städte. Frankfurt/M. 1965

Mollenhauer, K.: Vergessene Zusammenhänge: Über Kultur und Erziehung. München 1983

Neutra, R.: Wenn wir weiterleben wollen. Hamburg 1956

Niethammer, L. (Hrsg.): Wohnen im Wandel. Beiträge zur Geschichte des Alltags in der bürgerlichen Gesellschaft. Wuppertal 1979

Peters, P.: Stadt für Menschen. Ein Plädoyer für das Leben in der Stadt. München 1973

Redl, F.; Wineman, D.: Kinder, die hassen. Freiburg 1970

Redl, F.: Erziehung schwieriger Kinder. Beiträge zu einer therapeutisch orientierten Pädagogik, bearbeitet und hrsgt. v. R. Fatke. München 1971

Röper, F. F.: Das verwaiste Kind in Anstalt und Heim. Göttingen 1976

Sachße, C.; Tennstedt, F.: Geschichte der Armenfürsorge in Deutschland. Stuttgart 1980

Scherpner, H.: Geschichte der Jugendfürsorge, 2. Auflage. Göttingen 1979

Schmid, E.: Unsere Wohnung. Gütersloh 1969

Schottmayer, G.; Christmann, R.: Kinderspielplätze. Beiträge zur kinderorientierten Gestaltung der Wohnumwelt. Stuttgart 1976

Schwarte, N.: Kommunikation und Interaktion in Einrichtungen der Behindertenhilfe. In: Zur Orientierung, 2, 1981, S. 101 ff.

Schwarte, N.: Der Alltag als Lernfeld Behinderter. In: Hauswirtschaft und Wissenschaft, 30, 1982, S. 70 ff.

Shorter, M.: Die Geburt der modernen Familie. Reinbek bei Hamburg 1977

Trieshman, A. E.; Whittaker, J. K.; Bendtro, L. K.: Erziehung im therapeutischen Milieu. Freiburg 1975

Uhlhorn, G.: Die christliche Liebesthätigkeit, 2. Aufl. Stuttgart 1895

Verordnung über bauliche Mindestanforderungen für Altenheime, Altenwohnheime und Pflegeheime für Volljährige (HeimMindBauV) v. 27.1.1978. In: Bundesgesetzblatt, I. Nr. 6, 1978

Vincentz, F. (Hrsg.): Altenheim-Handbuch. Hannover 1971

Wagerin, G.; Weiss, G.: Heinrich Tessenow. Essen 1976

Weber-Kellermann, I.: Die Familie. Frankfurt/M. 1976

Wolfensberger, W.: The Principle of Normalization in Human Services. Toronto 1972

Wunder, M.; Sierck, U. (Hrsg.): Sie nennen es Fürsorge. Behinderte zwischen Vernichtung und Widerstand. Berlin 1982